新 史 学

观 古 今 中 西 之 变

张荫麟作品系列

宋史论丛

张荫麟 著

李欣荣 编

北京师范大学出版集团
BEIJING NORMAL UNIVERSITY PUBLISHING GROUP
北京师范大学出版社

导　言

　　1943 年 1 月，陈寅恪在桂林雁山别墅为邓广铭的《〈宋史·职官志〉考证》作序，倡言："宋代之史事，乃今日所亟应致力者。此为世人所共知，然亦谈何容易耶?"并称誉邓广铭"其用力之勤，持论之慎，并世治宋史者，未能或之先也……他日新宋学之建立，先生当为最有功之一人，可以无疑也。"①而在三个月前，另一位研治宋史的著名学者张荫麟(1905-11-02—1942-10-24)已在贵州遵义去世。陈寅恪写有悼诗"流辈论才未或先，著书曾用牍三千。共谈学术惊河汉，与叙交情忘少年"②。陈寅恪序言和诗歌的意境曲径通

---

① 陈寅恪：《陈寅恪集·金明馆丛稿二编》，277～278 页，北京，生活·读书·新知三联书店，2001。

② 陈寅恪：《挽张荫麟二首》，见《陈寅恪集·诗集》，34 页，北京，生活·读书·新知三联书店，2001。陈寅恪对张荫麟一向极为欣赏，曾于 1933 年 11 月 2 日致信傅斯年，推荐其入北大和史语所，誉为"清华近年学生品学俱佳者中之第一人""若史语所能罗致之，则必为将来最有希望之人才，弟敢书具保证者，盖不同寻常介绍友人之类"。见《陈寅恪集·书信集》，46～47 页，北京，生活·读书·新知三联书店，2001。

幽，用辞遣句极为审慎。自张荫麟去后，邓广铭已被陈寅恪目为宋史研究最有希望之人才。顾颉刚的《当代中国史学》亦有言："张荫麟先生亦专攻宋史，惟英年早逝，不克竟其全功。但就所发表的论文看来，其成就已很大，仅次于邓广铭先生而已。"①张、邓二人为当时宋史学界之双子星座，似为公论。

20 世纪末，王曾瑜回顾宋史研究时仍指出："张荫麟是中国近代宋史研究的开拓者之一，他的学问渊博，在 20 — 40 年代，先后发表论文二三十篇，涉及宋代的政治、法律、军事、经济、文化、科技等。宋史研究的不少课题是由他发轫的。例如《宋朝的开国和开国规模》、《宋太宗继统考实》、《北宋的土地分配和社会骚动》、《宋代南北社会之差异》、《沈括编年事辑》、《燕肃著作事迹考》、《顺昌战胜破贼录疏证》等文，至今仍有相当参考价值。可惜他逝世过早，未能给我们留下更多的作品。"②

张荫麟，广东东莞人，号素痴。1922 年考入北京清华学校，为最后一届的留美预备生。其间张荫麟得识梁启超、容庚、陈垣、容肇祖、伦明、吴宓、浦江清、贺麟、萧一山等师友，切磋学术，在《燕京学报》《清华学报》《学衡》等报刊发表了许多的论学文字，年少之时便已在学界崭露头角。同乡先辈梁启超尝对萧一山言："张君之才，殆由天授，吾辈当善加辅导，俾成史学界之瑰宝。"③

---

① 顾颉刚：《当代中国史学》，84 页，沈阳，辽宁教育出版社，1998。具体执笔者为童书业和方诗铭。顾颉刚尝在日记中言及此事："则此书出版当在一九四七年，此亦予所久忘者，以其非亲自动手，而出于童书业及方诗铭笔下也。此套丛书由印维廉编辑，向我说明不必亲自动手，故遂以之济童、方之贫也。"见《顾颉刚全集·顾颉刚日记》卷六，121 页，北京，中华书局，2011。
② 王曾瑜：《宋史研究的回顾与展望》，载《历史研究》，1997(4)。
③ 萧一山：《悼张荫麟君》，见《非宇馆文存》卷十，59 页，北京，经世社，1948。

1929 年张荫麟赴美国斯坦福大学，研治哲学和社会学。1933 年尝致信张其昀解释这一选择："国史为弟志业，年来治哲学，治社会学，无非为此种工作之预备。从哲学冀得超放之博观与方法之自觉，从社会学冀明人事之理法。"①同年冬，张荫麟归国任教于清华大学历史学系(与哲学系合聘为专任讲师)，治学方式从广博趋于专精一路，尤其重视宋史的研究。弟子李埏注意到，"荫麟先生自美归国后，学术思想有了颇大变化，注意力渐集中于两宋史事"②。

据时任清华历史系助教杨绍震的回忆，张荫麟研究宋史，乃出于系主任蒋廷黻的安排。此事甚有可能。其时蒋廷黻准备放弃杨树达等专注考证史实的旧式学者，"……希望能有一批新人来教历史。在教书时，他们能够告诉我们中国从什么地方发源，又向何处发展，最后定居在什么地方。我不声不响地引进一批年轻教授代替原来的老教授"③。除张荫麟外，新人尚有吴晗、邵循正、王信忠等人。清华大学档案显示，蒋廷黻向校方的报告书特别提道："二十二年度，本系与哲学系合聘张荫麟博士为专任讲师，是本系发展的一主要阶段。张讲师将在本系担任中国思想史及宋史"④。可见蒋廷黻对荫麟极为看重。

蒋廷黻对新进学人的管理甚为宽松，允以二三年的研究时间，再开专业课程。到 1936 年秋，张荫麟本拟于历史系授学年课程"宋

---

① 张荫麟：《与张其昀书》，载《思想与时代》，第 18 期，1943。
② 李埏：《张荫麟先生传略》，见［美］陈润成、李欣荣编：《天才的史学家：追忆张荫麟》，185 页，北京，清华大学出版社，2009。
③ 蒋廷黻：《蒋廷黻回忆录》，130 页，长沙，岳麓书社，2003。
④ 蒋廷黻：《历史系近三年概况》，清华大学档案馆，档案号 1－2：1－019。

史"（全学年四学分）。教务资料显示："本学程从社会组织，学术思想，'大人物'，及政治变动四方面考察，约自纪元九五〇至一二八〇年间之历史，并说明以上四因素之相互关系。"①实际上，因研撰教科书的关系而请假，未能开设此门课程。②

尽管张荫麟尽力于《中国史纲》的撰述，分心于哲学和近代史的研究，但其精力充沛，眼光敏锐，在宋史领域已能崭露头角。一方面尽力收集宋人的文集、笔记，预备作"宋史新编"之用。③与此同时，则已写出不少宋史研究的论文。如《沈括编年事辑》《南宋亡国史补》《宋初四川王小波李顺之乱（一失败之均产运动）》等④，于学界均有影响。正致力于写作《宋辽金史纲要》的金毓黻去信表示："先生精研宋代故实，尤尽心于南宋，凡前所发表之论文为某所见者已为之尽量摄取，弟患不能尽见，兹将所见之篇目开具别纸，希将未见之稿一一予以钞示，其沾溉末学当非甚浅也。"⑤

抗战爆发后，张荫麟辗转南下香港，与陈寅恪同行赴云南昆明。1940年夏，转任遵义浙江大学史地学系教授。此时他的研究方法又一变，将《中国史纲》的撰述与宋史研究相结合，即以通史的做法构建宋史体系，正如方豪指出的，张荫麟"至近年则其研究宋

---

① 《文学院历史学系学程一览》，民国二十五年至二十六年度（1936—1937），见清华校史研究室编：《清华大学史料选编》第二卷上，346页，北京，清华大学出版社，1991。
② 参见何炳棣：《读史阅世六十年》，71页，桂林，广西师范大学出版社，2005。
③ 参见徐规：《张荫麟先生著作系年目录》，载《思想与时代》，第18期，1943。
④ 参见张荫麟：《沈括编年事辑》，载《清华学报》，第11卷，第2期，1936；《南宋亡国史补》，载《燕京学报》，第20期，1936；《宋初四川王小波李顺之乱（一失败之均产运动）》，载《清华学报》，第12卷，第2期，1937。
⑤ 金毓黻：《致张君荫麟笺》，见《静晤室日记》第6册，4826页，《金毓黻文集》编辑整理组校点，沈阳，辽沈书社，1993。

史之趋势，已倾向于《史纲》之编著"①。

据张荫麟 1935 年的通史纲目，宋史部分从第 35 章至第 42 章，分为：一为宋的建国及其规制；二为宋与契丹、西夏；三为北宋的社会及文物；四为庆历新政与熙宁新法；五为女真的兴起和宋室的南渡；六为南宋的社会和文物；七为朱熹的理学；八为辽国的社会和文物。② 到浙大时期，张荫麟改订纲目，拟作五章：一为宋朝的开国和开国规模；二为北宋的外患与变法；三为宋代的文学和思想；四为女真的兴起与宋金的和战；五为蒙古的兴起与金宋的覆灭。第一、二章先发表于《思想与时代》第 4—6 期，第三章始撰于 1941 年冬，"以鼻出血而中辍"，仅成北宋四子生活一节，发表于《思想与时代》第 27 期。③ 在撰述通史文字的同时，张荫麟亦及时将其中的关键问题写出考证的文章，如《宋代南北社会之差异》《宋太祖誓碑及政事堂刻石考》和《宋太宗继统考实》等论文④，以供学界评判。

《中国史纲》文字之隽美，则得力于作者的苦心孤诣。谢幼伟曾看过张荫麟《中国史纲》宋史部分的几章原稿，发现涂改之处甚多，每被告知"写这种文章是很费苦心的"⑤。出来的结果，连胡适也不

① 方豪：《略论张荫麟先生在史学上之成就》，载《书目季刊》，第 13 卷，第 4 期，1980。原作写于 1942 年贵州遵义。其时张荫麟殁后不久，群贤纷撰纪念文辞，方豪此文于荫麟评价不高，异于时流，故久藏箧中，至晚年方才发表。

② 参见张荫麟：《中学本国史教科书编纂会征稿启事（附高中本国史教科书草目）》，载《大公报·史地周刊》，第 21 期，1935-02-07。

③ 参见张荫麟：《北宋四子之生活与思想》，载《思想与时代》，第 27 期，1943。

④ 参见张荫麟：《宋代南北社会之差异》，载《史地杂志》，第 1 卷，第 3 期，1940；《宋太祖誓碑及政事堂刻石考》，载《文史杂志》，第 1 卷，第 7 期，1941；《宋太宗继统考实》，载《文史杂志》，第 1 卷，第 8 期，1941。

⑤ 谢幼伟：《张荫麟先生言行录》，见［美］陈润成、李欣荣编：《天才的史学家：追忆张荫麟》，75 页，北京，清华大学出版社，2009。

得不承认"张荫麟的几篇'宋史'文字很好"①。曹家齐据此更认为张荫麟为"首创中国宋史学体系之人",其论称:

> 张荫麟先生以简驭繁,拟定上述五章内容撰述有宋一代历史,甚是高屋建瓴,尽握其要,至为合理,不仅呈现这一时期中国历史发展大势,而且包举三百余年丰富历史内涵之大端。尽管其中没有标出今人理解的"社会经济"一项,但在"开国规模"和"变法"内容中已及宋代经济问题之要旨。因此,称张荫麟先生构建之宋史叙述体系最为高明,应不为过。②

对比抗战前张荫麟的研究效率,进展其实不算理想。考其原因,大致有二:首先是病痛之患。据1941年12月底张荫麟写给贺昌群的信中谓"弟经此病,著作之事,一两年内不能谈矣"③。1941年年底,张荫麟已发表宋史部分之头两章,但到其1942年10月去世时止,第三章仅有未定之初稿,第四、第五章更未着手,可见其受累之深。最后一年甚至连日常的教学工作也不能维持,"魏晋南北朝史"课程被迫停授。

其次是研究资料之缺乏。张荫麟对宋代的"身丁钱"问题甚为关注,因"身丁钱与杀婴习俗之关系甚大",但因为没有《宋会要》而无从着手研究,唯有在文中"轻轻搁置",而成"最不自慊之点"。

---

① 胡适:《胡适日记全编7 1937—1949》,曹伯言整理,539~540页,合肥,安徽教育出版社,2001。

② 曹家齐:《再谈张荫麟先生之宋史叙述体系》,载《徐州工程学院学报(社会科学版)》,2014(1)。

③ 贺昌群:《哀张荫麟先生》,见[美]陈润成、李欣荣编:《天才的史学家:追忆张荫麟》,53页,北京,清华大学出版社,2009。

而其弟子李埏正在北大历史系研究所攻读研究生，恰有此书，因此张荫麟建议李埏做"宋代身丁钱考"的研究。① 可见僻处遵义的浙大研究条件之恶劣。其实，基本研究书籍之缺乏则为抗战时大后方的普遍情形。南迁昆明的史语所大概是当时较为完善的图书资料宝库，1938 年后的二三年间北大师生尚可加以利用，但自史语所迁往四川李庄以后，图籍不足的情况便显现出来了②，所以傅斯年对求学者说读书到李庄，而联大则有老师。③

在众多学生中，张荫麟特别识拔云南本地学生李埏（1914—2008）。李埏出身于云南路南的书香家庭。以优异成绩保送北平师范大学，抗战军兴后归里，1938 年 8 月转学联大历史系，跟从张荫麟研究宋史。李埏在半个世纪后尚记得当时指导之情形：

> 在西南联大，我从他学宋史，常送习作请他指教。每次他都是立即当面批改，边改边讲，不仅改内容，而且改文字，教我怎样做文章。有时候改至深夜，一再请他休息他也不肯。宋史课一开始，他就教我们读《宋史纪事本末》，并从其中自选六十篇作"提要"。每篇提要不得过百字，须按时完成。听课者几十人，他都一一批阅。课上只讲专题，很富启发性。他总是每两三周，提出一个问题，指定几卷书，要我们从那几卷书中找材料，去解决那个问题。以后，问题越来越难，指定的书越来

---

① 参见张荫麟致李埏，1941 年 2 月 5 日，李埏先生提供复印件。

② 参见邓广铭：《怀念我的恩师傅斯年先生》，见邓小南、刘隐霞编：《邓广铭学术文化随笔》，238～239 页，北京，中国青年出版社，1998。

③ 抗战时期的史学研究概貌，可参见陈国生、郑家福：《抗战时期西南地区的史学研究》，载《史学史研究》，1998(3)。

越多；最后，他不再指定，要学生自己提出问题，自己找书看。他用这样的方法，训练我们一步步地学会独立做研究工作。他很重视选题和选材，常警告我们，不善于选题的人就只能跟在别人后面转；不善于选材的人就不能写出简练的文章。由于他诲人不倦，我感到课外从他得到的教益比在课堂上还多。①

另有学生丁则良（1915—1957），福建福州人。1933 年入读清华历史系，1938 年毕业于联大历史系，其在联大师范学院史地学系任教。其间在张荫麟的指导下研习宋史。毕业论文为《秦桧传考证》。姚从吾向傅斯年推荐丁则良，"清华史系卒业较多，实以丁君则良为第一"②。

徐规（1920—2010），字仲矩，浙江温州人。1939 年考入浙江大学龙泉分校中国文学系。1940 年秋，其长途跋涉，赴遵义之浙大总校，得从张荫麟研治宋史。两年间，徐规听授张荫麟的"中国上古史""唐宋史"和"历史研究法"等课程，并在其指导下完成本科毕业论文《李焘年表》，获 1943 年全国大学生毕业论文优等奖。③

张荫麟的宋史论文结集，始于 1942 年春，由其本人自选八文，

① 李埏：《张荫麟先生传略》，见［美］陈润成、李欣荣编：《天才的史学家：追忆张荫麟》，190 页，北京，清华大学出版社，2009。
② 《丁则良先生生平及著译简表》，见丁则勤、尚小明编：《丁则良文集》，472 页，北京，清华大学出版社，2009。
③ 参见徐规：《张荫麟师培养学生情况述略——纪念张师诞辰 90 周年》，载《杭州大学学报（哲学社会科学版）》，1995（3）。

为《宋史论丛》甲编，列作浙江大学文科研究所史地学部丛刊第三号。① 据徐规的《张荫麟先生著作系年目录》所言，书中收文八篇：一为《宋太祖誓碑考》；二为《宋太祖庙堂石刻考》；三为《宋太宗继统考实》；四为《宋代之杀婴习俗》；五为《宋代之身丁钱》；六为《宋代南北社会之差异》；七为《燕肃考》；八为《折可存考》。② 第一、第二文当系由《宋太祖誓碑及政事堂刻石考》分写而成。第四、第五文，今佚，旨趣见于张荫麟致李埏之书信。该书是否出版，待考。1956 年北京三联书店拟出之《宋史论丛》。该集精选了张荫麟的八篇宋史文章，篇目与前有所不同，可惜仅成清样（现存中国社科院近代史研究所图书馆），最后未能正式出版。今乃赓续其事，仍名曰《宋史论丛》，将张荫麟之全部宋史文章收集，以俾读者一窥其宋史研究之全貌。

李欣荣

谨识于广州康乐园向阳书房

2017 年 3 月 1 日

---

① 参见方豪：《略论张荫麟先生在史学上之成就》，载《书目季刊》，第 13 卷，第 4 期，1980。

② 参见徐规：《张荫麟先生著作系年目录》，载《思想与时代》，第 18 期，1943。

目录

宋卢道隆、吴德仁记里鼓车之造法

一、记里鼓车之历史

记里鼓车者，能自报告驱行远近之车也。车中装设机械，因车行之里数而使鼓鸣，故称，又名大章车。其见于史籍，始自《晋书·舆服志》。①唐杜佑《通典》称东晋安帝义熙十三年（四一七）刘裕灭后秦获此车，而谓未详其所由来。②《宋书》所载与此符。③《晋书·舆服志》云："记里鼓车，制如指南（车）。上有鼓；车行一里，木人击鼓一槌。"此车自晋以来仅为天子仪仗所用，乃卤簿先驱车之一。其形式，据《南齐书》所载："上施华盖，子襟衣，漆画鼓；机皆在内"④。隋开皇九年（五八九）平陈，此车亦为当时战利品之一。其后唐因得而用焉。宪宗元和（八〇六—八二〇）中，典作官金公立

---

① 《晋书》，第二五卷，第六页（上）；乾隆四年（一七三九）校刊本。若以撰著先后论，当以《宋书》为始。
② 《通典》，第六四卷，第一四页（上），浙江书局本。
③ 《宋书》，第一八卷，第四页（下），乾隆四年（一七三九）校刊本。
④ 《南齐书》，第一七卷，第四页（下），乾隆四年（一七三九）校刊本。

尝重修其制法上之。①

《宋书》《隋书》记此车之制均与《晋书·舆服志》无异。②惟《通典》附注引晋崔豹《古今注》云："大章车，所以识道里也；起自西京；亦曰记里车。车上下为二层，皆有木人。行一里，下层击鼓；行十里，上层木人击镯"③。今所传伪本崔豹《古今注》及后唐马缟《中华古今注》中均有此一段，字句悉符④；而伪崔书乃割裂马书而成者也。⑤吾侪稽史至此，乃发生一大疑问。杜佑为唐人，决不及见作于后唐以后之伪本《古今注》，若《通典》所引系出杜佑手，则所引非另一伪本，即崔豹原书；然若为崔豹原书，则晋代记里鼓车，已能一里击鼓，十里击镯，何以晋、宋、隋诸史所述记里鼓车，皆仅能报一里之数？然则杜佑所引为另一伪本乎？抑《通典》所引非出杜佑手，而为后人所羼益乎？以吾观之，后一说较近，其故有二：（一）崔豹为晋东渡前人，杜佑既引其所纪记里鼓车，则不当又谓东晋刘裕平秦所获记里鼓车，不详所由来。（二）《通典》所引与伪本字句悉符，有后人采伪本添注，而传刻者误为原文之可能。然则两层制（即上引《古今注》所记之制）之记里鼓车，当起于何时？曰，大约起于唐；上引后唐马缟书已有两层制之记里鼓车之记述

---

① 宋江少虞等：《皇朝类苑》，第五八卷，第五页（上），诵芬室重刊本。及宋岳珂《愧郯录》，第一三卷，第六页（上），《知不足斋丛书》本。

② 《宋书》，第一八卷，第四页（上）；及《隋书》，第一○卷，第四页（上）；均乾隆四年（一七三九）校刊本。

③ 《通典》，第六四卷，第一四页（上），浙江书局本。

④ 《古今注》，第一卷，第一页（上），及《中华古今注》，第一卷，第一页（上）；均光绪乙未（一八九五）黄氏重印《汉魏丛书》本。

⑤ 参看《四库总目提要》，第一一八卷，第九四页（上），上海点石斋印本。

矣。马氏所记又云："《尚方故事》中有造（记里鼓）车法。"①惜其书已佚。盖宋以前，此车之造法无可考也。A. C. Moule 氏谓唐张彦振于记里鼓车尝为赋以描述之，见《历代赋海》。② 予按《全唐文》有《大章车赋》一篇，惟作者已阙名；张彦振只有《指南车赋》，而无《记里鼓车赋》也。

　　宋代记里鼓车为两层制；赤质，四面画花鸟，重台，勾栏，雕拱，一辕，凤首。驾士旧十八人，太宗雍熙四年（九八七）增为三十人。仁宗天圣五年（一〇二七）内侍卢道隆上其造法。徽宗大观元年（一一〇七）内侍吴德仁复修改卢法上之。③ 又宋江少虞《皇朝类苑》记宋代有苏弼者亦尝重修此车。④ 苏氏年代，史无可征；然江书作于绍兴十五年（一一四五），苏氏当在其前也。《元史·舆服志》无记里鼓车之称述；然《元史》仓卒战书，诸多阙漏，不能据是遂谓当时记里鼓车已亡；元杨维桢有《记里鼓车赋》⑤一篇，于此车尚有极明确之观念也。明清以来，此车已不为天子仪仗所用，遂乃绝迹于人间矣。

　　卢、吴二氏之记里鼓车造法，并见于宋岳珂《愧郯录》及《宋

---

① 《古今注》，第一卷，第一页（上），及《中华古今注》，第一卷，第一页（上）；均光绪乙未（一八九五）黄氏重印《汉魏丛书》本。
② 《清华学报》，第二卷，第一期，第四六六页。
③ 《宋史》，第一四九卷，第一七页（上）；乾隆四年（一七三九）校刊本；及《愧郯录》，第一三卷，第三页（下）。
④ 宋江少虞等：《皇朝类苑》，第五八卷，第五页（上），诵芬室重刊本。及宋岳珂《愧郯录》，第一三卷，第六页（上），《知不足斋丛书》本。
⑤ 杨赋有云："虚轮晕轸，横辕倚轵。平厢层构，低高间施。木镂象以正立；手潜奋以有持。列鼓镯于上下，各叩击以司时。"见《图书集成·经济汇编·考工典》，第一七五卷，车舆部，第一四页，殿本。

史》①中。二书所载除一二讹漏外，余全相同。然其叙述极不明晰，不完备；近西儒之读《宋史》者，尝苦其难解。② 愚既译 A. C. Moule 氏之《宋燕肃、吴德仁指南车造法考》，尝师其图解指南车之法，以研究记里鼓车，颇觉其造法大纲，尚可推寻。兹述吾研究所得之结果如次。

二、卢、吴二氏记里鼓车之造法

《宋史》记卢道隆之造法云：

独辕，双轮。箱上为两重，各刻木为人，执木槌。足轮各径六尺。围一丈八尺。足轮一周而行地三步。以古法六尺为步，三百步为里，用较今法，五尺为步，三百六十步为里。立轮一，附于左足，径一尺三寸八分，围四尺一寸四分，出齿十八，齿间相去二寸三分。下平轮一，其径四尺一寸四分，围一丈二尺四寸二分，齿间相去与附立轮同。立贯心轴一，其上设铜旋风轮一，出齿三，齿间相去一寸二分。中（立）③平轮一，其径四尺，围一丈二尺，出齿百，齿间相去与旋风轮等。次安小平轮一，其径三寸少半寸，围一尺，出齿十，齿间相去一寸半。上平轮一，其径三尺少半尺，围一丈，出齿百，齿间相去

---

① 《宋史》，第一四九卷，第一七页（上）至一八页（下）；《愧郯录》，第一三卷，第一页（上）至七页（上）。

② 《清华学报》，第二卷，第一期，第四六五至四六六页。

③ 立字疑衍。

与小平轮同。其中平轮转一周，车行一里，下一层木人击鼓；上平轮转一周，车行十里，上一层木人击镯。凡用大小轮八，合二百八十五齿，互相钩镲，犬牙相制；周而复始。

按文中所记小平轮，及上平轮之径围，俱有差误。"三寸少半寸"一语，亦殊费解。如解作二寸五分；则周围当合七寸五，与"围一尺"及"齿间相去一寸半"俱不合；如解作三寸又半寸，或三寸半稍不足，则与围一尺之说尚可相通，惟与齿距寸半之说，仍未能相符。"径三尺少半尺"语，亦同一费解。虽然，就足轮直径及各轮齿数计算①，构造原法已可推寻。文以上二语之讹误，原则上并无重要关系。兹试将全释述如下，以明诸齿轮之作用。

如下图，（甲）为车之左足轮，其直径六尺。（甲）轮内向紧附一同心（即《宋史》之立轮）轮（乙），其直径一尺三寸八分，出齿十八。（丙）轮（即《宋史》所谓下平轮）平置于（乙）轮上，而与之相衔接；其直径三倍于（乙）轮之直径，长四尺一寸四分，出齿五十四，齿间距离与（乙）轮同。（丁）轴贯（丙）轮之心，紧镶于（丙）轮，随之而转；此轴上达于车箱下层之底，其下端有窠以承之。（戊）为小曲齿轮（即《宋史》所谓旋风轮），紧镶于（丁）轴，出齿三，齿间相去一寸二分；此轮与（丙）轮平行，而略相距离。与（丙）轮平行而与曲齿轮（戊）相衔接者为（己）轮（即《宋史》所谓中平轮），其直径四尺，出齿一百，齿间距离亦为一寸二分。（庚）轴贯（己）轮之心，紧镶于（己）轮，下有窠以承之，上达于车箱下层。（辛）轮（即《宋

---

① 原文所载足轮径长及各齿轮出齿多寡，因其作用之相符应及数目之恰相配合，可以证明其不误。

史》之小平轮）紧镶于（庚）轴，与（己）轮平行，而相距离；其直径二寸五分（？），出齿十，齿间相去一寸半。与（己）轮相平行，而与（辛）轮相衔接者为（壬）轮（即《宋史》所谓上平轮），其直径二尺五寸（？），出齿百，齿间距离与（辛）同。（癸）轴贯（壬）轮之心，紧镶于（壬）轮，上达车箱之上层，下有棐以乘之。（丁）（庚）（癸）三柱皆直立。各平轮圆心，及（甲）轮圆心与其切地之点，同在一垂直地面而与足轮（甲）正交之平面上。当车行时，齿轮（乙）（丙）（戊）（己）（辛）（壬）同时俱转。足轮径六尺，按当时所用周三径一之率算之，其周之长为十八尺，即三步。足轮每转一周时，（乙）轮随之转一周，而与（乙）轮相衔接之下平轮（丙）适转三分之一周，紧镶于（丙）轮之轴之曲齿轮（戊）亦转三分之一周；（戊）轮共有三齿，转三分之一周，即转一齿，与（戊）轮相衔接之平轮（巳〔己〕）亦转一齿。足轮转百周，车行适三百步，即一里，（己）轮适转百齿即一周；故《宋史》云"中平轮转一周，车行一里"也。中平轮既转一周，则紧镶于中平轮之轴之小平轮（辛）亦转一周；（辛）轮共有十齿，故与之相衔接之上平轮（壬），适转十齿，即一周之十分一。故《宋史》又云："上平轮转一周，车行十里"也。

由上观之，记里鼓车各轮之装置，据《宋史》本文尚无不可解之处。虽然，其何以使上层木人击鼓，下层木人击镯乎？A. C. Moule 氏云："书（《宋史》）中于车中上下层木人如何击镯击鼓，未加正确说明。"故欲据今所得之资料，而确考其造法之全部，定属不可能之事。以吾之揣测，或者（庚）（癸）两柱，上达于

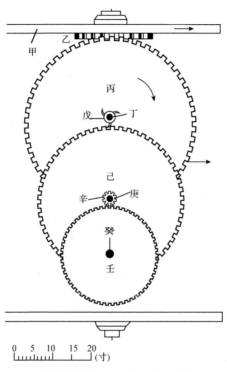

卢道隆记里鼓车中诸齿轮之装置

车箱者①，各紧镶一执槌之木人；鼓若镯或悬于木人之旁，其位置可环木人而迁移；鼓（镯仿此）之悬法，或使木人击鼓时，鼓面之下部能向后上退，上部向前下伸，鼓槌掠鼓缘而转向鼓后，鼓乃渐复原位。《宋史》次节述吴德仁造法，所谓"木横轴上关捩拨子各一"者，或所以使鼓（或镯）移易位置之具。然吾所推想既无实证，绝不敢决原法如是也。

《宋史》记吴德仁之造法云：

_____

① 《宋史》次节述吴法所谓"上大平轮通轴贯上"，即其证。

车箱上下为两层。上安木人二身，各手执槌。轮轴共四。①内左壁车脚立轮一，安在车箱内，径二尺二寸五分，围六尺七寸五分，二十齿，齿间相去三寸三分五厘。又平轮一，径四尺六寸五分，围一丈三尺九寸五分，出齿六十，齿间相去二寸四分。②上大平轮一，通轴贯上，径三尺八寸，围一丈一尺，出齿一百，齿间相去一寸二分。立轴一，径二寸二分，围六寸六分，出齿三，齿间相去二寸二分，外大平轮，轴上有铁拨子二。又木横轴上关捩拨子各一。其车脚转一百遭，通轮轴转周，木人各二，击钲鼓。

此节所叙述，更凌乱残缺，数目字之讹误（如"径三尺八寸，围一丈一尺"）无论矣。"车脚（即足轮）上"既有"立轮"，在车箱内，则必当更有一轮焉，附于足轮之内向而与此立轮相衔接；惟文中无之。其所谓"又平论一"当平置于立轮上，与之相衔接。盖平轮之齿数（六十）为立轮齿数之三倍，立轮转三周时，平轮适转一周，其用正与卢法之（乙）（丙）二轮同（参看附图）。惟再读下文，则难题立见。所谓"大平轮"当与何轮相衔接乎？所谓"立轴一"，当为何轮之轴乎？吾细思之，"立轴"当即上"又平轮一"之平轮之轴；"大平轮"当与此立轴之齿相衔接，故原文云"立轴一……外大平轮"也。此立轴正与卢法之（丁）轴相当，此大平轮正与卢法之（己）轮相当。盖立轴上有三齿，大平轮有百齿，故立轴及立轴所镶附之轮（即"又

---

① "共"，原文作"其"，据《傀郯录》校改。
② 平轮与大平轮齿间距离各不相同，衔接运动极难如意，疑所记有误。

平轮一"之平轮)转一周时,大平轮适转 3/100 周;而大平轮转一周时,立轴及平轮适转 100/3 周,立轮及足轮适转 $3 \times 100/3$ 即 100 周;卢法(己)轮转一周时足轮适转一百周,正与此同。由是观之,吴法与卢法原理上全相同;所不同者,惟吴于(乙)(丙)二轮间添设一轮,而又改易其齿数耳。然上述诸轮仅足敷车箱下层之用。吴车据《宋史》所称,既为两层制,则至少必当尚有二轮,与卢法之(辛)(壬)相当。而《宋史》独付阙如。此实极重要之遗漏。文中所谓"轴上有铁拨子二",此拨子究作何用,至今尚无从揣测也。

原载《清华学报》第 2 卷第 2 期,1925 年 12 月①

---

① 收录时略作调整,后同。

关于朱熹太极说之讨论

我读了上面贺君的文章，不禁发生了一个问题：朱子的第一（种）太极说（即"总天地万物之理"的太极）和他的第二种太极说（即"须以心为主而论"的太极）是否打成两橛，而不能贯通的？当他主张第二种太极说时，是否放弃了第一种太极说？贺君没有把这两说的关系说明，很容易使读者误会，朱子曾经改变了他的太极说，或至少曾有两种不能贯通的太极说。我想这样或者不是贺君的本意。据我看来，这两说只是一说。何以言之？

朱子一方面认宇宙为一整个的有机体，支配这有机体的生成和一切活动总原理便是"太极"。所以说"盖天地间只有动静两端循环不已，更无余事，此之谓'易'。而其动其静，则必有所以动静之理焉，是则所谓'太极'者也"。（《文集》卷二《答杨子直》）这太极是"浑然全体"，"不可以文字言，但其中含具万理"。（《文集》卷七《答陈器之》）从这方面看来，他的太极和黑格尔的"绝对观念"很有点相像。但黑格尔以为这"绝对观念的实现"是"绝对的我"，这大"我"的本体，只是心，只是精神。而朱子的太极只是抽象的法则，永远寓于"气"之中。"理又非别为一物，即存乎是气之中，无是气则理亦无挂搭处"。(《语类》卷一)气是什么？就是构成"金木水火土"的原料，是形而下的，是有体质可捉摸的。朱子有时说理具于心中，这并不与理寓于气之说冲突，因为朱子所谓"心"，并不是西洋哲学史上与"物"相对抗的"心"，只是气之清轻而为理所寓者而已。这与希腊 Democritus 以心为精细的原子之说很相像。心的作用只是理气结合的作用（其说详后），心是气的一部分，心内是气，心外是气，说理具于心，只是说理具于气而已。这是朱子与黑格尔不同的第一点。黑格尔以为宇宙的全部历史是"绝对观念"的展现。这"绝对观念"具于宇宙历史全部，而不具于其一部分。朱子却不然，他一方面认太极为整个宇宙的原理，一方面又认太极为宇宙任何部分的原理。他一方面以为太极具整个的宇宙之中，一方面又以为太极具于宇宙之任何部分之中。所以说，"太极是天地万物之理，在天地言，则天地中有太极，在万物言，则万物中各有太极"(《语类》卷一页一)，这里说天地是包括全宇宙（宋明儒书中天地二字大都为此用），万物是指宇宙各部分言。宇宙各部分的太极，或"理"，是相同的。故此说"大抵天地间只一理，随其到处分出许多名字来"(《语类》卷一页四五)，又说"人物之生天赋，以此理未尝不同"(同上页二八)。除部分以外无全体，除宇宙各部分的理以外，无宇宙的总原理。既然宇宙各部分的原理，即太极，是同一的，则宇宙各部分的太极便是全宇宙的太极。于是发生一个问题了。既然理是唯一的，而一切物都同赋有此理，何以万物却纷纭互异，并且有相差得很远的呢？朱子解答道，万物之相异（一）由于万物所受的"气"，性质上，有"清浊纯驳"之不同，而理受气的性质的影响。好比同一"日月之光"，若在露地则尽见之，若在簷屋之下有所遮蔽，"有见有不见"。又好比同是清水，"倾放在白碗中是一般色，乃放在黑碗中又是一般色，放青碗中又是一般色"。（二）由于所受的气，度量上有大小之不同，因而所赋的"理"有程度上之差异。"如一江水（理）你将勺去取，只得一勺，将碗去取，只得一碗，至于一桶一缸各自随器量不同。"同一的理因为在不同的"气"分中而表现不同，故此从万物之既然上看来，好像有无数理的。故此说：

"物物具一太极。"（《语类》卷一页二七）

"惟其理有许多故物有许多。"（同上卷三页二十三）

"论万物之一原则，理同而气异，观万物之异体，则气犹相近而理绝不同。"问"理同而气异"。"此一句是说方付与万物之初，以其天命流行，只是一般，故理同。以其二五之气有清浊纯驳，故气异。下句是就万物已得之后说，以其虽有清浊之不同而同此二五之气，故气相近。以其昏明开塞之甚远，故理绝不同。"（同上卷一页二十六）

要之，同者是理之原本，不同者是理之表现。朱子书中言理，或指理之原本，或指理之表现，读者宜分别观之。

既然"总天地万物之理"具于一物，而心只是一物，那么"总天地万物之理"的太极说，与"须以心为主而论"（的）太极说自然可以贯通了。我们且仔细考察朱子所谓"心"是什么？

"心者一身之主宰。意者心之所发，情者心之所动，志者心之所之。"（《语类》卷一页四二）

"有心必有思虑，有营为。"（同上页三）

以上言心之用。

"天道流行，发育万物，有理而后有气，虽是一时都有，毕竟

以理为主。人得之以有生。气之清者为气，浊者为质。知觉运动，
阳为之也，形体阴为之也。气曰魂，体曰魄。高诱《淮南子》注曰
'魂者阳之神，魄者阴之神'。所谓神者，以其主乎形气也。"（同上
页十四）

"人之所以生，理与气合而已。……凡人能言语、动作思虑营
为，皆气也，而理存焉。"（同上页三十一）

问："知觉是心之灵，固如此，抑气之为耶?"曰："不专是气，
是先有知觉之理。理未知觉，气聚成形。理与气合便能知觉，譬如
这烛火是因得这脂膏便有许多光焰。"（同上页四十）

以上言心之体。

合观上引各则，可知朱子所谓"心"不过一种理与气（这气似当
是较清的气，是"阳"）之结合，其作用为思虑营为，主宰乎身。只
是理不成其为心，只是气也不成其为心。理不能离气而独存，气也
不能离理而独立。人人的心所具的理，或太极，都相同。理之在人
心者谓之性。这性就是太极浑然之体，本不可以名言，当其未与外
物感接，未发动时，寂然无形象可见。但其中含具万理，与外物感
接时便表现出来。"纲理之大者有四，故命之曰仁、义、礼、
智……端虽有四……然仁实贯乎四者之中……仁者仁之本体，礼者
仁之节文，义者仁之断制，智者仁之分别。"（《文集》卷七《答杨器
之》）故人性的要素可以用一仁字包括。性虽尽人而同，但禀气的清
浊，则因人而异。气禀可以影响于性。气愈清，则性愈明晰，而其
实现之阻力愈少，故趋于善。气愈浊，则性愈晦，而其实现之阻力
愈大，故趋于恶。我这里用两个"趋"字，读者要特别注意。如因人
的善恶是由气禀断定的，还用得着什么修养？朱子因为要保存修养

的重要，故此不能不避免唯物的命定论，而主张：

（一）虽因气禀之清浊而性有明暗，而暗者可使其明。"人之性论明暗，物之性只是偏塞，暗者可使之明，已偏塞者不可使之通也。"（《语类》卷一页二六）

（二）心本来有被外物引诱而趋于恶的可能。"此心不操即舍，不出即入，别无闲处可安顿。"（《文集》卷二《答游诚之》）

涵养用敬的目的，只是屏绝外物的引诱，拨开气质的遮蔽，使性得充分的实现，使"天理流行"。使心与外界感接时，"发而皆中节"。这具仁义礼智四端的性，不独是人心的太极，并且是一切物的太极，是"总天地万物之理"。个人能复性，能使性得到充分的实现（full realization），便使个人的目的与宇宙的目的合一，便"上下与天地同流"。这便是朱子安身的地方，这便是朱子的宗教。

署名"素痴"，原载《国闻周报》第 7 卷第 50 期，1930 年 12 月22 日

沈括编年事辑

　　沈括之见称于近世，以其《梦溪笔谈》，尤以书中之科学智识（看竺可桢《沈括对地学之贡献与纪述》，《科学》第十一卷六期）。予近搜集沈氏传记材料，乃知斯人之伟大实远过其名。括不独包办当时朝廷中之科学事业，如修历法、改良观象仪器、兴水利、制地图、监造军器等；不独于天学、地学、数学、医学、音乐学、物理学，各有创获；不独以文学著称于时；且于吏治、外交及军事，皆能运用其科学家之头脑而建非常之绩。若此人者，越年八百，其生平乃始有详尽之考核，亦甚可怪异之事也。兹篇注重沈氏事迹编年，至其学术，则沈氏著作之存者有《笔谈》《长兴集》（原四十一卷，残存十九卷）及《沈氏良方》（今《苏沈良方》中属沈氏部分），读者可按覆，而世亦不乏言之者，今不具详。

　　沈括，字存中，生于宋仁宗明道元年（考证详后），即西元一〇三二年。

《宋史》本传，括"以父任为沭阳主簿"，而括父之名不见本书。《王临川集》卷九八，《沈周墓志铭》（原题《太常少卿，分司南京沈公墓志铭》），中有"子披，子括葬公钱塘……"云云，则括乃周之次子也。从王《志》可考见括之先世，兹摘录如下："公（周）高祖始徙去（武康），自为钱唐〔塘〕人。大王父某当钱氏时匿不仕。王父某官咸平端拱间（宋太宗时）至大理寺丞。父某学行显闻，早世无爵位。……公……少孤，与其兄（同）相踵为进士，起家椽汉阳，从事高邮，用举者入大理寺为丞，监苏州酒，知简之平泉县，县人铭其政于石。遂自封州守佐苏州为侍御史。有以丞相指谒公者，不为听。居顷之，出刺润州，又刺泉州。其为治取简易。讼有可已者辄谕以义，使归思之。狱以故少。泉州旧多盗，日暮市门尽闭，禁民勿往来。公至，除其禁，而盗亦以止。佐开封，讼数年不遣者以百数，公断治立尽。尝代其尹争狱于上，大臣为公自绌。三司使请铸大钱，下其书议，议者无敢忤。公为其判官，独曰：坏四钱为之，可以当十，民盗变旧钱且尽铸之，为诱民死耳，不如无铸。议上如公言。于是天子以江东之按察为已悉，闻公宽厚，即以为使。尽岁无所劾，而部亦以治称。然公已老，不乐事权，自请得明州。明年遂以分司归第，三月卒。夫人许氏，六安县君。两男世其家，一女子已嫁。公廉静宽慎，貌和而内有守。春秋七十四，更十三官而不一挂于法。乡党故旧闻其归则喜，丧哭之多哀，而无一人恨望者。"

又《曾南丰集》四五，有《寿昌县君许氏墓志铭》。按《志》，许氏乃括母也。《志》云，"夫人许氏，苏州吴县人。考仲容，太子洗马。兄洞，名能文，见《国史》。夫人读书知大义，其兄所为文辄能成诵，父母衣食服御，侍之而后安。既嫁，惇行孝谨，宜于其家。

其夫为吏有名称，夫人实相之。及春秋高，于内外属为高曾行，而慈幼字微愈久弥笃。故亲疏怀附无有恶歝。……"

是年，沈周年五十五，许氏年四十七(王《志》及曾《志》)。

康定元年　九岁

父为泉州守(吴允嘉《吴兴三沈集附录》注，不详所出)。《笔谈》二十一，"余少时到闽中"，当是此年前后事。

皇祐二年　十九岁

父由开封判官转江东按察(王《志》)。

皇祐三年　二十岁

八月父以太常寺少卿分司南京，十一月庚申父卒，年七十四(王《志》)。

皇祐四年　二十一岁

十月葬父于钱塘龙居里，属王安石为墓志铭(是年安石三十二岁，通判舒州)。是年括尚未出仕，故《志》中称括不及其官爵。

至和元年　二十三岁

是年终父丧，其初仕为沭阳(今海州)县主簿，当去此不久。《宋史》本传云："(沭阳)县依沭水，乃职方氏所书'浸曰沂沭'者，故迹漫为污泽，括新其二坊，疏水为百渠九堰，以播节原委，得上田七千顷。"括弱冠前后之生活可于《本集》卷十九《答崔肇书》中见之："人之于学，不专则不能。虽百工其业至微，犹不可相兼而善。况君子之道也？若某则不幸，所兼者多矣。众人之所患，而某之所取，心虽劭而力屈，功虽益而业悖。……某少之时，其志于为学虽专，亦不能使外物不至也。复不幸家贫，亟于禄仕。仕之最贱且劳，无若为主簿。沂海淮沭，地环数百里，苟兽蹄鸟迹之所及，主簿之职皆在焉。然既已出身为吏，不得复若平时之高视阔步，择可为而后为，固宜少善其职矣。所职如是，皆善固不能也。欲其粗善，必稍删其多歧，专心致意，毕力于其事，而后可也。而又间有往还吊问，岁时腊腊，公私百役，十常兼其八九。乍而上下，乍而南北，其心懵懵踌躇，不知天地之为天地，而雪霜风雨之为晦明燠凉也。"

嘉祐六年　三十岁

官宣州宁国县令。《本集》(《长兴集》)卷二一《万春圩图记》云："江南大都皆山也，可耕之土皆下湿，厌水濒江，规其地以堤，而艺其中，谓之圩。芜湖县圩之大者唯荆山之北，土豪秦氏世擅其饶，谓之秦家圩。李氏据有江南，置官领之，裂为荆山、黄春、黄池三曹，调其租以给赐后宫。本朝以属芜湖县，租还大农，太平兴国中，江南大水，圩吏欧阳某护圩不谨，圩以废。废且八十年，其间数欲治之，辄为游说所格。有司藏其议，一车不能载。嘉祐六年，转运使武陵张颙，判官南阳谢景温复会其议，使宣州宁国县令沈括图视其状。括还，以谓前之以为不可兴者，说皆可讲也。其一，以谓秋夏之水非广泽无所容，排其二十里以为墟，则二十里之水将无所受，溢则为害，不补所得。夫丹阳、石臼诸湖，圩之北藩也，其绵浸三四百里。当水发时，环圩之壤皆湖也，如丹阳者尚三四；其西则属于大江。而规其二十里以为圩，岂遽能为水之消长？是说之无足患一也。又曰：圩之西南迎荆山为防，江出峡中，则水壅以灌山东。今其下荆山之西流皆不能百步，折其堤以达荆山之冲，弃以与江二百步之广，则水无所迫，不幸而壅，则其阻在荆山之西，非圩之为祸。其东则播为枝流以分其委。是说之无足患二也。又曰：圩水之所赴，皆有蛟龙伏其下，而岸善崩，向之败未尝不以此。盖圩之水凿堤而出，酾于堤外，其下不得不为困，困深而岸隤其中，非所当怪也。今当凿下为复堤，障水出于数十步之外，注之江中，则困者在数十步之外，其淫衍渐隤，不能数十步以为圩败。是说之无患三也。又曰：自圩之废，纳租而茭牧其间者百余家矣，一旦皆罢迁其业，势迫必且为奸。此尤不然。圩成固且与人。……昔之茭牧者今使之得耕其中，势不以耕而易茭牧。……是说之无足患四也。又曰：圩之东南滨于大泽，风水之所排，堤不能久坚也。此其地非有斩然崛起之势，陵迟而来者皆百余步。傅堤为柳百行，其下搴苇以列艺之，则水之所齿者在百步之外，而堤未尝与水遇。其为堤之址，数丈以广，而末锐才数尺，无与水忤，使其势不得与我争。是说之无足患五也。谢君雅知其可为，及是请之，奏其词上，即报可。……方是时，岁饥，百姓流冗，县官方议发粟。因重其庸以募穷民，旬日得丁万四千人，分隶宣城、宁国、南陵、当涂、芜湖、繁昌、广德、建平八县。……于是发原决薮，焚其菑翳，五日而野开。表堤行水，称材赋工，凡四十日而毕。其为博六丈，崇丈有二尺，八十四里以长。夹堤之脊，列植以桑……圩中为田千二百七十顷。……岁出租二十而三，总为粟三万六千斛，菰蒲桑枲之利为钱五十余万。"

是年欧阳修参知政事（《宋史·欧阳修传》），括上书云："……阁下独立一世，为天下之师三十余年矣。其养育贤才，风动天下，未有不如其意。所未能必者，天下之时，与朝廷之位。则今既又得之矣。以其不可得而待于古者而遇于今，而又有其时与位，天下之所望于阁下，阁下所以自处，某愚浅不敢县定于心。抑将举天下之政，必自其大者，则礼乐宜已在阁下之所先久矣。然观古者至治之时，法度文章大备极盛，后世无不取法，至于技巧器械，大小尺寸，黑黄苍赤，岂能尽出于圣人？百工群有司市井田野之人莫不预焉。其卒使天下之材不遗而至于大备极盛，后世无不取法，在所用之何如耳。某尝得古之乐说，习而通之，其声音之所出，法度之所施，与夫先圣人作乐之意，粗皆领略，成书一通，亦百工群有司之一技。不敢嘿而不献……"是时括有《乐论》一篇，数致朝中达者。（《本集》卷二十《与人论乐数书》）今《笔谈》中《乐律》一门，当本于此篇之意。

嘉祐五〔八〕年　三十二岁

《服茯苓赋》（《苏沈良方》卷四）引云："予少而多病，夏则脾不胜食，秋则肺不胜寒。治肺则病脾，治脾则病肺，平居服药，殆不复能愈。年三十二官于宛丘（河南淮阳），或怜而授之以道士服气法，行之期年，良愈，盖自有意养生之说。"存中在宛丘所官当是县令。

是年举进士第（《万历钱塘志·纪士》）。

《笔谈》九："旧制天下贡举人到阙，悉皆入对，数不下三千人，谓之群见。远方士皆未知朝廷仪范，班列纷错，有司不能绳勒，见之日，先设禁围之外，盖欲限其前列也。至有更相抱持，以望黼座者。有司患之。近岁遂止令解头入见，然尚不减数百人。嘉祐中，予忝在解头，别为一班，最在前列。目见班中惟从前一两行稍应拜起之节，自余亦终不成班，缀而罢，每为阁门之累。常言殿庭中班列不可整齐者唯有三色：谓举人、蕃人、骆驼。"

治平元年　三十三岁

括举进士后为扬州司理参军（《东都事略》本传），是年有《扬州重修平山堂记》（《本集》二一）。平山堂为欧阳修官扬州时所建，在十八年前。

治平二年　三十四岁

《扬州九曲池新亭记》(《本集》二一)云:"治平二月之晦,工徒告休,公(扬州太守刁某)将劳成,于是属其参军事沈某考词于碑……"

治平四年　三十六岁

《笔谈》七:"治平中,金、火合于轸,以《崇真》《宣明》《景福》《明崇》《钦天》,凡十一家大历步之悉不合,有差三十日者。"事当在本年以前。

熙宁元年　三十七岁

有《张牧墓志铭》(《本集》二五,原题《张中允墓志铭》)。牧为括妻之祖父(近沈绍勋《沈氏家乘》谓牧孙女为括继妻,不详所据)。牧,澶州人,父皓曾于役契丹,与曹利用齐功,而不获赏。此《志》有可补史阙者。

《志》中括自称为"校书朗沈某"。其转官当在是年以前,《宋史》本传称括举进士第后曾"编校昭文书籍,为馆阁校勘"。馆阁校书,职甚暇逸,括于此时,研治天文。《笔谈》七载"予编校昭文书时,预详定浑天仪",当是本年左右事。《笔谈》七又载此时括答长官关于天文学之询问三事。其中二事乃在天文学上之卓见,录如下。一,"问予以日月之形如丸耶? 如扇也? 若如丸,则其相遇岂不相碍? 予对曰:日月之形如丸。何以知之? 以月盈亏可验也。月本无光,犹银丸,日耀之乃光耳。光之初生,日在其旁,故光侧,而所见才如钩。日渐远,则斜照而光稍满,如一弹丸,以粉涂其半侧视之,则粉处如钩;对视之则正圆。此有以知其如丸也。日月气也，有形而无质，故相质而无碍"。二，"又问日月之行，日一合一对，而有蚀不蚀何也？予对曰：黄道与月道，如二环相叠而小差。凡日月同在一度相遇，则日为之蚀；正一度相对，则月为之亏。虽同一度，而月道与黄道不相近，自不相侵。同度而又近黄道、月道之交，日月相值，乃相凌掩。正当其交处，则蚀而既。不全当交道，则随其相犯浅深而蚀。凡日蚀当月道自外而交入于内，则蚀起于西南复于东北。自内而交出于外，则蚀起于西北，而复于东南。日在交东则蚀其内，日在交西则蚀其外。蚀既则起于正西，复于正东。凡月蚀，月道自外入内，则蚀起于东南，复于西北；自内出外，则蚀起于东北，而复于西南。月在交东，则蚀其外，月在交西，则蚀其内。蚀既则起于正东，复于西。交道每月退一度余，凡二百四十九交而一期。故西天法，罗睺计都，皆逆步之，乃今之交道也。交初谓之罗睺，交中谓之计都"。

《宋史》本传，括"编校昭文书籍，为馆阁校勘……考礼沿革为书南郊式。即诏令点检事务，执新式从事，所省以万计（故事，三岁郊丘之制，有司按籍而行，藏其副。吏沿以干利。坛下张幔，距城数里，为园囿，植采木，刻鸟兽，绵络其间。将事之夕，法驾临观，御端门，陈仗卫，以阅严警；游幸登赏，类非斋祠所宜。乘舆一器，而百工侍役者六七十辈）"。

是年八月丁巳，括母许氏卒于京师，年八十三。

熙宁二年　三十八岁

葬母于钱塘。曾巩为作墓志，称括仕历作"扬州司理参军，馆阁校勘"。

是年二月以王安石参知政事。次年，十二月，以王安石同中书门下平章事。

熙宁四年 四十岁

终丧复仕,当在是年。李焘《续资治通鉴长编》(下省《长编》),是年十一月"丙戌大理寺丞馆阁校勘沈括检正中书刑房公事"。

熙宁五年 四十一岁

《长编》,是年七月己亥,"沈括充史馆检讨"。

同上,九月壬子,"诏司农寺出常平粟十万石赐南京、宿、亳、泗洲〔州〕,募饥人浚沟河道……沈括专提举,仍令就相视开封府界以东沿汴官私田可以置斗门引汴水淤溉处以闻"。

《笔谈》二五:"熙宁中,议改疏洛水入汴,予尝因出使按行汴梁,自京师上善门,量至泗洲〔州〕淮口,凡八百四十里一百二十步。地势,京师之地,比泗洲〔州〕凡高十九丈四尺八寸六分,于京城东数里白渠中穿井,至三丈,方见旧底。验量地势用水平望尺、干尺量之,不能无小差。汴梁堤外皆是出土,故沟水令相通时为一堰;节其水,候水平,其上渐浅涸,则又为一堰,相齿如阶陛,乃量堰之上下之水面相高下之数,会之得地势高下之实。"竺可桢曰:"括之测量,不但为平面测量,而功为地形测量,其量地面高下之法,虽不尽善,但苟所筑之堰,极为平直,当不致有大差误。其所用之尺,虽未必精密,但计高度至于分寸,可见其行事之不苟且。欧洲古代,希腊虽曾经测海岸之远近,罗马盛时亦有测量街道之举,但地形测量在括以前则未之闻。"(《科学》第十一卷,七九七页)

《长编》,九月戊辰,"提举司天监沈括言,楚州卫朴精于历术,乞令赴监参校新历,从之,仍赐路费钱五十千"。括提举司天监不知始于何时。《宋史》本传云，"时日官皆市井庸贩，法象图器大抵漫不知。括……招卫朴造新历，募天下上太史占书，杂用士人，分方技为五，后皆施用。"

《笔谈》八："国朝置天文院于禁中，设漏刻、观天台、铜浑仪，皆如司天监，与司天监互相检察。每夜天文院具有无谪见，云物祺祥，及当夜星次，须令于皇城门未发前到禁中，门发后司天占状方到，以两司奏状对勘，以防虚伪。近岁皆是阴相计会，符同写奏，习以为常，其来已久。中外具知之，不以为怪。其日月五星行次，皆只据小历所算躔度誊奏，不曾占候。有司但备员安禄而已。熙宁中，予领太史令，尝按发其欺，免官者六人，未几，其弊复如故。"

又《笔谈》七："……熙宁五年，卫朴造《奉元历》，始知旧蚀法止用日平度，故在疾者过之，在迟者不及。《崇》《明》二历，加减皆不曾求其所因，至是方究其失。"

《笔谈》八："予尝考古今历法，五星行度，唯留逆之际最多差。自内而进者其退必向外，自外而进者其退必由内。其迹如循柳叶，两末锐。中间往还之道，相去甚远。故两末星行成度稍迟，以其斜行故也。中间成度稍速，以其径绝故也。历家但知行道有迟速，不知道径又有斜直之异。熙宁中，予领太史令，卫朴造历，气朔已正，但五星未有候簿可验。前世修历多只增损旧历而已，未曾实考天度。其法须测验每夜昏晓夜半月及五星所在度秒，置簿录之，满五年，其间剔去云阴及昼见日数外，可得三年实行，然后以算日缀之。古所谓'缀术'者此也。是时司天历官皆承世族，隶名食禄，本无知历者，恶朴之术过己，群沮之，屡起大狱。虽终不有摇朴，而候簿至今不成。《奉元历》五星步术但增损旧历，正其甚谬处，十得五六而已。朴之历术，今古未有，为群历人所沮，不能尽其艺，惜哉。"按：卫朴所造《奉元历》，元初已佚，故《宋史·天文志》无得而载，《宋史·方技传》中亦无卫朴名。《笔谈》十八有记卫朴一则，可补《宋史》之阙，录如下："淮南人卫朴，精于历术，一行之流也。春秋日蚀三十六，诸历通验，密者不过得二十六七，惟一行得二十九，朴乃得三十五。惟庄公十八年一蚀，今古算皆不入蚀法，疑前史误耳。自夏仲康五年癸巳岁至熙宁六年癸丑，凡三千二百一年，书传所载日食凡四百七十五。众历考验，虽各有得失，而朴所得为多。朴能不用算推古今日月蚀。但口诵乘除，不差一算。凡大历悉是算数，令人就耳一读即能暗诵。傍通历则纵横诵之。尝令人写历书，写讫，令附耳读之，有差一算者，读至其处，则曰此误某字，其精如此。大乘除皆不下照位，运筹如飞，人眼不能逐。人有故移其一算者，朴自上至下，手循一遍，至移算处，则拨正而去。熙宁中，撰《奉元历》，以无候簿未能尽其术，自言得六七而已。然已密于他历。"

熙宁六年　四十二岁

《长编》，是年三月乙丑，"太子中允史馆检讨沈括为集贤校理"。括迁太子中允时不详。

《长编》，五月甲寅，诏"沈括详定三司令敕"。《宋史》本传所载"删定三司条例"，事似指此。

《宋史·律历志》："熙宁六年，六月（据《长编》在是月辛巳），提举司天监陈绎言浑仪尺度与法要不合，二极赤道四分不均，规环左右距度不对，游仪重盈难运，黄道映蔽横箫，游规璺裂黄道，不合天体，天枢内极星不见。天文院浑仪尺度及二极赤道四分各不均，黄道天常环月道映蔽横箫，及月道不与天合，天常环相攻难转，天枢内极星不见。皆当因旧修整。新定浑仪，改用古尺，均赋辰度，规环轻利；黄赤道天常环并侧置，以北际当天度；省去月道，令不蔽横箫；增天枢为二度半，以纳极星规环；二极各设环枢，以便游运。诏依新式制造，置于司天监测验，以较疏密。"（《长编》记陈绎所奏兼及修历，神宗并令司天监指挥校定历书人卫朴别造历，与旧历比较疏密。）

按：《历志》下文又云："初括上浑仪、浮漏、景表三议……朝廷用其说，令改造法物历书，至是（熙宁七年六月）浑仪浮漏成。"则括之上浑仪等三议乃在陈绎请新定浑仪之前，而此次所造新器实依括法。《宋史·天文志》谓括上议在熙宁七年七月者误也（三议见《宋史·天文志》，又见《宋文鉴》，两本稍有出入）。三议虽上于此时，其酝酿则甚久。前引《笔谈》七，括言"予编校昭文书时，预详定浑仪"，当是熙宁初事。又《笔谈》七云："历家言晷漏者，自颛帝历至今见于世谓之大历者，凡二十五家，其步漏之术皆未合天度。予占天候景，以至验于仪象，考数下漏，凡十余年，方粗见真数，成书四卷，谓之《熙宁晷漏》，皆非袭蹈前人之迹。"浮漏及景表两议之内容盖包括于此书中，惜其久佚。

括自言，所为《熙宁晷漏》，"其间二事尤微。一者，下漏家常患冬月水涩，夏月水利，以为水性如此。又疑冰澌所壅。万方理之，终不应法。予以理求之，冬至日行速，天运已期，而日已过表，故百刻而有余。夏至日行迟，天运未期，而日已至表，故不及百刻。既得此数，然后覆求晷景漏刻，莫不吻合。此古人之所未知也。二者，日之盈缩，其消长以渐，无一日顿殊之理。历法皆以一日之气短长之中者，播为刻分，累损益。气初日衰每日消长常同；至交一气，则顿易刻衰。故黄道有觚而不圆。纵有强为数以步之者，亦非乘理。用算而多形数相诡。大凡物有定形，形有真数，方圆端斜，定形也。乘除相荡，无所附益，泯然冥会者，真数也。其术可以心得，不可以言喻。黄道环天正圆，圆之为体，循之则其妥至均。不均不能中规衡。绝之则有舒有数，无舒数则不能成妥。以圆法相荡而得衰，则衰无不均，以妥法相荡而得差，则差有疏数，相因以求从，相消以求负。从负相入，会一术以御日行，以言其变，则秒刻之间，消长未尝同。以言其齐，则止用一衰，循环无端，终始如贯，不能议其隙。此圆法之微，古之言算者有所未知也。以日衰生日积及（一作乃）生日衰，终始相求，迭为宾主，顺循之以索日变，衡别之求去极之度。合散无迹，泯如运规。非深知造算之理者，不能与其微也"。（《笔谈》七）

《浑仪议》述括所改良之浑天仪之法，并驳古今关于浑仪之理论与实制不合者十三事。其中二事之驳论乃我国天文学史中颇重要之创说。一、"旧说以谓今中国于地为东南，当令西北望极星，置天极不当中北。又曰，天常倾西北，故极星不得居中。臣谓以中国规观之，天常北倚，可也。谓极星偏西则不然。所谓东西南北者，何从而得之？岂不以日之所出者为东，日之所入者为西乎？臣观古之候天者，自安南都护府至浚仪大岳台才六千里，而北极之差凡十五度。稍北不已，庸讵知极星之不直人上也？……"二、"前世皆以极星为天中。自祖暅以机衡窥考，天极不动处乃在极星之末犹一度有余。……臣考验极星，更三月而后知天中不动处远极星乃三度有余。则祖晅窥考犹为未审"。

《长编》，是年六月戊子，命"沈括相度两浙路农田水利差役等事，兼察访"。《宋史》本传，"淮南饥，遣括察访，发常平钱粟，疏沟渎，治废田，以救水患；迁集贤校理，察访两浙农田水利"。按：括察访淮南实在迁集贤校理及察访两浙之后（详下）。《宋史》倒置。

《长编》，是年八月乙亥，"检正中书刑房公事沈括辟官相度两浙水利。上曰，此事必可行否？王安石等曰，括乃士人，习知其利害，性亦谨密，宜不敢轻举。上曰，事当审计，无如郏亶妄作，中道而止"。此时王安石对括之态度与两年后王安石对括之态度，其间之差异，甚可注意。

《长编》，十月甲戌，"沈括言常、润二州岁旱民饥，欲令本路计合修水利钱粮募阙食人兴工，从之"。

熙宁七年　四十三岁

《长编》，正月丙寅，"沈括言常州、无锡县逃绝诡名挟佃，约五千余户，及苏州、长州县户长陪纳税有至二百余缗，已选官诣逐州根究，及虑人户隐蔽，已出榜召人告首。州县官吏能悉心究见欺弊，许令改正，更不问罪，其隐陷税苗课利人限两月自陈，特免追毁。从之"。

《长编》，三月庚戌，"沈括言两浙上供帛年额九十八万，民间赔备甚多。后来发运司以移用财货为名，增两浙预买细绢十二万。乞罢之以宽民力。从之"。又是月戊午，"沈括言泗州都盐务免纳船户，而以官盐等第敷配，并给历抑配居民寺观违法。诏所司根治以闻"。

《长编》，三月壬戌，"太子中允集贤校理兼史馆检讨沈括并同修《起居注》"。括还朝在此以前。

王铚《元祐补录》云,"沈括素与苏轼同在馆阁。轼论事与时异,补外。括察访两浙,陛辞,神宗语括曰,苏轼通判杭州,卿其善遇之。括至杭,与轼论旧,求手录近诗一通,归即签(籤)贴以进,云词皆讪怼。其后李定舒(?)党论轼诗置狱,实本于括云。元祐间轼知杭州,括闲废在润,往来迎谒恭甚,轼益薄其为人"。(据丁传靖《宋人轶事集》页五〇〇引)按:元丰三年七月御史中丞李定言奏轼狂悖,上轼印行诗三卷,初不假他证(毕《续通鉴》七四)。宋代野史每凭空造谤,此其例也。

《长编》,四月壬辰,"沈括言察访浙东温、台等州自熙宁四年以后监司未尝巡历,县事废弛,无人点检。盖监司止在浙西,乘船往来,文移旁午,指挥不一;州县莫之适从,远民无所赴愬,近郡困于将迎。欲乞以浙东、浙西分为两路。从之"。(是年九月复合,九年五月复分,十年五月复合。)

《宋史》(八十)《律历志》,是年六月,"司天监呈新制浑仪浮漏于迎阳门(《宋史·神宗本纪》,是年六月丁亥作浑仪浮漏)。帝召辅臣观之,数问同提举官沈括,具对所以改更之理。寻又言,准诏集监官校其疏密,无可比较。诏置于翰林天文院。七月,以括为右正言,司天秋官正"。

《笔谈》八,"司天监铜浑仪,景德中历官韩显符所造,依仿刘曜时孔挺、晁崇、斛兰之法,失于简略。天文院浑仪,皇祐中冬官正舒易简所造,乃用唐梁令瓒、僧一行之法,颇为详备,而失于难用。熙宁中,予更造浑仪,并创为玉壶、浮漏、铜表,皆置天文院,别设官领之。天文院旧铜仪送朝服法物库收藏,以备讲求"。

　　《长编》，是年八月，"丙戌命知制诰沈括为河北西路察访使，代章惇也，先是遣内侍籍民车，以备边，人未喻朝廷之意，相摇大骚。又市易司患西蜀井盐不可禁，欲尽填私井，而运解盐以足之。二事言者墙进，未省。括时修《起居注》，上顾括曰，卿知籍车之事乎？括对曰，知之。上曰，卿以为何如？括对曰，未知车将何用？上曰，北人名马，常以此取胜，非车不足以当之。括曰，审如此，万一敌寇至，老稚坟墓田园室庐皆当弃之，而身为兵掠，复暇恤车乎？今陛下籍而未取，于民何伤？上喜曰，卿言是也。何论者之纷纷也？括对曰，车战之利，见于历史。巫臣教吴子以车战，遂霸中国。李靖用偏箱鹿角以擒颉利。臣但未知一事。古人所谓轻车者，兵车也。五御折旋，利于轻速。今之民间辎车，重大椎朴，以牛挽之，日不能三十里，少蒙雨雪，则跬步不进。故世谓之太平车。或可施于无事之日，恐兵间不可用耳。上复喜曰，人无如此晓朕者，当更思之。卿又闻西蜀禁盐之利乎？对曰，亦粗知之。上曰，如何？括对曰，私井既容其朴卖，则不得无私易。一切填之，而运解盐，使一出于官售，此亦省刑罚笼遗利之一端。然忠、万、戎、泸间夷界小井尤多，亦知敌盐又如何止绝？如此后夷界更须列堠加警，则恐所得不补所费。愿敕计臣边吏深较其得失之多寡，然后为之。明日二事俱寝。执政喜谓括曰，公有何术立谈而罢此二事？上甚多太平车之说。括对曰，圣主可以理夺不可以言争。若车可用，敌盐可禁，括不敢以为非"。原注云"括民车《实录》不书，去年十二月并今年二月十二日庚辰可考；盐禁则殊无所见。括修《注》乃在七年七月七日，其知制诰不得其时。《实录》因括察访河北遂书之。今亦并附此一事"。

《长编》，九月戊申，"河北西路察访使沈括言，近有旨令两浙路转运使等各提举一州第二料水利，转运司奏称有未便。臣在本路与监司日夕聚议凡半年，王庭老未尝言有未便。今有此异同，乞行推究。诏水利第二料除不可兴修外，并先从低下处兴工。中高田不得一例围裹，仍令庭老具析前后异同以闻"。

《长编》，九月"丙辰知制诰沈括兼判军器监"。

同上，十一月庚子以李承之为河北西路察访使，"代沈括也。将遣括使辽，故先有是命"。

《长编》，十一月己未，"河北西路察访使沈括言修城之役，乞自次边紧急处兴工，又乞权罢深州修城卒，兼募阙食户并功修展赵州城，从之"。

熙宁八年　四十四岁

括还朝当在是年二月中旬以前，关于此次察访之成绩，《长编》（卷二六〇，页一八，浙局本）引括《自志》云，"翁察访河北西边，讲修边备，易其旧政者数十事。际边自蒲城以东至边吴淀五十余里。按图名徐村淀，淀渊相属，其实皆町衍大陆，无复陂泽之迹，戎马可以直抵深州。翁请决徐鲍诸水为塞，下属诸淀。上览奏骇曰，图籍无实如此，安用守臣！遂决意为之。近臣有言塘水可决者，翁应之曰，横五十里以为堑，败堤泄之，非一月不能涸。水之渐溃常数百里，注放敌中塘间，沮洳不容徒骑。此足以困敌，非中国之患也。使翁自遣官营之，再岁而塘成"。（括议此事之奏疏见《长编》卷二六〇，宜补入《本集》。）

《长编》（卷二六七，页三），又据《自志》删述云，"括初至定州，日与其帅薛向畋猎略西山、唐城之间二十余日，尽得山川险易之详，胶木屑镕蜡写其山川以为图，归则以木刻而上之。自此边州始为木图。(《笔谈》二五，予奉使按边，始为木图，写其山川道路。其初遍履山川，旋以面糊、木屑写其形势于木案上。未几寒冻，木屑不可为，又镕蜡为之。皆欲其轻易赍故也。至官所则以木刻上之。上召辅臣同观，乃诏边州皆为木图，藏于内府……)定州城北园有大池谓之海子。括与向议展海子直低西城中山王冢，悉为稻田，引新河水注之，弥漫凡数里，使定之城北不复受敌。议者或欲傍西山阻险为山寨以处避寇之民。括以为不然，曰，民当使之同安逸，共患难。若纵其寇至而溃，则君谁与守？兼顿毙道路，先自屠戮，足以助敌势，非策也。乃严为入保之法，仍设关梁以止逃者，设旂鼓兴召之令。举河北西路可得丁百万，以临边围，皆兵也。元氏银冶发转运司置官收其利，括以为不可。曰，耕垦利于近，商贾利于远。今开银冶于极塞，客聚之民一旦成市，仰哺边粟，日耗军食。近宝则国贫，其势必然。人众则囊橐奸伪何以检察。朝廷岁遗单于银以数十万，以其非北方所有，故价重而契丹利之。昔日银城县坊城皆没于契丹，盖北人未知凿山之利也。若启之使能自致，则国中之币益轻，复何赖于岁饷之物？其势必携，邻衅将自此始矣。时契丹略汉境，民不安于鄙，傅城自归，而夷夏莫能辨。守者无敢纳，赖敌退。鄙之人几肉于契丹。括为讲坊市法，严为防禁，使民各以乡闾族党相任，分坊以处之，谨启闭之节。坊有籍，居有类，出入有禁，边人为安定。河北阻于大河，惟澶州、浮梁属于河南。契丹或下西山之材为桴，以火河渠，则河北界然援绝。括请设火备，无使奸火得发。定州北境先种榆柳以为寨。榆柳植者以亿计。括以谓契丹依之，可蔽矢石，伐材以为梯冲，是为寇计也。皆请去之。时赋近畿户畜马以备边不可得，民以为病。括以为契丹马所生而民习骑战，此天地之产也。中国利强弩，犹契丹之上骑也。舍我之长技，勉强所不能，以敌其天产，未闻可以胜人也。边人之习兵者平日惟以挽强为格。括以为挽强未必能贯革，谓宜以射远入坚为法，如此诏可者三十一事"。此外不在三十一事中者，括上言"烽台高下疏密未便，乞别定起纳道路，并旧烽台图上，诏如括议"。(《长编》卷二六一，页七)

《笔谈》二四："予奉使河北，边太行而北。山崖之间，往往衔螺蚌壳及石子如鸟卵者，横亘石壁如带。此乃昔之海滨，今东距海已近千里。所谓大陆者，皆浊泥所湮耳。尧殛鲧于羽山，旧说在东海中，今乃在平陆。凡大河、漳水、滹沱、涿水、桑乾之类悉是浊流。今关陕以西水行地中不减百余尺，其泥岁东流，皆为大陆之土，此理必然。"按：所云"奉使河北，边太行而北"，正是指察访河北西路时事。此地质学的观察与推论，《朱子语类》中亦有之，盖本于括。

《笔谈》(补三)："熙宁中，使六宅使郭固等讨论九军阵法，著之为书，颁下诸帅府，副藏秘阁。固之法九军共为一营阵，以驻队绕之。若依古法，人占地二步，马四步，军中容军，队中容队，则十万人之阵占地方十余里，天下岂有方十里之地无丘阜、沟涧、林木之碍者？兼九军共以一驻队为篱落，则兵不复可分，如九人共一皮，分之则死。此正孙武所谓縻军也。有言阵法有面面相向，背背相承之文，固不能解。乃使阵间士卒皆侧立，每两行为巷，令面相向而立。虽文应古说，不知士卒侧立，如何应敌？上疑其说，使予再加详定。予以谓九军当使别自为阵，虽分列左右前后，而各占地利以驻队，外向自绕。纵越沟涧、林薄，不妨各自成营。金鼓一作，则卷舒合散，浑浑沦沦而不可乱。九军合为一大阵，则中分四衢，如井田法，九军皆背背相承，面面相向，四头八尾，触处为首。上以为然。亲举手曰，譬如此五指，若共为一皮包之，则何以施用？遂著为令。令营阵法是也。"按：《长编》系此事于是年二月戊寅。

《长编》，三月"甲午命知制诰沈括同知谏院范百禄赴御史台推李逢等公事，塞周辅鞫逢反谋，得右羽林军大将军秀州团练使世居交通状，故有是命"。

《长编》，三月己酉"军器监上所编敌楼马面团敌法式，及申明条约，并修城女墙法式，诏行之"。按：明李元调《笔谈》后序，"括有《修城法式》二卷，熙宁八年括判军器监时所撰次，所言敌楼马面团敌式样并申明条约"。

《长编》，三月"癸丑右正言知制诰沈括假翰林院侍读学士为回谢辽国使，西上阁门使荣州刺史李评假四方馆使副之，萧禧久留不肯还，故遣括诣敌廷面议。括时按狱御史台，忽有是命，客皆为括危之。括曰，顾才智不足，以敌忾为忧。死生祸福，非所当虑也。即日请对。上谓括曰，敌情难测，设欲危使人，卿何以处之？括曰，臣以死任之。上曰，卿忠义固当如此，在卿此行系一时安危。卿安则边计安。礼义由中国出，较虚气无补于国，切勿为也"。

《长编》，是月"辛酉晦，召回谢辽国使沈括，副使李评对资政殿，括于枢密院阅案牍，得契丹顷岁始议地畔书，指石长城为分。今所争乃黄嵬山，相远三十余里。表论之。是日百司皆出沐，上开天章阁门，召对资政殿，喜愕谓括曰：两府不究本末，几误国事。

上自以笔画图使内侍李宪持诣中书枢密院切让辅臣，使以其图示敌使，议乃屈。上遣中贵人赐括银千两，曰，微卿无以折边讼"。《长编》(二六一)引《王安石日录》，是年，"四月二月上怒刘忱与契丹议地界不分明。余为上明忱无罪，乃吕大忠作图不分明有罪也"。神宗以舆图之误切让辅臣，殆为王安石与沈括交恶(详后)之一因。

《长编》，闰四月癸巳，"诏五路义勇保甲每三五州差在京有职事官一员兼提举，知制诰沈括大名府、澶、恩州"。括《自志》(《长编》二六三引)云："朝廷新伍民兵，河北、河东、陕西得劲卒百万，谓之保甲。河北三十余万先集。诏于从官中择二人分领，拟复用八柱国法，使从官中领，不以属帅。岁一出按之。括受命提举河北西路保甲。"

《长编》，是月甲午，神宗"欲令沈括及(曾)孝宽判兵部。安石言，沈括壬人。而义勇保甲独臣创议。今既判兵部，即中书不预。此兵事固宜非中书所知，然陛中择主判须得一敢与密院争曲直者，即不须令中书预其事。沈括使河北，阴沮坏新法，有所希合事甚众。若令主判，恐义勇保甲法难立。上曰，此大事，须中密同管，罢沈括可也。安石因言沈括壬人不可亲近。《书》谓孔壬难壬人，以为难壬人然后蛮夷率服者，壬人所怀利害与人主所图利害不同。人主计利害不审，又为壬人所蔽，则多失计。多失计，此蛮夷所以旅拒也。天下事有疑而难明之处，陛下意有偏而不悟之时。以偏而不悟之意，决疑而难时之事，而壬人内怀奸利之心，奖成陛下失计，此危殆之道也。上以为然。称括材能，以为可惜。安石曰，如吕诲之徒必不能荧惑陛下。如括者乃所谓可畏难者也。陛下试以害政之事，示欲必行，而与括谋之，括必尝试陛下。若谓必欲如此，括必向陛下所欲为奸矣。果如此，陛下岂得不畏难乎？安石又言，小人所怀利害，与陛下所图利害不同，不可不察。如文彦博岂是奋不顾身以抗契丹者，而实激怒陛下，与契丹争细故，乃欲起事以挠熙河而已。陛下安可与此辈谋事言国家之利？上遂不用括……专以兵部委孝宽"。

又是月壬寅"知制诰沈括上熙宁《奉元历》，诏进括一官"。

括使辽以闰四月中成行，二十五日至北庭，六月五日起离，住十一日。括记此次使事有《入国奏请》及《入国别录》，又"在道图其山川险易迂直，风俗之纯庞，人情之向背，为使契丹图钞上之"（《宋史》本传），今皆佚。惟《奏请》摘存于《长编》（卷二六一、二六三）者三千六百余言，《别录》摘存于《长编》（卷二六五）者万余言，均当补入《本集》。又使辽经过略见括《自志》中。《自志》亦佚，惟此段采入《长编》二六五（略有改动），兹录如下："括初至雄州，敌遮境不纳，责地不已。数火边候，以示必举。留雄州二十余日，萧禧还，乃纳使人。括草遗奏付其兄雄州安抚副使披。其大意言臣不还，敌必倾国为寇。敌之器甲材武皆不逮中国，所恃者惟众而习劳苦，不持粮，制敌之术惟聚兵定武，合西山之众以守磁、赵。黎阳河狭而岸近，折箠可济。当分澶、魏之甲以塞白马之津。怀卫坚壁以塞洞道。敌不得而西，必出中路，以趋河桥，则决齐、贾以灌之，虽百万可使之为鱼矣。唐河出于西山、以囊雍之，待其师还，决囊以断其军，镇、定之师尾其后，可蓬卷而覆也。括至敌庭，敌遣南宰相杨益戒就括议。括得地讼之籍数十于枢密院，使吏属皆诵之。至是，益戒有所问，顾吏属诵所得之籍。益戒不能对，退而讲。寻他日复会，则又以籍对之。益戒曰：数里之地不忍，终于绝好，孰利？括应之曰：国之赖者义也。故师直为壮，曲为老。往岁北师薄我澶、渊，河溃，我先君章圣皇帝不以师徇，而柔以大盟。庆历之初，始有鸿和尔之讼，我先皇帝仁宗于是有楼板之戍，以至于今，今皇帝君有四海，数里之瘠，何足以介国论，所顾者祖宗之命，二国之好也。今北朝利尺寸之土，弃先君之大信，以威用其民，此遗直于我朝，非我朝之不利也。凡六会，敌人环而听者千辈，知不可夺。遂舍鸿和尔而以天池请。括曰：括受命鸿和尔，不知其他。得其成以还。"

《长编》，五月"丙戌命知制诰沈括宝文阁待制李承之详定一司敕。初议差王安石提举。安石辞以无暇，请用括及承之，上曰善"。

《长编》，是月丁亥，神宗与王安石论吕惠卿，"安石曰，不知惠卿有何事不可于意。上曰，忌能，好胜，不公。如沈括、李承之虽皆非佳士，如卿则不废其所长，惠卿即每事必言其非。如括言分水岭事，乃极怒括。安石曰，惠卿于括恐非忌能。如括反复，人人所知，真是壬人。陛下当畏而远之，虽有能，然不可亲近，惠卿屡为陛下言之，非不忠。陛下宜察此"。

《长编》，六月己酉，"诏令式所修定宗室禄令不成文理，未得颁行，送详定一司敕令所重定以闻。于是删定官魏沂罚铜十斤，送审官东院，详定官沈括特释罪"。

《长编》，七月"壬午命知制诰沈括为淮南、两浙灾伤体量安抚使"。

《笔谈》（补二），"熙宁八年章子厚（惇）与予同领军器监，被旨讨论兵车制度，本监以《周礼·考工记》及《小戎》诗考定……以法付作坊制车，兼习五御法。是秋八月大阅，上御延和殿亲按，藏于武库，以备仪物而已"。

《长编》，十月庚子"淮南、两浙体量安抚使起居舍人知制诰沈括权发遣三司使。括行至钟离召还"。原注，"行至钟离据括《自志》"。

《长编》，十二月己亥"复置三司开拆司。初章惇为三司使废开拆司，入三部。至是沈括以为失关防点检，故复之"。

熙宁九年　四十五岁

《长编》，正月"甲申，权发遣三司使沈括言，前提举司天监尝奏司天测验天象已及五年。蒙差卫朴等造新历后考校司天所候星辰晷漏各差谬不可凭用。其新历为别无天象文籍参验，止据前后历书详酌增损立成新法。虽已颁行，尚虑未能究极精微。乞令本院学士等用浑仪、浮漏、圭表测验每日记录，候及三五年，令元撰历人以新历参较，如有未尽，即令审行改正。已蒙施行。今若测验得此月望夜不食，及逐日测验过日月五星行度晷漏之类，乞下司天监逐旋付卫朴参较新历改正。从之。先是，《奉元历》载今月望夜月蚀不验，诏闻修历推恩人姓名。至是括有是奏"。

八月，括奉旨编修天下州县图（《本集》卷十六《集守令图表》）。十月，王安石罢判江宁府。

《长编》，十一月丁丑，御史周尹议役法，称"三司使沈括亦言先兼两浙察访，体量本路自行役法，后乡村及旧无役人多称不便，累具利害，乞减下户役钱"。

熙宁十年　四十六岁

《宋史·食货志》（参《长编》是年三月辛酉条），"自仁宗时，解盐通商，官不复榷。熙宁中，市易司始榷开封、曹、濮等州。八年大理寺丞张景温提举出卖解盐，于是开封府界阳武、酸枣、封丘、考城、东明、白马、中牟、陈留、长垣、胙城、韦城、曹、濮、澶、怀、济、单、解州、河中府等州县皆官自卖。未几，复用商人，议以唐、邓、襄、均、房、商、蔡、郢、随、金、晋、绛、虢、陈、许、汝、颍、隰州、西京信阳军通商。畿县及澶、曹、濮、怀、卫、济、单、解、同、华、陕、河中府、南京、河阳令提举解盐，司运盐货鬻。仍诏三司讲求利害。盐价既增，民不肯买，乃课民买官盐，随贫富作业为多少之差。买卖私盐，听人告，重给赏，以犯人家财给之。买官盐食不尽，留经宿者，同私盐法。于是民间骚怨。盐钞旧法每席六缗，至是二缗有余。商不入粟，边储失备。召陕西转运使皮公弼入议。公弼极言官卖不便。沈括为三司使不能夺。王安石主景温，括希安石意，言通商岁失官卖缗钱二十余万。安石去位，括在三司，乃言官卖当罢"。《宋史》此段盖本于《涑水纪闻》，然不似可信。考括之奉诏与皮公弼议盐法利害，乃在去年十一月癸亥，其覆奏请罢官卖，在今年二月戊申（各详《长编》本日条下，括此奏见于《长编》，宜补入《本集》），而王安石则于去年十月去位，括安得希安石意而格公弼议也。盐法之改革乃括在三司使任内一大事，括《自志》云，"先此陕西盐利亡其大半，未有以救其弊。括言其为盐之蠹者，其说有四。其一，民足于盐岁不过三十五万囊，为钱二百一十余万缗而已。是时乃出钞三百五十万缗。盐有常费而出钞无艺，此钞之所以轻也。实用之外可益二十万缗以备水火败失。以二百万缗为岁常无得加焉。钞自无低昂。其二，池盐旧分东西路，西盐下东盐之价囊千钱。欲胜塞外之奸盐，卒不可止。而徒抑西盐之价以倾东盐之利。西盐日流于东路，而东盐益不售。守疆之吏不能禁也。括请合东西之价为一，而省画疆之吏兵数百。其三，出钞委之解盐司。外司长持损益之柄，不计三司之有无。钞轻则又出度支钱以敛滞钞。故中都之藏日虚，而盐之出者岁溢。括请外司惟谨其出纳，而制钞之本归之三司。其四，制诸司之鬻盐者同为一价，无得低昂以兼商人之利。则岁售有常，而畜〔蓄〕钞可以无弊，而滞钱藏于民者出矣。法虽已具，而钞之藏之于民未有术以敛之。于是闭池无出盐，而以时价收宿钞。贷钱八十余万缗于少府以敛滞钞，而公私之钞悉上矣。是时钞为钱二千五百，滞钞既上，则为钱六千，囊有三千五百之羡，藏钞者过幸。于是发五使分籍公私之盐，囊输钱三千，然后得贷。民得羡余价五百而敛钞之贷不失一钱而盐利复贯。度支岁籴河北边粟三百万缗，悉为东南盐钞，而耀货务日入钞之利万缗以为常，是时才得千余缗。括以其原生于法出于多孔。省寺群有司或借盐钞而阴用以易其百货。称贷入息，自制高下之价。民趋一切之利，而度支之钞益轻。诸道转运司得用田庐券契质盐，人不持一钱，搏手以取万钧之盐，岂复赖度支之钞？又四方上太府钱，募民入资。太府执券以受钱于外州，以省转送之费。此虽为利，而不知民乐应募而钞盐不售。盐所以生财，利出于海而无穷，不售则为朽坏，钱虽未入太府，而藏于外州，其实在此也。独费将送而已。闭便钱之路，而专以售盐为利者，不知民食盐有常，而为钞岁蔓，则陕西折估之弊复移于东南。是二法欲相权当以售盐为望，而以便钱调其盈虚，不可以一术御也。三孔既塞，而榷货万缗之入不逾月而复"。(《长编》卷二八〇，页十九，二十)

七月，括为御史蔡碲〔确〕劾罢三司使，出知宣州。据《东轩笔录》云，"王荆公再罢政事，吴丞相充代其位，沈括为三司使，密条陈常平役法之不便者数事，献于吴公，吴公袖以呈上，上始恶括之为人。蔡碻〔确〕为御史知杂，上疏言新法始行，朝廷恐有未便，故诸路各出察访以视民愿否。是时沈括实为两浙路察访，使还，盛言新法可行，百姓悦从，朝廷以其言为可信。今王安石出，吴充为相，乃徇时好恶，诋毁良法。其前后之言自相背戾如此。疏入，落括翰林学士，以本官知宣州"。据《东都事略》本传，"括诣宰相吴充陈说免役事，谓可变法令轻役依旧轮差。御史蔡碻〔确〕论括非其职而遽请变法。括亦待罪求去。碻〔确〕复言，括诡求罢免，有诏令供职，臣切惑焉。且括谓役法可变，何不言之于检正察访之日，而言之于翰林学士之时？不言之于陛下，而言之于执政？原括之意，但欲依附大臣，巧为身谋而已。遂罢，以集贤院学士知宣州"。据《宋史》本传，括"尝白事丞相府。吴充问曰，自免役令下，民之诋訾者，今未衰也。是果于民何如？括曰，以为不便者特士大夫与邑居之人，习于复除者尔。无足恤也。独微户本无力役，而亦使出钱，则为可念。若悉弛之，使一无所预，则善矣。充然其说，表行之。蔡碻〔确〕论括首鼠乖剌，阴害司农法，以集贤院学士知宣州"。据括《自志》，"翁尝请事于相府。是时正肃吴公充当政，问翁，免役之法令，民之诋訾者今未衰也，是果于民何如？翁应之曰，以为不便者无过士大夫与邑居之民，习于复除者，骤使之如邦人，其诋訾无足恤也。惟微户素无力徭，今使之岁出金，此所当念也。括尝奏议两浙岁入可减五万缗，而弛微户二十八万余家。使天下悉如此，微户尽除其输，虽小徭不足为病也。公以为然而表行之。御史乃诋翁始但议减课本，今乃阴易其说使悉除之，首鼠乖刺，阴害司农法。翁坐谪集贤学士知宣州事，御史盖未尝思以一路言之为减者，以户言之盖除也"。

韩宗武《韩缜遗事》："沈括罢三司使，余于城外叙别。括曰，君臣间难知。数日前犹见许大用，宗城归具用缜道此。缜曰，安有此事！三日前上云沈括误朝廷三事，谓历法、地界、役法也。"（《长编》二六一引）

《侯鲭录》七，"存中元丰中入为翰林学士，有《开元乐词》四首，裕陵（神宗）赏爱之。（其一：鹳鹊楼头日暖，蓬莱殿里花香。草绿烟迷步障，天高日近龙床。其二：楼上正临宫外，人间不见仙家。寒食轻烟薄雾，满城明月梨花。其三：按舞骊山影里，回銮渭水光中。玉笛一天明月，翠华满目东风。其四：殿后春旗簇仗，楼前御队穿花。一片红云闹处，外人遥认官家）"。按：元丰当是熙宁之误，终元丰世，括未尝在朝。

元丰元年　四十七岁

《宋史》本传，括出知宣州之"明年，复龙图阁待制，知审官院"。按：此误。据《长编》，是年八月"壬子以起居舍人集贤院学士知宣州沈括为知制诰，知潭州；既而御史中丞蔡磾〔确〕言括反复附会，谪不逾岁，复列侍从，其罚太薄，而复之太速。诏罢括知制诰，依旧知宣州"。

元丰二年　四十八岁

七月丁丑，括复龙图阁待制（《长编》）。

《东都事略》本传，"召还，复以言者罢知青州，寻知延州"。《宋史》本传，"出知青州，未行，改延州"。《本集》（十四）《延州谢到任表》云"假海岱之使节，总河洛之师屯；再易名城，曾未浃日"。海岱指青州，河洛指延州。

括转鄜、延经略安抚使，史不详何时。按：吕惠卿元丰初为
鄜、延经略使，旋以忧去（《宋史·吕惠卿传》）。括之知延州，实
接吕惠卿任。吕去延州时亦不详，惟据《长编》，元丰三年三月己丑
吕尚在任；而同月戊申"诏鄜、延经略使沈括结绝前经略使吕惠卿
措置四路边防未了事"。括到鄜、延当在此二十日间也。

元丰四年　五十岁

《本集》（二十二）《延州重修嘉岭英烈王碑文》："元丰四年春，
夏戎（西夏）黜其长，引兵扰边，本道以驿闻。诏有司，夏罪当治，
出虎符发诸道兵，会陕西、河东、六经略、四十七将、步骑数十
万，同日西讨。鄜、延路师……出上郡，破党项之众七万于圁上，
执夏人，徇地至五原而还。"按：是役宋实乘西夏内乱攻之，鄜、延
路师统帅为经略副使种谔。据括《自志》，战前，"诏遣宿卫七将之
师戍鄜、延，已再颁赐矣。而镇兵未尝有所赉。沈括以谓禁兵虽
重，而为国守边无岁不战者，镇兵也。赏赉不均，此召乱之道。乃
矫诏赐镇兵钱数万缗，而封藏诏书，以驿闻。不数日有金驿诏括
曰，枢密院漏行颁书，赖卿察事机，不然几扰军政。自此事不获闻
者得以专制。蕃汉将卒自皇城使以降皆得承制补授"。"谔师次五
原，值大雪，粮饷不继。殿直刘归仁率众南奔，士卒二万人皆溃入
塞。居民骇怖。括出东郊钱河东归师，得奔者数千，问曰，副都总
管遣汝归取粮，主者为何人？曰，在后。即谕令归屯。及暮，至者
八百。未旬日溃卒尽还。括出按兵，归仁至，括曰，汝归取粮，何
以不持军符？归仁不能对，遂斩以徇。经数日，帝使内侍刘惟简来
诘叛者，具以对"（《宋史》本传）。

又据括《自志》，宋师之退也，"时河东兵十二将东还，道鄜、延之鄙，括使骑将焦思耀兵于绥德城，声言括兼护河东十二将西讨，夏人觇知军势盛，夜遁去。不失一镞而下浮图城。由是吴堡、义合势孤，皆空壁去。得三垒，辟土东属银夏"。（《长编》卷三一九末）

元丰五年　五十一岁

《长编》，二月丙寅，"知延州、龙图阁待制沈括……为龙图阁直学士，括本路出兵守安疆界应副边有劳……故也"。

《长编》，五月丁酉，"手诏沈括所上边略可画图二本，逐一贴出，一绘即今贼界地形戍垒，一绘将来成就边形。务要得实。异时悉可按图考验不差，勿得增饰减损"。

《宋史·神宗纪》，是年"十月甲寅，知延州沈括以措置乖方，责授均州团练副使，随州安置"。

《宋史》本传，"大将景思谊、曲珍拔夏人磨崖、葭芦、浮图城，括议筑石堡以临西夏。而给事中徐禧来。禧欲先城永乐。诏禧护诸将往筑，令括移府并塞以济军用。已而禧败没，括以夏人袭绥德，先往救之，不能援永乐，坐谪均州团练副使"。

括救绥德之经过，李焘据括《自志》记之颇详，"永乐之始围也，括仅有卒万人，不足以战。方命济师于延州。夏首领凌结、阿约勒以八万人南袭绥德，属羌三百人欲翻城应之。阿约勒之弟兴嫩以告括。括集将佐议曰，永乐之胜败，未系边势之重轻；绥德国之门户，失绥德则延州为敌所逼，胜败未可知，关中必震。此大机会也，宁释永乐而救绥德。先期之一日，括入绥德，取反者三百户尸诸城。阿约勒以众退。延州之师未至，有诏括退保绥德，无得辄救永乐，以待援兵之集"。（《长编》卷二一九，页一七）

《宋史》本传言括坐不能援永乐罪谪，而括《自志》则谓保绥德不援永乐，乃奉神宗诏，似以《自志》为是。又《东都事略》（本传）谓"括请城永乐……城陷……神宗以括始议责为均州团练副使"。而据《宋史》本传及括《自志》则括初不主城永乐。《本传》引见上。《自志》云"前此诏诸帅图所以翦夏人。鄜、延请城石堡以临之。贼保旱海之阻，胜则进，败则绝幕而去。使进有石堡之阻，则幕南不可以宿师。大幕昔为贼守者乃今为我用也。朝廷遣徐禧、李舜举来计议。禧乃欲先城永乐以陷其腹心。括以谓永乐贼所必争，路险而远，胜不能相维，败不足相救，非战守之利也。必欲城永乐当自石堡始，次罗帕克罗，围蚁封而东垒章山连，然后永乐可城也。非数岁之力不可就。议之三月，诸将皆乐成功之速，卒然禧议"。李焘曰，"按《种谔传》，禧、括定议，则括初未尝以城永乐为非，既败乃为此言耳。"（《长编》卷三二八）永乐之陷，汉蕃官二百三十人，兵万二千三百人没焉，侍中徐禧，内侍李舜举、李稷皆死之，神宗至临朝痛哭。括为当地最高长官，无论如何，当有处分。《神宗本纪》所谓"措置乖方"者是。初不待援应不周，或创议筑城而获咎也。然括之救绥德，则可谓当机善断矣。

括为鄜、延经略使时事，不可系年者补录于下：

《宋史》本传，括"至（延州）镇，悉以别赐钱为酒，命廛市良家子驰射角胜，有轶群之能者，自起酌酒以劳之。边人骦激，执弓传矢，唯恐不得进。越岁，得彻札超乘者千余。皆补中军义从，威声雄他府"。

《笔谈》五，"边兵每得胜回，则连队抗声凯歌，乃古之遗音也。凯歌词甚多，皆市井鄙俚之语，予在鄜、延时，制数十曲，令士卒歌之。今粗记得数篇。其一：先取山西十二州，别分子将打衙头。回看秦塞低如马，渐见黄河直北流。其二：天威卷地过黄河，万里羌人尽汉歌。莫堰横山倒流水，从教西去作恩波。其三：马尾胡琴随汉车，曲声犹自怨单于。弯弓莫射云中雁，归雁如今不寄书。其四：旗队浑如锦绣堆，银装背嵬打回回。先教净扫安西路，待向河源饮马来。其五：灵武、西凉不用围，蕃家总待纳王师。城中半是关西种，犹有当时轧吃儿"。

哲宗元祐元年　五十五岁

《宋史》本传，"元祐初，徙秀州"（秀州治今浙江嘉兴）。

《本集》（十六）《谢授秀州团练副使表》云："伏蒙告命，授臣秀州团练副使，本州安置，不得签书本州公事，勋赐如故。"

《自志》："翁年三十许时，尝梦至一处，登小山，花木如覆锦。山之下，有水澄澈，极目而乔木翳其上。梦中乐之，将谋居焉。自尔岁一再梦，或三四梦，至其处，习之如平生之游。后十余年，翁谪居宣城，有道人无外谓京口山川之胜。邑之人有圃求售者。及翁以钱三十缗得之，然未知圃何在。又后六年，翁坐边议谪废。乃庐于浔阳之熨斗洞，将为庐山之游以终身焉。元祐元年，道京口登道人所置之圃，恍然乃梦中所游之地，翁叹曰，吾缘在是矣。于是弃浔阳之居，筑室于京口之陲。"（吴允嘉编《吴兴三沈集》引，未详所出。）其道京口乃赴秀州任也。

元祐四年　五十八岁

初熙宁九年，括奉旨编修天下州县图。是年二月图成，表上之，表云"……今画守令图，并以二寸折百里。其间道路迂直，山川隔碍处，各随事准折。内废置郡县，开拓边境，移徙河渠，并据臣在职日已到文案为定。后来系臣罢职，别无图籍。修立大图一轴，高一丈二尺，广一丈，小图一轴，诸路图一十八轴，并有黄绫装缥。副本二十轴，用紫绫装缥。谨随表上进以闻"（《本集》十六）。

图上，得旨"赐绢一百匹，仍许任便居住"。（《本集》十六《谢进守令图赐绢表》）括《谢表》有"出守封疆者再闰，流落江湖者七年"。所谓"流落江湖"乃指元丰五年以后之贬谪。用知括进图受奖，乃在元祐四年。

括之迁居京口梦溪，必在是年奉旨许任便居住后。此以前，谪秀州，在本州安置，无徙地之自由也。此以后，言适久萦魂梦之乐土，久经构筑之兔裘，决不迟延也。

"梦溪"之胜，《自志》云："巨木蓊然。水出峡中，淳潆杳冥，缭绕地之一偏者，目之曰梦溪。溪之上，耸然为丘，千本之花缘焉者，百花堆也。覆堆而庐其间者，翁之栖也。其西荫于花竹之间，翁之所憩壳轩也。轩之瞰有阁，俯于阡陌。巨木千寻哄其上者，花堆之阁也。据堆之岭，集茅以舍者，岸老之堂也。背堂而俯于梦溪之颜者，苍峡之亭也。而花堆有竹万个，环以激波者，竹坞也。度竹而南，介途滨河，锐而垣者，杏觜也。竹间之可燕者，萧萧堂也。荫竹之南，轩于水溢者，深斋也。封高而缔，可以眺者，远亭也。居在城邑，而荒芜古木，与鹿豕杂处。客有至者，皆频额而去，而翁独乐焉。渔于泉，舫于渊，俯仰于茂水美荫之间。所慕于古人者，陶潜、白居易、李约，谓之三悦。与之酬酢于心目之所寓者，琴、棋、禅、墨、丹、茶、吟、谈、酒，谓之九客。"（吴编《三沈集》引，未详所出）

《梦溪笔谈》乃括隐居梦溪以后作。

括迁居京口后曾奉旨授"左朝散郎守光禄少聊，分司南京，许于外州军任便居住"（《本集》十六，《谢分司南京表》）。括《谢表》有，"今月十九日润州差送人到官告一道"云云。宋润州治即在京口，故知此事在括迁居京口后，惟其确年不可考。

元祐七年　六十一岁

《自志》：居梦溪"四年而翁病，涉岁而益羸，滨柩木矣。岂翁将蜕化于此乎"？

括晚景甚恶。朱彧《萍州可谈》云："存中……晚娶张氏，悍虐。存中不能制，时被箠骂，捽须堕地。儿女号泣而拾之，须上有血肉者，又相与号恸。张终不改。余仲姊嫁其子清直，张出也。存中长子博毅，前妻儿，张逐出之，存中时往赒给，张知辄怒。因诬长子凶逆暗昧事。存中责安置秀州，张时时入府中诉其夫子，家人辈徒跣从劝于道。先公闻之，颇怜仲姊，乃夺之归宗。存中投闲十余年，绍圣初，复官，领宫祠，张忽病死，人皆为存中贺。而存中自张亡，怳忽不安。舟过扬子江，遂欲堕水。左右挽持之，得无患。未几，不禄。"

绍圣三年　六十五岁

是年括卒。

《宋史》本传，"元祐初徙秀州，继以光禄少卿分司□□，居润八年卒，年六十六"。按：原文"分司"下脱"南京"二字，今据本集《谢分司南京表补》。旧时考据者不知"分司"下脱"南京"二字，因以"居润"属上"分司"读，以"八年"为元祐八年，于括生卒年皆生重大讹误。不知"八年"当上属"居润"读，吴编《三沈集》于《自志》

末引旧注云"存中居梦溪八年而卒,归葬钱唐〔塘〕"可证。梦溪即在润州治也。且如旧说,括卒于元祐八年,则不及绍圣。然朱彧固谓括于"绍圣初复官,领宫祠",彧为括姻亲,此言不能误者也。今按括以元祐四年徙润州,居润八年卒,时当哲宗绍圣三年,与朱彧之言恰合。(陆心源《三续疑年录》。但据《可谈》定括卒于绍圣元年,沈绍勋《钱塘沈氏家乘》因之,未确。)

附括轶事无年可系者五则:

1. 括一生不良于目。自记云,"予少感目疾逾年,人有以……方见遗,未暇为之。有中表兄许复尝苦目昏,后已都瘥。问其所以瘥之由,云服此药。遂合服,未尽一剂而瘥"(《苏沈良方》二)。又云,"与欧阳叔弼、晁无咎、张文潜同在戒坛,余病目昏,数以热水洗之。文潜曰,目忌点洗,齿便漱琢。目有病当存之,齿有病当劳之,不可同也。治目当如治民,治齿当如治军。治民当如曹参之治齐,治军当如商鞅之治秦。此颇有理,故退而录之"。(《良方》七)

2. 括为内翰,刘贡父与从官数人同访之。下马,典谒者报云,内翰方就浴,可少待。贡父语同行曰,存中死矣,待之何益?众惊而问其故。贡父曰孟子不云乎,死矣夫盆成括!众始悟其为戏,乃大笑而去。(《曲洧旧闻》六)

3. 括与吕惠卿、王存、李常治平中在馆中夜谈诗。括曰:"退之诗押韵之文耳,虽健美富赡,然终不是诗。"惠卿曰:"诗正当如是,吾谓诗人亦有如退之者。"王存是括,李常是惠卿,于是四人者相交攻久不决。常正色谓存曰:"君子群而不党,公独党存中。"存怒曰:"吾所见如此,偶同存中,便谓之党,则君非党吉甫(惠卿)

乎?"一座大笑。(《冷斋夜话》)

4. 括葬钱塘安溪太平山。(《家乘》)

5. 括佚著除见于上文者外有《易解》二卷(《家乘》),《丧服后传》(《笔谈》三),《春秋机括》(《宋史·艺文志》作二卷,《玉海》作三卷,《郡斋读书志》作一卷,云"《春秋谱》也"),《左氏记传》五十卷(《家乘》),《灵苑方》二十卷(《郡斋读书志》,《志》别出《沈存中良方》十五卷,云"或以苏子瞻论医药杂说附之"。此即后世所传《苏沈良方》也。其书亦佚,四库本乃从《永乐大典》辑出者,分为六卷),《忘怀录》三卷,(见马元调《笔谈》后序,马云,"或曰:元丰中梦上丈人撰,非括也"),《诗话》(《万历钱塘志》本传)。《家乘》又著录括撰《孟子解》一卷,按:此见《本集》,今存。

原载《清华学报》第 11 卷第 2 期,1936 年 4 月

附:

《沈括编年事辑》校后记

徐规

(《沈括编年事辑》,张荫麟教授著,载《清华学报》第十一卷第二期,民国二十五年四月出版。已收入遗著《宋史论丛》中。)

按《宋史·沈括传》载:"元祐初,徙秀州。"又《长兴集》十六《谢谪授秀州团练副使表》云:"伏蒙告命,授臣秀州团练副使,本

州安置。"可知沈括在奉到新命以前,不能离秀州。荫麟师原文元祐四年条有"括之迁居京口梦溪,必在是年进图受奖,奉旨许任便居住后"云云。据李焘《续资治通鉴长编》元祐三年八月丙子(三日)条载:"秀州团练副使(本州安置,不得签书公事)沈括,赐绢百匹,仍从便居止,以括上编修天下州县图故也。"此事并见《宋会要辑稿》刑法六之二十,但作八月十三日。可知进图受奖乃元祐三年而非四年之事。又所谓"仍从便居止"者,指仍许在秀州境内从便居止之意,非谓许于秀州以外之州军任便居住也。又《长兴集》十六《谢分司南京表》云:"今月十九日,润州差人送到官告一通,伏蒙圣恩,授臣左朝散郎,守光禄少卿,分司南京,许于外州军任便居住。"《长编》系此命于元祐五年十月戊戌(七日)。许于外州军任便居住,则南京以外亦可居住也。此为其行动从此可自由之重要证据。假定元祐五年十月新命到达即迁居润州,则《宋史》本传所谓"居润八年卒,年六十五"者,应从元祐五年(一○九○)起算,历八年,当为绍兴〔圣〕四年(一○九七)。若以绍圣四年卒,年六十五,上推其生年,当为明道二年(一○三三),与原文所谓生于明道元年者不符。其迁居润州是否即在元祐五年,抑或六年,虽不可确知,但不在元祐五年十月以前,则无疑问。据此,沈括不生于明道元年,而在明道元年以后,固彰彰明甚。除非《宋史》本传原文有误耳。

又《长编》元祐四年九月己丑(二十二日)条载:"诏责授秀州团练副使(黄州安置)沈括叙朝散郎光禄少卿,责授成州团练副使(黄州安置)吴居厚叙朝奉郎少府少监,并分司南京;(中略)仍并许于外州军任便居住。"此命旋因梁焘、刘安世之反对,故同月即有诏"沈括、吴居厚前命勿行,内沈括更候一期取旨"之语。但有一点可注意者，即元祐四年九月己丑之前，沈括已移黄州安置。至《谢分司南京表》中有"润州差人送到"之语，多以为沈括在收到官告之前，已迁居润州，似未注意"许于外州军任便居住"为确定其行动自由之重要命令，须知限定居止为一种处分，不限定居止则为此种处分之撤废，必须有明令乃得自由行动也。《谢表》所以指出润州者，恐以润州为当时水路交通一冲要地，一部分文移以其地为输送之一起点，故也。

读《〈沈括编年事辑〉校后记》

丁则良

最近《文史周刊》编辑部转来浙江大学徐规先生给我的一封信和他写的《〈沈括编年事辑〉校后记》一文，我一面对徐先生这种指正的热诚表示敬佩，一面也要对《文史周刊》编辑先生致谢。徐先生对于沈括生卒年一问题的意见，和我在《沈括生卒年考》（载上海《大公报·文史周刊》第二十九期）中的不同。其主要的差异在于徐先生认为沈括居润州，始于元祐五年，而我认为始于元祐四年九月至十二月之间。其实我从前也曾持过和徐先生相同的看法。在民国二十九年五月三十日出版的《益世报·史学副刊》渝版第五期上，我曾写过《跋〈沈括编年事辑〉》一文，关于沈括的生卒年，我的结论和现在徐先生的一样。我说：

> 括自元丰贬谪后，其真得任便居住，当在元祐五年十月。其迁居京口（即润州），亦当在是年。以居润八年计之，当卒于

绍圣四年，而其生年乃在明道二年（公元一〇三三至一〇九七年）。张（荫麟）氏所辑沈氏事迹，悉早一岁云。

不但结论一样，而且所用的论据也同是《长编》卷四四九元祐五年十月七日戊戌条。我那一篇小文，曾请张先生看过，张先生曾在文中加过按语，对我的结论，很表同意。后来，我的意见有变动，又曾函浙大告知张先生，并将论据一一提出。张先生回信，也颇以这新的意见为然。最近《沈括生卒年考》一文就是根据这变动后的意见写出来的。

我何以改用新的意见，《沈括生卒年考》一文所用的诸论据，可为说明，这里不再赘述。对于徐先生的意见，我愿提出三点怀疑，以供讨论。按《长兴集》卷十六《谢分司南京表》所云："润州差人送到官告一道"云云，似乎可以暗示沈括这时（元祐五年十月以前）已经住在润州。自来不乏巧合之事，如沈括这时不住润州，而偏由润州差人送来官告，沈括得到之后，又迁居润州，岂不太巧？此其一。如果他这时不在润州，而在黄州，黄、润相去甚远，为什么政府公文不直接送黄州，由黄州差人送去，而一定要由润州从千里外差人送去？这是很费解的。此其二。徐先生说润州是"当时水路交通一冲要地，一部分文移以其地为输送之一起点"，不晓得此说有无根据？如能在这一事之外，举出其他实例，证明北宋确有以润州为一输送文移之起点的办法，这一论断或可成立。此其三。

我觉得沈括生卒年一问题，因现存史料有限，而且文辞笼统，不易作肯定的结论。说他是元祐四年九月后居住润州吧，却与元祐五年十月戊戌的诏命不全符合。说他是元祐五年十月以后才住在润州罢，而官告却又是由润州差人送来。无论哪一说，都有困难。我现在对我的意见也不满意，希望徐先生和世之治宋史者有以教我。

卅六、六、九，清华园

原载《申报·文史周刊》第 13 期，1948 年 3 月 6 日

南宋初年的均富思想

一

　　现在许多青年飞蛾扑火地所为殉身的主义，就它的理想方面而论，差不多是和我国记载的历史同其久远的。自从战国以降，趋向均富的思想和活动，无代无之。我们虽然不能跟马克思说，人类的历史乃是阶级争斗的历史——假如把阶级解作自觉的阶级，把争斗解作现代劳资对抗式的争斗——但我们至少可以说，战国以降的中国社会史，乃是均富的势力和反均富的势力的争斗史；虽然在这争斗里头，前者较之后者远为微弱。均富的势力每一次出台，便立即被挤到历史的幕后；但经过长期的隐晦，忽又现身。它是狂澜底下打不消的暗潮，它是巨熊掌下压不碎的不倒翁。

　　不过我国旧有的均富思想和舶来新式的均富思想有这几点不同。前者诉于享着不均之利的人，劝他们大发慈悲，去"行不忍人之政"；后者却诉于受着不均之害的人，要他们去创造自己的命运。前者把自身的实现付于不可知之数；后者却把自身的实现认为历史的必然。前者是绝无"危险"性的，王公大人也可以谈谈；后者却是王公大人所深恶痛疾的"洪水猛兽"。这些差异就是马克思所谓"乌托邦式社会主义"和"科学的社会主义"的差别。

我国的"乌托邦式社会主义"思想史中登峰造极的人物，不是墨翟，不是孟轲，不是《礼运》的作者，不是王莽，而是南宋初年的林勋。可惜这个人和他的学说，竟被埋没了七八百年。在《宋元学案》和所有近来讲中国政治或经济思想史的著作里竟找不到他的名字。所以我忍不住要把他表彰一下，虽然现在所得关于他的史料还不多。

林勋的主要著作有《本政书》十三篇。此书著录于《宋史·艺文志》(子部，农家类)，但以后重要的官私书目都没有著录，大约在明代已经亡佚了。幸而罗大经(宋末元初人)的《鹤林玉露》(卷七)里有记《本政书》的一长段，把它的大旨还保存着。李心传的《建炎以来系年要录》(卷二六)于建炎三年八月记林勋献《本政书》下，亦附有此书的提要；《宋史》(卷四二二)的《林勋传》大部分是抄录这段提要的。这段提要远不如《玉露》所述的详晰而且得要，但也有可以补充《玉露》的地方。现在讲林勋的生平和思想只有这三项材料。

二

在汉以后所有的"井田论"者当中，林勋的大贡献在提出一个达到"耕者有其田"和平均田地分配之比较切实的办法。他可以说是我国过去所有乌托邦式社会主义者当中最不乌托邦式的。他反对由政府没收民田重行分配的办法(王莽曾行过而失败的办法)。他说：

"贫富不等,未易均齐,夺有余以补不足,则民骇矣。"他提出的方案如下:

1. 分现有农民为二等:"一夫占田五十亩以上者为'良农',不足五十亩者为'次农'。"

2. "其无田而为闲民与非工商之在官而为游惰末作者,皆驱之使为'隶农'。"

3. "良农一夫以五十亩为'正田',以其余为'羡田'。正田毋敢废业,必躬耕之。"

4. "其有羡田之家则毋得买田,惟得卖田。至于次农则毋得卖田,而与隶农皆得买羡田,以足一夫(五十亩)之数,而升为良农。"

5. "凡次农、隶农之未能买田者皆使之分耕良农之羡田,各如其夫之数(一夫五十亩),而岁入其租于良农,如其俗之故。非自能买田及业主自收其田,皆毋得迁业。"

6. "若良农之不愿卖羡田者,宜悉俟其子孙之长而分之,官毋苟夺,以贾其怨,小须暇之,自合中制矣。"

他的"中制"完全实现了以后的社会,除了凡农民皆是自耕农,而且各各仅占田五十亩外,还有以下的情形:

7. 十六夫为一个单位,他们连耕地和居住地共占九百亩,即一方里,叫做一"井"。万井(即一万方里,即"方百里"),为一同;但"一同之地……三分去二为城郭、市井、官府、道路、山林、川泽与夫硗确不毛之地,定可耕与民居者三千四百井"。

8. "一顷之居,其地百亩,十有六夫分之。夫宅五亩。总十有六夫之宅为地八十亩。余二十亩以为社学场圃,一井之人共之,使之朝夕群居以教其子弟。"

9. "井复一夫之税，以其人为农正，劝督耕耨赋税之事；但收十五夫之税。"

10. 每一夫五十亩每年纳税米一石、钱二百文（"总八顷之税为米十有六石，钱三贯二百文。"）。依林勋的计算，这是什一之税，因为"百亩之收平岁为五十石上岁为米百石"。"总计三千四百井之税为米五万一千石，为钱一万二千贯，以此为一同之率。"（以上十事据《鹤林玉露》）

11. 每井赋兵二人，马一匹，一同之率，为兵六千八百人（《宋史》本传作六千四百，似误），马三千四百匹。于此率内，"岁取五之一以为上番之额，以给征役；无事则又分为四番，以直（值）官府，以给守卫；是民凡三十五年而役使一遍也"。应征兵马之粮饷，以同内之租税供之。

12. "匹妇之贡绢三尺、绵一两……非蚕乡则布六尺，麻二两。"

13. 以上之制度"行之十年，则民之口算、官之酒酤与夫茶盐香矾之权皆可弛以予民"。（以上三事据《要录》及《宋史》本传。）

以上十三项都是关于土地问题的。但内中第二项"非工商之在官"者云云，似乎暗示林勋也有一种统制资本的办法，就是把工商变成政府的雇员，可惜其详不可得而知了。

林勋的均田主张并不是凌空结撰的梦想，乃是他针对时病而开的药方。南宋初年社会病态，他在《本政书》里也曾扼要地指出。他说："国家兵农之政率因唐末之故……（而）二税之数视唐增至七倍。""今农贫而多失职，兵骄而不可用。是以饥民窜卒，类为盗贼。"（《要录》及本传）以这样的国家，当金人之锋，不思改弦易辙，而说什么"长期抵抗""收复失地",岂非欺人之谈？

南宋初年我国土地和资本集中的情形现在还没有被详细考出，但林勋的均田思想的出现正表示着有产和无产两阶级的对立已成为很明显的事实。最足以证明这个推论之不谬的，林勋奏上《本政书》的次年二月，便有钟相、杨幺之徒，打着"均贫富""等贵贱"的旗号起事于荆南。他们"焚官府、城市、寺观、神庙及豪右之家，杀官吏、儒生、僧道、巫医、卜祝之人，谓国法为邪流，谓劫财为均平；病者不许服药，死者不许行丧；人皆乐附而行之，以为天理当然"（《三朝北盟会编》卷一三七）。这场革命，聚众至四十万，历时至二十年，蔓延的地方相当于现今两湖的大部分（参看朱希祖《杨幺事迹考证》）。参加这场革命的主要分子正是林勋所谓"失职"的农民。他们久蓄的怨毒终于发泄了。挥霍他们的血泪以自娱自快的人们终于偿付积欠的代价了。林勋的均田思想正是大乱前夕照例应有的"改良主义"。像一切大乱前夕的改良主义者，他使软心的史家佩服他识见的超越、同情的敏锐、态度的敦厚、计虑的周密，同时又惋惜他的苦口婆心的白费。

三

关于林勋的生平，记载甚略；根据《要录》和《宋史》，我们可知以下数事：

1. 他是贺州（今广西贺县）人。（据《宋史》本传，《玉露》同。《要录》说他是临贺人，临贺盖即贺州治。）

2. 他登徽宗政和五年（一一一五）进士第。[据本传。《玉露》说他"绍兴(一一三一至一一六〇)中登进士第,"盖误。]

3. 他于高宗建炎三年(一一二九)八月以广州教授的资格进呈《本政书》(本传但言其登进士后曾"为广州教授",《要录》载"广州教授林勋献《本政书》"云云),旋即被任为"桂州节度掌书记"。

4. "其后勋又献《比校书》二篇。大略谓桂州地东西六百里,南北五百里,以古尺计之,为方百里之国四十,当垦田二百二十五万二千八百顷,有田夫二百四万八千,出米二十四万八千斛,禄卿大夫以下四千人,禄兵三十万人;今桂州垦田约万四十二顷,丁二十一万六千六百一十五,税钱万五千余缗,苗米五万二百斛有奇,州县官不满百员,官兵五千一百人。盖土地荒芜,而游手末作之人众,是以地利多遗,财用不足,皆本政不修之故。"

5. 他又著有《治地旁通》一卷(见《宋史·艺文志·农家类》),今亦亡佚,内容不详。

他的生卒年无考。假定他登进士第时年约三十,那么,他约生于哲宗元祐元年(一〇八六),他献《本政书》时年约四十四。他献《比校书》不知道在那〔哪〕一年,《要略〔录〕》系此事于献《本政书》之记载下,两事相去当不远,此后就没他的消息。我们若说他生于十一世纪的末叶,卒于十二世纪的中叶,当无大差。

《本政书》在十二世纪的末叶还很流行,并且为当时智识界的领袖所称道。《鹤林玉露》说:"朱文公(熹)、张宣公(栻)皆喜其说,谓其有志复古。"《宋史》本传说:"朱熹甚爱其书。东阳陈亮曰:勋为此书,考古验今,思虑周密,可谓勤矣,世之为井地之学者孰有加于勋者乎!要必有英雄特起之君,用于一变之后,成顺致利,则民不骇而可以善其后矣。"

  《本政书》在南宋政治思想史上的影响是一个值得再加探索的问题。

     原载《大公报·史地周刊》第 87 期，1936 年 5 月 29 日

南宋末年的民生与财政

一

在一个农业社会里，最重要的经济因素当然是土地。对于我国自汉代以后的历史，近来有一种很普遍的看法，就是：在一个长期的和平里，土地渐渐的被"豪强兼并"，渐渐的集中在少数人手里；同时人口一天天的增加。结果在和平状态下无法维持生活的人愈多，更加上剧烈的天灾，大乱便起。在大乱中，人口因屠杀而锐减；土地也换了主人，到此，比之大乱前略有平均的分配。接着又是长期的和平。这样循环下去。这看法大致是不错的，不过也是很粗的。到底在某一个豪强兼并盛行的时代，有几分之几的土地，是集中于几分之几的人口呢？这个问题似乎还没有人试探过。而大部分时代的记载也没有供给我们以解答这个问题的资料。旧史记"兼并"的情形的，不外是"富者田连阡陌，贫者无立锥之地"一类笼统的话，分量的分别和比较是没有的。而且在户籍、田籍不完不密的时代，这种比较也是无从做起的。土地分配的情形就我所知道的，在南宋末年才可以间接得到比较确定的估计。

在作这估计之前，得先把宋代的土地制度略为一说。

宋仁宗的时候，曾定过一个限田的办法，其内容不详，但有两点可以知道：

(1)最高的文官（公卿以下）占田不得过三十五顷。

(2)最高的武官（牙前将吏）占田不得过二十五顷。

但这种办法，因为大臣的一致反对，压根儿没有实行。在北宋初期，不独官户占田没有限制，而且官户的田还有一种特权：免除徭役。到了徽宗政和间，才规定下一品官免除徭役的田，以一百顷为限；此下按品减少，至九品则以十亩为限。凡是限外的田，皆照编户一般供应徭役。这制度是被实行了的。南宋人所谓"祖宗限田之制"便是指此而言。

我们从这两次法令中占田的最高限度，可以看出兼并的进步。因为法令的规定，总不能和现实的情形相差太远的。换句话说，在仁宗时最大地主所占的田，与三十五顷为近，在徽宗则与百顷为近的。

南渡之初，官户田免徭役的特权曾被取消，但后来又恢复了。这变迁在南宋史里是看不出的，我别有考证，因为在这里无关宏旨，不去说它了。

关于土地分配的比例，在北宋时代我还没有考出，但在南宋初年，则于新近印行的《皇宋中兴两朝圣政》（这书旧只有四库全书抄本，近来翻印在《四库珍本》丛书里）中泄露了一点消息。这书卷十纪载绍兴二年右司谏方孟卿，在一道反对恢复官户田的免役权的奏议里说道："今郡县之间，官户田居其半，而占田过数者极少。"这里所谓过数，从上下文看来，是指政和中一百顷的限度。

我们要注意绍兴二年是南渡后第五年，"占田逾限者极少"，并不是因为当时的统治阶级特别讲究"中庸之道"，只因为中央政府刚从开封搬到临安，他们在播迁流徙之际，问舍求田的余暇不多罢了。因为过去一个阶段的中国社会里，地主以官户为主体，而越接近政治中心，官户愈多。所以我们推想：在北宋末年，大河南北的兼并情形要比江淮以南厉害的多。所以当宋室南渡之初，江淮以南，土地是没有十分集中的。然而不到五年，"郡县之间，官户田（已）居其半"了。

到了南宋末年，情形又大变。在南宋初年，占田过一百顷的还极少。但据刘克庄在端平元年（元兵破临安前四十二年）上给理宗的奏疏里所说，当时的大地主往往有"吞噬千家之膏腴，连亘数路之阡陌，岁入号百万斛。……自开辟以来未之有"的（《后村大全集》五一，四部丛刊本）。这段引文里有两句需要解释。第一，路是宋代最大的行政区域，略当现在的一省。"连数路之阡陌"，用现在的话说，就是田地遍于数省了。好比现在的头等阔人，在上海，南京，西湖，青岛以及北戴河都有别墅。当时因此出现了一个特别的名词，叫做"侨产"。即是指不在本籍的州府或路的产业。第二，刘克庄说当时的大地主岁入百万斛，但岁入百万斛的田地到底有多少呢？据《宋史》理宗淳祐六年侍御史谢方叔请限田亦言："贵势之家，租米有及百万石者。"可见后村的话是不错的。《食货志》有一处（下文将再要提到的）说：一千万亩的田，每年收租可得六七百万斛。用比例一算：X 亩/10000000 亩 ＝ 1000000/7000000，X ＝ 10000000/7 ＝ 1430000 余亩。则岁收百万斛的田，约有一百四十三万亩，即一万四千三百顷，比之政和间所定一百顷的最高限度，要大一百四十三倍。南宋末年的兼并情形，比之政和间，比之南渡初，其进步是显然的。官户的田在南宋初已占了郡县田的一半。在南宋末，更要大大的增加，远在一半上了。

在南宋精华的西浙，和江南东、西路，在宋末土地集中的情形，我们还可得到更亲切的印象。在理宗景定四年，即元兵入临安之前十三年，因为一个财政改革的需要，殿中侍御史陈尧道、监察御史虞安等统计过，在这三路里，"逾限"的田，也就是大地主所占过了政和间所定的限度的田，共有三千万亩。此外，他们在限内所占的田有多少呢？史无明文。现在从最低限度，姑且假定那是限外的一半，那么光这三路，集中于占田逾限的大地主手里的田，至少已有四千五百万亩。这三路约略相当于现在的浙江、江苏和江西三省。一直到现在，浙江省已垦的田总共不过四十一万六千多顷，江西省已垦的田才不过四十一万二千多顷（据民国二十一年国民政府主计处统计局报告。见是年《统计月报》农业专号）。当南宋末年，在这三省里，集中于占田逾限的大地主手里的田已超过现在浙江或江西省田亩总数！其他占田未逾限的地主还没有计算在内呢。

二

南宋末年第一个经济大问题，是怎样抑制兼并，第二个经济大问题是怎样补救纸币的低折。南宋末年中国已经成了纸币的世界。宋朝有许多情形是出乎意料之外地"摩登的"。纸币问题即其一端。纸币虽说是渊源于唐代的飞钱，但唐代的飞钱只是汇票的性质，不能随时随地用作交易的媒介的。真正的纸币在宋朝才开始。最初在真宗时出现于四川，由民间发行，不久收为政府专利，而推广到别处，到南宋才普遍的流行。关于宋代纸币的纪载，以戴慎的《鼠璞》里的《楮券源流》一篇为最佳。《宋史·食货志》里"会子"（即当时纸币之称）一段，零碎而不得要领。纸币问题是宋末元初人人受到切身影响的大事，宋亡后不久，好几万万的纸币尽成废纸。最奇怪的，作《玉海》的王应麟和作《文献通考》的马端临都是宋末元初的人，而他们对于这件大事竟无只字记载。大约因为他们都在抄书，对于无书可抄的近事，只好从略了。

据《鼠璞》纪载，宁宗末年（约公元一二二〇年）纸币已出到二万二千万贯。宁宗以后便是理宗，通常以为理宗朝为南宋末叶的开始，因为这时蒙古才开始向中国侵略。在理宗初元的绍定六年（公元一二三三年），据《鼠璞》记载，纸币出到三万二千万，市价跌到对折。此后纸币的情形，《鼠璞》没有记载。但和戴慎同时的孙梦观，却有一段记录，恰可补《鼠璞》之缺。据孙氏《雪窗集》卷一《丙午轮对第二劄》里说：当时发行的纸币，旧者已及四十二千万，新者已及二十三千万。方来者伪造者盖又不知其几多。这是理宗淳祐六年（公元一二四六年）的事。这时纸币的低折更甚于绍定间，是可以推想的。

因为纸币低折，物价抬高，更增加民生的困苦。怎样改良币制，降低物价，成了普遍的期望。据周密《癸玄〔辛〕杂识》，当理宗即位之初，大家把这期望属于鼎鼎大名的理学家真德秀。他不独是个理学家，也是以政治才干着〔著〕称的。当时临安的人民唱道：若欲百物贱，直待真直院。后来真德秀入朝，只管和理宗谈什么正心诚意，进献什么《大学衍义》；对于纸币问题毫无办法。人民大失所望。乃又在上面的歌谣上，添了两句：吃了西湖水，打了一锅面。市井小儿纷纷的唱着。

除了豪强兼并和纸币低折外，使民生困苦的还有所谓"和籴""和买"的制度。"和籴"就是官定价格，向人民收买谷子，以供军用；"和买"就是向人民收买布帛之类。名叫做"和"，实则是"和"的反面。因为官定的价格，照例比时价低，官用的度量，照例比通用的大，而胥吏又要从中向人民渔利。而且这制度并不是限于一时一地的。每年每一户（自然除了官户）都得按照家产的多寡，被"和籴""和买"若干。这是使人人诅咒的一大秕政。

<h2 style="text-align:center">三</h2>

自理宗朝以下，财政上的一大问题是怎样开辟一个财源，使政府可以废除"和籴"（当时称籴兼赅和买）的制度，同时补救纸币的低跌。——一方面停止增发纸币，一方面保证兑现。赋税，大家是认为已经加到无可复加的。此外，还有什么办法呢？

理宗初年，刘后村曾献过这样的计策：第一，把些大地主在本籍的田地的岁入没收十分之七，其"侨产"的岁入完全没收。暂以十年为限。第二，追缴大吏侵吞的公款；只追赃款，并不没收他们财产的全部。据刘克庄说："比年颛阃之臣，尹京之臣，总饷之臣，握兵之臣，拥麾持节之臣，未有不暴富者。"后村的建议并不算怎样过激，然在当时，也如在现今一样，只能是书生的空言。

到了理宗末年，贾似道和他的策士，想出了一个更温法〔和〕的办法：由政府备价收买"逾限"的田为公田，以公田的收入代替"和籴"及添发纸币。

然而这温和的办法，一经提出便引起朝野汹汹的攻击。经贾似道以去就力争，理宗终于允许把这办法从浙西起逐渐推行。贾似道无论怎样遗臭万年，至少有一件事值得我们佩服：他首先把自己在浙西的一万亩田献出，作为公田。

收买逾期〔限〕的田，已够使大地主叫苦的了。何况政府所估的价又很低？并且政府所给的大部分不是现洋而是钞票、度牒、官诰之类。

关于公田制实行的情形，有一重要点，《宋史·食货志》没有表明，但我们从刘一清的《钱塘遗争》可以得知：公田制实行的范围，始终只及于浙西，因而得免"和籴"的也只有浙西。但即使如此，南宋政府已和本国的资产阶级（包括大部分的士大夫）结下不解之怨。当无产民众没有组织的时候，资产阶级是主要的政治力量。内面失去资产阶级的拥护，外面受着强寇的压迫，南宋政府遂不得不解体。在帝显德祐元年，即贾似道贬死的次年，南宋政府终于向资产阶级认错求援，那诏书道："公田最为民害，稔怨召祸，十有余年，自并给田主，全率其租户为兵。"但这错是白认了。蒙古兵就在这年入临安。有那样的资产阶级，南宋之亡国也亦宜。

原载《华北日报·史学周刊》第 111 期，1936 年 11 月 12 日

端平入洛败盟辨

  端平（理宗）元年，夏，宋既助蒙古灭金。遂遣赵范帅师收复三京（宋以汴为东京，洛为西京，应天府即今商丘为南京，大名为北京。所谓三京，即前三京也）。至洛阳，蒙古拒之，宋师溃。自是宋与蒙古失和。《宋史·贾似道传》云，先是宋将"孟珙帅师会大元兵共灭金，约以陈蔡为界"，故"大元追兵……问（赵范）曰，'何为而败盟也？'"（此事不见《本纪》或《孟珙传》大奇）据此则三京之取，曲乃在宋。是时宋宰相为郑清之。钱大昕论此役曰："横挑强敌，两京卒不可复，而元兵分道来侵，蜀土失其大半，并襄阳亦弃之。宋之失计误国，未有如清之者也。史家以其召用真（德秀）、魏（了翁）二儒，谀之曰小元祐，而绝不言其开边衅地之罪，可谓信史乎？"（《十驾斋养新录》八）赵翼亦以此责宋不能"坚守信誓""至起衅召侮"（《二十二史劄记》二六）。予读史至此，有大疑焉。窃谓败盟之说乃蒙古人莫须有之辞。《宋史》修于元人（《贾似道传》大元大元云云，特显元人口气），回护本朝，不免以虚为实，而钱、赵以恶理学故，于郑清之预存成见，遂易受《宋史》之欺也。何以言之？理宗绍定五年十二月蒙古与宋互遣使臣议夹攻金，其间不能全无协定。何以《宋史》于此不道只字，一若两方于灭金后战利品之分配，全不介意也者？衡以尔时宋人"收复失地"之国是，此为不可想像之事。据《宋季三朝政要》（卷一），蒙古约宋攻金之日实曾许以河南归宋。何以《宋史》不之载？显然其事为后来蒙古人所不欲重提也。顾何以蒙古人不欲重提之？此其一。端平入洛之师距绍定夹攻之约，才一年半，其间宋未尝受挫于蒙古，亦未尝受其任何恫吓，抑且未尝与有违言。何以昔求收复河南，今忽退让至陈蔡为界？此其二。孟珙乃出征之将，非奉使之臣，以何权力，以何理由，而能擅改旧约？此其三。孟珙为南宋希有智勇兼备之名将，一生为国血战，终于为国而死。是人绝无甘心或被迫卖国之可能。此其四。

明乎陈蔡为界之约之乌有，则知端平入洛之师，在宋实有条约之依据，而蒙古之迎击，却为违约之举。顾《宋史》反以遗约之罪加于宋。史笔操于易代异族之手，颠倒黑白，何所不至？是在读史者之善察焉耳。

署名"素痴"，原载《大公报·史地周刊》第112期，1936年11月20日

南宋亡国史补

《宋史》向以芜秽著称，其记易代事尤多遗憾。盖新朝之讳饰既所不免，而宋季史材，本不完备。据元初苏天爵言："理宗日历尚二三百册，《实录》纂修未成，国亡仅存数十册而已。度宗日历残缺。……度宗、卫王、哀帝，皆无《实录》。"（《滋溪文稿》卷二，《三史质疑》）《宋史》仓卒成书，疏于搜补。（钱竹汀尝言，《宋史》纪传，南渡后不如东都之有法，宁宗以后又不如前三朝之粗备。微特事迹不详，即褒贬亦失其实。）易代之际，又无如万季野其人者，以毕生心血，付于故国文献。今简料丛残于七百年后，钩沉拾佚，抑何能多。虽然，绍定、端平之年，吾惧将及身而遭之矣。详考旧迹，以为殷鉴，抑何能已，作《南宋亡国史补》。

（上）宋季之军备

宋太祖惩唐末五季之弊，外召藩镇以还京师，别遣文臣，以为牧守，然捍边之臣，则久其考任，假以事权，固不与内郡同也。未几而初意渐失，并、汾、闽、越甫平，江淮诸郡已令毁城隍，销兵甲矣。淳化、咸平，距建隆不过四十年耳，盗发两川，惟陵、梓、眉、遂有城可守。濮盗作于近辅，如入无人之境。王禹偁自黄冈上疏，极陈江淮空虚之害，至谓名曰长吏，实同旅人；名为郡城，荡若平地。富弼论江、浙、荆、淮、湖、广诸道，亦谓处处无兵，城垒不修；或数十夫持锄耰白梃，便可尽杀守令，开府库，谁复御者？至宝元、康定以后，有事西边，则内地武备之削滋甚。五年间，盗杀巡尉至六十员，入城剽劫者四十州。王伦起沂，并淮，渡江，历数千里无一人御之。张海等辈剽吏御人于京、淮、湖、陕间，州郡莫敢谁何。金州盗作，连召州兵，仅有二十四人。然是时，郡国犹有不会之财，留州之缗，可以为招兵缮城之费，可以应一方缓急之需也。熙宁以降，括州郡财利以富中枢，州郡之军备日坏。一旦盗起东南，连跨州郡，震摇汴都，久而后殄。更当新造之金，非拱手死难，则望风弃城。盖自建炎四年以前，惟知敛兵避敌，未尝有敢与之抗者。逮渡江航海，金人相迫不已，然后兵刃稍接，不数年而议和之使遣矣。绍兴之末，虏闯淮薄江，既迫而后应之，士气稍伸。然犹不敢尽用其胜。宁宗之世，承平日久，吴曦盈尺之纸，足以惊奔列雄，李元励乌合之众，足以震扰三道，张福千人之众，足以披靡群辟。金人闯梁、洋、三泉，窥蕲黄五关，如升虚邑。此皆强干弱枝之弊也。南宋初年，李纲尝欲分长安、襄阳、建康为三都；胡舜陟尝欲析三京、关陕为四巨镇；张守尝欲以大河州郡，仿唐藩镇，付之帅守；范宗尹尝欲分画诸镇，更不除代；李弥逊尝欲假帅守事权，以销奸宄，策皆不行。（《魏了翁集》十五）宁宗嘉定七年，起居舍人真德秀请"于近臣中择其更事任，熟军情，威望素孚，文武兼备皆二人，一于襄、汉，一于两淮之中，建立幕府，财许移用，官许辟置"以重边守。时狃于承平，不报（《真德秀集》三）。十五年，知潼川府魏了翁被召入对，请于江南、两淮、荆襄、四川四镇，慎择守将，"听其所为，勿从中制。本道官吏惟其所辟置，要害之地守令可以委任，责成则久其考任而就加爵秩焉，省部皆毋拘以文法也。财赋得以专其出入，他司不得尚循旧比以掣其肘也。军籍得以核其虚实，戎司不得掩虚额以自丰也。屯田当复，民兵当核，忠义当招，皆可以随宜经理也。规模既立，则如国初守边之臣，或十七八年，或十四五年，或八九年无所改易可也"（《魏了翁集》十五，参《宋史》本传）。宁宗颇嘉了翁言，然值史弥远当国，怙权，无所更革。故其后三十七年，当理宗开庆元年（元兵入临安前十七年），文天祥上封事，又有"仿方镇以建守"之议，略曰，"祖宗矫唐末五代方镇之弊，立为郡县繁密之法，使兵财尽关于上，而守令不得以自专。昔之擅制数州，挟其力以争衡上国者，至此各拱手趋约束，卷甲而藏之。传世弥久，而天下无变。然国势由此浸弱，而盗贼遂得恣睢于其间。宣、靖以来，天下非无忠臣义士，强兵猛将，然各举一州一县之力以抗寇锋，是以折北不支，而入于贼。中兴之臣，识循环救弊之法，盖有建为方镇之议者矣。失此不图，因循至今日，削弱不振，受病如前。及今而不少变，臣不知所以为善后计矣。今陛下命重臣建宣阃，节制江东西诸州，官民兵财尽从调遣，庙谟渊深，盖已得方镇大意矣。然既有宣阃，又有制司；既有制置副吏，又有安抚副使。（按：宣阃即宣抚使，'掌宣布威灵，抚绥边境，统护将帅，督视军旅之事'。制司即制置使，'掌经画边鄙之事上'。安抚使'掌一路兵民之事，皆帅其属而听其狱讼，颁其禁令，定其赏罚，稽其钱谷、甲械、出纳之名籍，而行以法'。南宋以文臣为安抚使，武臣一员为之副，以上均据《宋史·职官志》。)事权俱重，体统未明。有如一项兵财，宣阃方欲那移，诸司又行差拨。指挥之初，各不相照；承受之下，将谁适从？今日之事，惟有略仿方镇遗规，分地立守，为可以纾祸。且如江西一路，九江、兴国、隆兴与鄂为邻，朝廷既倾国之力以赴之，姑所不论。惟寇之至湖南者，已宿堂奥。此外八州，其措置不容苟简。八州之中，庐陵、宜春最当冲要，虏之为兵，其法常有所避。避八桂则出清湘，避长沙则出衡阳。今宜春见谓有兵，惟庐陵犹此无备。舍坚攻瑕，弃实击虚，虏既以此为得策，则夫避宜春而趋庐陵，其计将必出于此。州县之事力有限，守令之权势素微。虏至一城则一城创残，至一邑则一邑荡溃，事势至此，非人之愆。若不别立规模，何由戡定祸乱？臣愚以为莫若立一镇于吉，而以建昌、南安、赣隶之。立一镇于袁，而以临江、抚瑞隶之。择今世知兵而有望者，各令以四州从事。其四州官吏，许以自辟。见在任者或留或去，惟帅府所为，去者令注别路差遣。其四州财赋，许以自用。自交事一日始，其上供诸色窠名，尽予帅府；交事以前见未解数目，亦许截留。其四州军兵，见属伍符者必寡弱而不振，见行团结者必分散而不齐，许于伍符团结之外别出措置，收民丁以为兵。彼一州之紧急者，得三州稍宽缓之力以为之助；三州之宽缓者，得一州当其紧急而无后忧。不出二三月，如吉如袁，其气势当自不同。仿此而行之，江东、广东无不可者。"（《文天祥集》三）书上不报。

内重外轻，而守御之权不集，此宋季军政之一大弊，迄于亡而不变者也。

其次，则军纪之败坏。宁宗嘉定七年起居舍人真德秀论之曰："今连营列戍，虚籍不填，老弱溷殽，教阅弛废，衣廪朘削，憔悴无聊。荆、淮所恃义勇民丁，而团结什伍，反成绎骚，无以作其超距翘关之勇。东南所长者舟师战棹，而绘画图册，徒事美观，而未尝习以凌波破浪之技。……掊敛成风，而士卒之怨弗恤，忌克成习，而偏裨之长莫伸。"（《真德秀集》三）十三年，德秀既出知江西隆兴府，又言："自视事以来，讲求军政本末，乃知州郡禁卒多以供工匠，备厮役；事艺未尝练习，教阅只为具文。则兵不足以为兵矣。有副总管，有路钤，有路分，又有州钤，有将副，下至都监、监押，皆以主兵为职，而未尝知兵。问其得官之由，或宗戚，或阁门，或国信所，或堂部吏。其间岂无可用之材？要于将略鲜曾闲习，或习文墨以自喜，或矜富贵以自娱；甚者阘茸废放，无所不有。则将不足以为将矣。兵不足以为兵，将不足以为将，则帅之为帅，是亦具员而已矣。"（《真德秀集》九）理宗即位之元年，德秀解湘南安抚使任还朝（寻擢礼部侍郎直学士院），其奏陈各地将帅之剥削士卒，言尤痛切，曰："诸道总戎之帅，训肄不勤，而掊克是务。自偏裨以至士卒，其家赀稍厚者，必使之治货财，非优之也，盖幸其负课而掩有也。其廪给稍丰者，必以之供役使；非亲之也，盖利其捐金而求免也。军中相语，以酒垆、药局为藉赀产之娣媒，谓当其事者必不能自免也。回易房廊为陷子孙之坑阱，谓其身虽死，而监督至于无穷也。主帅剥偏裨，偏裨剥队伍。有日给千钱而不足衾絮者，有月廪数斛而不饱糟糠者。以此饰苞苴，以此买歌舞，于是乎兵贫至骨矣。"（《本集》四）先是，宁宗末年，魏了翁对策亦言："国家休兵四十余年矣。旧臣宿师日替月零，骄将骄夫久靡廪稍。

未尝有横草尺寸之功，而高官厚禄，宠异逾等，不复有功名之望。剥下媚上，背公首私；升差夺于货贿，拣汰挠于请嘱；庸者有输假贷子钱者，有输每旬宣限帮给银会，或以铁钱兑给而规其倍称之息。戍兵之愤惋不恤也。市刍草以给战骑，往往抑配均备，而乾没其四分之三。将队之怨嗟不问也。甚者收房廊，掌回易，置簿筏，建第宅。古人之所与同甘苦者，今役使科抑几同奴隶。方时晏安而专事腹削，士有离心而无斗志；万一有犬吠之警，则忧不在敌而在我矣"。(《魏了翁集》廿一)

非惟州郡之兵不可用，即禁卒亦同虚设。端平初，魏了翁奏言，"异时江、淮有警，或出禁旅以为声援。今也殿步二司久为庸奴所坏。平居则冒虚籍，有急则欧市人。江建、江西之行，所至辄败。况自近岁驭失其道，赏罚无章。中外之军往往相谓战不如溃，功不如过。风声相挺，小则浮言诪语以扇其类，大则拥众称兵以凌其上，而欲恃此以为守，臣知其不可也。"(《本集》十九) 奏上不数月，遂有临安首都军民交哄之怪剧(《宋季三朝政要》一)。禁卒之失律，遂成为朝野交谪之事实矣。

官兵如此，民团则何如？开庆元年(元兵入临安前十七年)，文天祥上封事言："近时朝廷以保伍为意，官府下其事里胥。为里胥者沿门而行，执笔以抄其户口，曰官命而各为保伍也。已而上其籍于官，又从而垩通涂之壁，取其甲分五五而书曰保伍。如古所谓保伍，如此而已！臣居庐陵，往往有寇警，则乡里又起所谓义丁者。一日隅总击柝以告其一方曰：寇至毋去，诸而等各以某日聚某所，习所以守望。至其日也，椎牛酾酒以待。随其所衣，信其所持，从而类编为之伍。一匝乎村墟井落之间，翕然而聚，忽然而散，则义丁者又止如此而已。今朝廷命使以团结，州县奉旨而行，移其规为布置，当有加密于臣所言者。然某所若干人，某所又若干人，属邑合状帐申郡府，郡府合状帐申合朝廷。计其数目当自不少。然其分也散而不一，其合也多而不精。故当其分，则乡村无以通于镇市，镇市无以通于城郭。虏突如其来，彼一方者，力不敌，势不支；老弱未及拣，教阅未及施，虽有金鼓旗帜之物，而未之坐作进退之节也；虽有城池山泽之险，而未知备御攻守之方也。且民之聚也，使之自恃其粮，自备其饮食，则有所不能；抑于官则无以给也，有以给则又不能久也。臣故曰无益也。"（《本集》三）

宋季军队不惟战斗力弱，即其数量亦不敷边防。端平初，魏了翁已言"两淮民兵见谓骁捷，然轻进易退，不足以当坚忍之铁骑。淮西精甲数万，自去岁东附、龙门两败，所失盖万五千，而他州陷没者犹不计。江上诸军稍堪行陈者，制司并其器械舟船，摘所以去，今得还与否，皆未可知。而军分不明，尤为可虑。如骑司、戎司之军，皆非旧来屯戍之地。将不知兵，兵不习险，缓急不可倚仗。荆襄所恃保捷一军，十余年来颇已凋落；虽有新招镇北二万人；其如南北军殆如冰炭。荆鄂旧军二万余人，粗若可用；然仅存者六七千人。虽有外五军，亦不满数千。蜀中诸军，旧管九万八千，马二万；嘉定核实，裁为八万二千，马八千；则气势已不逮昔矣。近者更加核实，官军才六万余人，忠义万五千；而其间老弱虚籍者又未可计。是以五六万人，当□千七百里之边面，众寡强弱，此盖（不？）难见"（《本集》十九）也。其后理宗宝祐四年，文天祥亦言："自东海城筑而调淮兵以防海，则两淮之兵不足。自襄、樊复归，而并荆兵以城襄，则荆、湖之兵不足。自腥气染于汉水，冤血溅于宝峰，而正军、忠义空于死徙者过半，则川蜀之兵又不足。江、淮之兵又抽而入蜀，又抽而实荆，则下流之兵愈不足矣。荆湖之兵又分而策应，分而镇抚，则上流之兵愈不足矣。夫国之所恃以自卫者，兵也，而今之兵不足如此，国安得而不弱哉？扶其弱而归之强，则招兵之策，今日直有所不得已者。然召募方新，调度转急，问之大农，大农无财；问之版曹，版曹无财；问之饷司，饷司无财。自岁币银绢外，未闻有画一策为军食计者。"(《本集》三)盖宋季之民生与财政状况，已使大规模之扩张军备，为不可能，说详次节。

（下）宋季之民生与国计

宋季民生国计上有三大事：曰土地之集中于贵势之家，曰楮币（即纸币）之滥发而低折，曰"和籴""和买"之病民。

（1）初仁宗时曾诏限田，"公卿以下毋过三十顷，牙前将吏应复役者毋过十五顷，（按：盖公卿占田不得过三十顷，武官占田不限，惟其田之免役者限十五顷；故牙前将吏下特著'应复役者'四字，而公卿下不著。）止一州之内。过是者论如违制律，以田赏告者。既而三司言限田一州，而卜葬者牵于阴阳之说，至不敢举事。又听数外置墓田五顷，而任事者终以限田不便，未几即废。后承平浸久，势官富姓占田无限，兼并冒伪，习以成俗，重禁莫能止。而官户田例免差科。政和中，乃诏品官限田，一品百顷，以差降杀，至九品为十亩；限外之数，并同编户差科"(《宋史·食货志》上一)。南渡后，官户田之优待废。绍兴二年户部侍郎柳约请复政和之制不果(《皇宋中兴两朝圣政》十一)。然其后官户田不仅回复政和间之优待,且全免役,故理宗时孙梦观进讲,谓:"朝廷固尝随官品以定顷亩之限,出于所限者仍同编户;今固未尝过而问之。"(孙梦观《雪窗文集》二)

绍兴二年柳约之请复限田制也,右司谏方孟卿议之曰:"今郡县之间,官户田居其半,而占田过数者极少。若以格令免科需,则专取于民,必致重困。臣谓艰难之际,士大夫义当体国,岂可厚享占田之利?"(《中兴两朝圣政》十一)方孟卿之言无意中泄露南宋初年土地分配之概况。其所言及之状况,自以南宋之境域为限。"占田过数(一百顷以下之数)者极少",非因尔时之地主有取于中庸之道也,其故似别有在。在过去一阶段之中国社会,大地主阶级自以官户为主体。故愈近政治之中心则官户愈多,而兼并亦愈烈。北宋时代,江、淮以南兼并之烈,自当逊于大河两岸。当南宋初年,此之情况,不能即大有改变,盖新朝之统治者在播迁之余,尚少求田问舍之暇也。然即如此,官户田已居郡县之半矣。

在南宋初年占田逾百顷者尚少,至南宋末年则百顷之田主已无足齿数矣。理宗时,孙梦观进讲,言"迩来乘富贵之资力者,或夺人之田以为己物;阡陌绳联,弥望千里;囷仓星列,奚啻万斯"(《雪窗文集》二)。而理宗端平元年,刘克庄在奏牍中描写富贵家之财产尤为具体。彼等"至于吞噬千家之膏腴,连亘数路(按:路为宋代最大之行政区域,有大于现今一省者)之阡陌,岁入(租)号百万斛,为'开辟以来未之有者'"(《刘克庄集》五一)。其后淳祐(理宗)六年,谢方叔亦奏言:"今百姓膏腴皆归贵势之家,租米有及百万石者。"方叔更推原兼并促成之因曰:"小民百亩之田,频年差充保役，官吏诛求百端，不得已则献其产于巨室，以规免役。小民田日减而保役不休，大官田日增而保役不及。以此弱之肉强之食，兼并浸盛。"(《宋史·食货志》上一)

刘克庄、谢方叔皆言巨室有每岁收租至一百万斛者。当时岁租一百万斛之田，为亩几何？于此吾人得作一颇有趣之考据。理宗景定四年侍御史陈尧道等言："一千万亩之田，则岁有六七百万斛之入。"(《宋史·食货志》上一)以比例推之，则岁入百万斛之田为一百四十三万亩而弱，即一万四千三百顷而弱，为政和限田最高度之一百四十三倍。

官户田在南宋已占郡县之半；至南宋末，更当远逾于此。其精密之比率虽不可知，然两浙及江南东、西三路(约等于今浙江、江苏、江西三省)，在宋季土地集中之情形，吾人尚可得更亲切之印象。据景定四年陈尧道等之估计，此三路逾限之田有三千万亩(《宋史·食货志》上一)。其占田逾限之地主在限内所有之田共得若干，史无明文，试从低假定为限外之半，则集中于彼等手之田地已有四千五百万亩，彼等尚非三路中一切大地主也。迄今江西、浙江二省已垦之田各不过四千一二百万亩耳。

(2)楮币虽源于唐之飞钱，然飞钱之性质仅如近世之汇票，直接为交易媒介之楮币似创于宋。真宋时始行于蜀之民间，不久政府即收其发行之权而专之，更推行于他地。南宋初楮币之用始广；至南宋末，中国已成一楮币世界矣。宁宗开禧以后，楮币发行之数量，今可考者列表如下(表中所列盖仅中央发行之数，其四川、两淮、湖广发行之数似尚不在内)：

宁宗开禧间　　一万四千余万贯　　据戴埴《鼠璞》上

宁宗嘉定间　　二万三千余万贯　　据同前

理宗绍定六年　三万二千余万贯　　据同前，参《宋史·食货志》

理宗淳祐六年　六万五千余万贯　　据《雪窗文集》一

观上表可知从绍定六年至淳祐六年（一二三三——一二四六）之十三年间，楮币突增加一倍以上。其后增加之数虽不可考，然以其时财政艰窘之情形推之，增加之率只有更速。

楮币既滥发，而政府不能尽量兑现，即兑现亦不十足；且赋税之缴纳又不能全用楮币（大抵楮钱各半），其低折乃势所必然。理、度两朝楮币低折之实数，史无明文，然从其前后之情形推之，略亦可见。宁宗开禧间"朝廷始诏江、浙诸道，（每贯）必以七百七十行用，（折扣）终非令之所能禁。嘉定初顿损其半"（《鼠璞》上，《楮券源流条》）。及宋亡十余年后，楮币遂"有观音钞、画钞、折腰钞、波钞，燶不烂之说。观音钞，描不成，画不就，如观音貌美也。画者如画也。折腰者折半用也。波者俗言急走，谓不乐受即走去也。燶不烂者如碎絮筋查也"（《静斋至正直记》一）。理、度时之情形当去此不远。（孙梦观淳祐六年奏言："今新楮之价，较之下方亦且削于曩之半矣。"见《本集》一。）

楮币事实上低降，而法令却不许其低降。商贾为避法及预防楮币低折之损失，只有高抬物价。此亦为宋季朝野交苦之一事。相传真德秀负一时重望，端平更化，人奚其来，若元祐之司马光也。是时楮轻物贵，民生颇艰，意真儒之用必有建明，转移之间，立可致治。于是民间为之语曰：

若欲百物贱，

直待真直院。

及入朝敷陈之际，首以尊崇道学，正心诚意为第一义，而复以《大学衍义》进。愚民无知，乃以其言为不切时务，复以俚语足前句云：

吃了西湖水，
打了一锅面。

市井小儿嚣然诵之。继参大政，未及有所建置而薨（《癸辛杂识》）。

宋季政府未尝无挽救楮轻之法，然其法转滋民怨。宁宗嘉定四年真德秀奏言"今新令之行，以旧券之二而易新券之一。傥郡县推行唯谨，则实惠岂不周流？然虑其间未能亡弊，或颁降有限，仅充官吏之橐，而弗及齐民；或胥吏要求，只给豪富之家，而弗及下户；或创局亡几，惠止城邑，而田里未免见遗；或争夺纷挐，难于禁止，而公私反致多事。……远近之人，赍持旧券，徬徨四顾，无所用之，弃掷燔烧，不复爱惜，岂不逆料它时之必至此乎"（《本集》二）。越二年，德秀又奏言："今日关国脉盛衰，系民生休戚，其惟楮币一事乎！……自楮币之更，州县奉行失当，于是估籍徙流，所在相踵，而重刑始用矣。科敷（按：科敷谓责每户缴纳若干于政府）抑配，远近骚然，而厚敛始及民矣。告讦公行，根连株逮，而苛政始肆出矣。假称提之说，逞朘削之私者，唾掌四起，而酷吏始得志矣。夫是数者，岂朝廷本指哉？方其弊坏既极，不得已而变通之；出御府之金，捐祠曹之牒，展期以收换，多方以优恤，惟恐其病民也。法行之初，虽有情重估籍之文，未几又为之令曰，当估籍者毋得专行，必闻于朝，以俟报可。忠厚谨审之意，寓于不言，又若是其至也。而臣观今之州县间，务为新奇，创立科调，乃多出于朝廷约束之外。故有一夫坐罪，而昆弟之财并遭没入者矣；有亏陌田钱，而百万之赀悉从没入者矣。谓之奉法可乎？至于科富室之钱，朝廷之令所无也；拘盐商之舟，朝廷之令所无也；以产税多寡为差，令民藏券，此又朝廷之令所无也。……臣闽人也。所谓家产满千钱藏券五十者，闽中之新令也。夫产满千钱，大约田几百亩，养生送死之费，县官征税之输，皆取具焉。非常之须，又不在是。安有余赀可市券而藏楮乎？况闽之为俗，土瘠人贫，号为甚富者视江浙不能百一。故此令既行，鬻田宅以收券者，虽大家不能免。岂便民之策耶？或者徒见楮价骤增，遂指以为新令之效。臣窃谓不然。乃者朝廷盖自有良画矣，曰福建上供，纯许用券。以一岁计之，为数几二百万。官之用券既多，则民之视券亦重。盖将不强之贵而自贵，不迫之藏而自藏矣。况民之输官者，钱楮各半；是朝廷缀见缗予州郡者亡虑百万。称提之助，沛然有余。尚何待它为科配乎？厥今四方之民病此极矣。"（《本集》二）"科敷"之弊，魏了翁在端平间曾拟补救之策，欲将"人户物力第为三等，而分为三限，以督其入。上者入初限，次者入中限，下者入末限。……盖欲借上户气势，则以振作楮币，或可望其指日增价，一也。虑将来只是下户纳足，上户断然不纳，今先及上户则余人无词，二也。今未见亩步苗头之数，只得衮同科敷，是致中下户亦与上户无别；今若令上等先纳，次及中等，俟纳及太半之后，万一楮币顿复，则下户或可略与蠲减，或又全免，三也。此三说皆以示恤小之意，而条目之颁，乃未及此。或者不过曰，上户先期输纳，则中下户必市贵楮。不知中下户皆有官(?)之家，非皆朝不谋夕，独不能豫为之待乎?"(《本集》二十)然朝贵不以其策为然，终未采用。

(3)理宗初年，言理财者已承认农商之赋税，已重至无可复加矣。(端平元年刘克庄奏言："前世或税于农，或榷于商，今税榷俱重不可复加。"见《本集》五一。)然宋季人民之负担除赋税外，尚有所谓"和买""和籴"者。二制皆源于北宋，其初由官先给民钱，而民输绢帛谓之"和买"，输粟谓之"和籴"。然和买在宋季竟成为不给直之强取，或令民输钱以代绢。和籴则在北宋已有"官虽量予钱布，而所得细微，民无所济，遇凶岁不蠲，最为弊法"之怨声；至宋季则"计产抛数非其(民所)乐，低估高量，几于豪夺"矣。(《刘克庄集》五一)

"和买""和籴"非一时一地偶尔之事，岁岁有之，且除权势之家外，户户有之。(《宋史·食货志》上一，淳祐七年谢方叔言："今日国用边饷皆仰和籴，然权势多田之家，和籴不容以加之。"以此例之，和买当亦不及巨室。)

宋季人民和买之负担，今可考得一例。"淳熙五年知江宁县事章骑偶因推排，平白将一厢(城南厢)三都分立和买两色，增科绵绢于民。房地僦赁则起所谓家业钱，店肆买卖则起所谓营运钱。有如房地钱日收一十文，足纽家业钱一贯六百二十三文七分，每及一贯文，即催和买绢五寸五分棉五分五厘，共折钱一百三十八文七分二厘。其店肆卖买，比之房地，尤无定准，皆是泛行约度。(足)纽营运钱每及一贯文，即催和买绢八寸绵八分，共折钱一百二十四文。"(《真德秀集》六)此为一较重之例，其轻亦不远也。

至和籴负担实数，文献无征。然宋季言财政而以纾民困为意者，其视和籴之废除，尤急于和买，则和籴负担之重，更甚于和买，可断言也。

救楮轻而免和籴为宋季财政上公认之一大问题。欲解决此问题，非政府新开一大财源不可。然于何开之？

端平元年(元兵破临安之前四十二年)刘克庄为此建二策：一，择岁入百数十万斛之巨室，令所居郡县，各按版籍，十籴其七；若旁郡、邻县之侨产，则全籴焉。籴十年止，十年之外，国用少纾，则给其直。二，追大吏乾没之赃。据克庄言："比年颛阃之臣，尹京之臣，总饷之臣，握兵之臣，拥麾持节之臣，未有不暴富者。"克庄谓："田当没入，止籴其粟，粟之外货宝如山自若也。货当没入，止追其赃，其不追者犹不胜用也。此于贵家大吏无甚损，而国与民皆可小苏，不亦简而易行乎？"(《本集》五一)然当时莫能行也。

景定(理宗)四年(元兵破淮〔临〕安之前十三年)贾似道为相，欲行富国强兵之策，使陈尧道(殿中侍御史)等合奏："廪兵，和籴，造楮之弊，乞依祖宗限田议，自两浙、江东、西官民户逾限之田，抽三分之一，买充公田，得一千万亩之田，则岁有六七百万斛之入，可以饷军，可以免籴，可以重楮，可以平物，而安富，一举而五利具矣。"诏从其言。既而朝士诋诽者汹然，理宗亦稍犹豫，谓"永免和籴，无如买逾限田为良法。然东作方兴，权俟秋成续议施行"。似道以去就争之，乃降旨，"买田永免和籴，自是良法美意，要当始于浙西，庶他路视为则也。所在利病各有不同，行移难于一律，可令三省照此施行"。于是似道举其浙西田万亩，献为公田。亲贵大吏，颇有继之者，异议渐息。(初行公田事，《宋史·食货志》上一记在景定四年，《宋季三朝政要》三记在三年，《齐东野语》

十七记在二年壬寅。按二年为辛酉，《野语》显误，兹从《宋史》。）初议收买者仅逾限之田，既而转为"派买"之说，除二百亩以下免行派买外，余悉各派买三分之一，其后虽百亩之家亦不免。立价以租一石者偿四十楮（一楮面值一贯），不及石者价随以减。（《宋史·贾似道传》言："浙西田亩有值千缗者，似道四千缗买之。"）买数少者则全支楮券，稍多则银券各半，又多则副以度牒，至多则加以登仕、将仕、校尉、承信、承节、安人、孺人告身。准直以登仕三千楮，将仕千楮，许赴漕试；校尉万楮，承信万五千，承节二万，理为进纳；安人四千，孺人二千。其施行之际，或一时迎合，止欲买数之多，凡租六斗七斗者皆作一石，及收租之际，元额有亏，则取足于田主；或内有硗瘠及租佃顽恶之处，又责换于田主。于是一时大小田主之怨声载道。会景定四年，彗星见，求直言。于是公卿、大夫、士庶指斥公田之论，喧腾朝野。似道力辨人言，请辞相位。御笔答云："言事易，任事难，自古然也。使公田之策不可行，则卿建议之始，朕已沮之矣。惟其上可以免朝廷造楮币之费，下可以免浙右和籴之扰，公私兼济，所以命卿决意举行之，今业已成矣。一岁之军饷皆仰给于此。若遽因人言而罢之，虽可快一时之异议，其各〔如〕国计何？如军饷何？卿既任事，亦当任怨。礼义不愆，何恤人言？卿宜安心任职，毋孤朕倚毗之意。"自此异议又沮。然以阻力之大，公田之推行，终宋之世只及于浙西，而和籴之免亦只限于浙西耳。（参《宋史·食货志》上一，《咸淳遗事》上，《齐东野语》十七《景定行公田》条，《钱唐遗事》五《推排公田》条）

景定五年，似道又行一富国之策，即清丈田土，以杜匿税，当时谓之推排，亦即所谓经界，南宋自朱熹以来理学家所称道不已者也。景定推排之法，始行于平江、绍兴及湖南路，遂命诸路漕帅皆施行焉。至度宗咸淳六年以郡县推排，虚加寡弱户田租，害民为甚，令各路监司询访，急除其弊。八年台臣言江西推排结局已久，旧设都官团长等虚名尚在，占吝常后，诏罢之。（《宋史》纪、志皆不载推排事，仅于《贾似道传》著一语，此据《续文献通考·田赋考》一，本书据序"参以诸说部杂篇议论，博取文集"，惟此未详所出。）景定推排实施之经过，史载甚略。今可得知者，此事所召地主之怨毒不亚于公田，或且过之，以其推行之地较广也。当时有传诵之讽刺诗曰：

> 三分天下二分亡，
> 犹把江山寸寸量。
> 纵使一丘添一亩，
> 也应不似旧封疆！

又有题《沁园春》于道间者，曰：

> 道过江南，泥墙粉壁，右具在前，
> 述某州某县某乡某里，住何人地，佃何人田。
> 气象萧条，生灵憔悴，经界从未必然。
> 惟何甚？为官为己，不把人怜。
>
> 思量，几许山川！况土地分张又百年！
> 正西蜀巉岩，云迷鸟道。两淮清野，日警狼烟。
> 宰相弄权，奸人罔上，谁念干戈未息肩？

掌大地，何须经界，"万取千焉"？

（右据《钱唐遗事》五《推排田亩》条，亦见《古杭杂记》。近人言土地制度有引此条为指公田之事者，大误。）

公田、推排之实施，使南宋政府与资产阶级发生利益冲突，而相乖离。南宋政府瓦解之速，此未始非其一要因。在民众未有组织之前，资产阶级之拥护，与一政府之存在，关系甚大。此乃无可如何之历史事实也。最后南宋政府不能不向资产阶级认错求援，然无益矣！少帝德祐元年春，贾似道既去国，北军已抵升、润，察院季可奏乞罢公田之籍，以收农心，谓："此事苛扰，民皆破家荡产，怨入骨髓；若尽还原主，免索原钱，而除其籍，庶使浙西之人，永绝公田之苦。"然而仅放欠租。季遂再奏，始有旨云："公田之创，非理宗之本意，稔祸召怨，最为民苦，截日住罢，其田尽给付原佃主，仰率租户义兵会合防拓。"其后勘会谓招兵非便，且其田当还业主，于种户初无相干。秋成在迩，饷军方急，合且收租一年，其还田指挥，侯〔俟〕秋成后集议施行。有旨将平江、嘉兴、安吉公田照指挥蠲放，却从朝廷照净催米数回籴，其钱一半给佃主，一半给种户，以溥实惠。业主竟无与矣。盖业主佃主之分，当时用事者亦不能晓也。然边事日急，是时仍收公租。还田之事，竟不及行。

要之，宋在季年欲自固不能不扩军，欲扩军不能不用财。然是时国中财富集于巨室。齐民盖藏既鲜，而税担已重。加敛于齐民，则齐民无以堪命；强征于巨室，而巨室离心。此南宋之所以不得不亡也。

原载《燕京学报》第 20 期，1936 年 12 月

宋初四川王小波、李顺之乱（一失败之均产运动）

一、引言

北宋初年四川有王小波（波或作博、或作皤）、李顺之乱，其事与南宋初年鼎澧间钟相、杨幺之乱遥相对偶，皆可助阶级斗争说张目者。之二乱事，《宋史》及《宋会要》皆有记载，惟其特质，即"均贫富"之理论与举动，二书皆绝不泄露；李焘《续资治通鉴长编》（其书讫于北宋）于前一乱事亦然。谓非有阶级意识崇焉，不可得也。幸私史所记，尚足补其缺。以此二事例之，有裨于阶级斗争说之史实，为正史所隐，而不幸野史无传，遂以湮没者，当复何限？

之二乱事中，前者尤为重要，以其在中国民众暴动史中，创一新旗帜，辟一新道路，而后者实踵其武。

钟相、杨幺之事迹，近人有已辑集者，然犹未备。（朱希祖氏撰《杨幺事迹考证》，所采除《宋史》，有《金陀粹编》《三朝北盟会编》《建炎以来系年要录》《中兴小纪》《挥尘三录》。此外可采以补正之者，以作者所知，有《宋会要·兵类》《皇宋中兴两朝圣政》十四、

《老学庵笔记》三，又《随园随笔》四。)至王小波、李顺之事迹，则世尚无道及者，今故表而出之。

二、乱事之起因及其真性质

《宋史·太宗本纪》载：

> （淳化四年二月），永康军青城县民王小波聚徒为寇，杀眉州彭山县令齐元振。

叛乱之因，《宋史》不言。惟《长编》云：

> 初右谏议大夫许骧知成都府，及还，言于上曰："蜀土久安，其民流窳易扰，顾谨择忠厚者为长吏，使镇抚之。"时东上阁门使吴元载实代骧为成都。元载颇尚苛察，民有犯法者，虽细罪不能容，又禁民游宴行乐；人用胥怨。王小波起为盗。

则纯以苛政为致此之因。苛政固不失为致此乱之一因，而是时蜀中统治者之残酷实有远出于吴元载所为之上者。是时镇蜀者为益王元杰，据《长编》三五：

> 王尝作假山，所费甚广。既成，召僚属置酒共观之，众皆褒叹其美，（姚）坦（时为益王府翊善）独俛首不视。王强使视之，坦曰，"但见血山，安得假山？"王惊问其故。对曰，"坦

在田舍时，见州县督税，上下相急以剥民。里胥临门，捕人父子兄弟，送县鞭笞，血流满身，愁苦不聊生。此假山皆民租赋所出，非血山而何？"

其后王小波等乱起，太宗遂徙封益王为吴王。然小波等作乱之主因，有在普通苛政之外者。北宋人王辟之（据《直斋书录解题》，辟之为仁宗治平四年进士）于《渑水燕谈录》八载：

朝廷初平孟氏，帑藏尽归京师，其后言利者争述功利，置博易务，禁私市，商贾不行，蜀民不足，故小波激怒其人曰："吾疾贫富不均，今为汝均之！"贫者附之益众。向使无加赋之苦，得循良抚绥之，安有此乱？

与此相符而更赡详之记载则见于南宋末人陈均之《皇朝编年备要》四。（日本静嘉堂文库影宋刊本。四库本作《宋九朝编年备要》。作此文时未得见日人影本，偶书贾持此书旧抄残本来清华图书馆求售，因得引用之。）盖二者同出一源，而《燕谈录》但凭记忆，《备要》则直录旧文。故后者虽较晚出，而史料价值不减也。《备要》云：

蜀地饶富，孟氏割据，府库益以充溢。及王师平蜀，孟氏所储悉归内府。而言事者竞起功利，成都常赋外，更置博买务。诸郡课民织作，禁商旅不得私市布帛，司计之吏，析及秋毫。蜀地狭民稠，耕作不足以给，益以贫困。兼并者复籴贱贩贵，以夺其利。青城县民王小波聚众起而为乱，谓众曰："我疾贫富不均，今为汝均之。"贫民多来附。遂攻掠邛、蜀、诗县，袭杀县令齐元振，剖其腹，实以钱。盖恶其诛求之无厌也。贼党由是愈炽。

《燕谈录》谓"禁私市，商贾不行"，《备要》谓"禁商旅不得私市布帛"；二者差异甚大，当以《备要》为是。《燕谈录》容有夺字。由前之说，似四川一切民营商业悉被禁止，此在当时社会状况下，殊难想像。由后之说，则政府所垄断者仅四川布帛之贸易耳。

四川在当时为全国织造工业最发达之地，有二事可证。一者，据《备要》二，蜀民所输两税，皆以匹帛折充。二者，据《长编》八，宋平蜀，得锦工数百人，因于京师置绫锦院以处之。五季以来，四川财富之一大来源，殆为织造品之输出。此业为政府所垄断，而其赢利又归中央，蜀地繁荣所受之影响，可以想见。且也，孟蜀时代，聚敛之积极富，然取之于蜀者仍用之于蜀，自宋平蜀，悉举以归于内府。尔后蜀地赋税，既有增加（据上引《燕谈录》），又复外流，此又当地繁荣之一大打击也。繁荣既减，失业必增。而自布帛私市禁止后，此主要家庭工业品之唯一交易对手即为政府。胥吏为奸，抑价增度，在所不免。更加以统治者之残酷，"兼并者"之"籴贱贩贵"，贫民者之痛苦遂超越其忍耐之限度矣。此王小波之乱所由起也。

小波幕后之主要人物为李顺。沈括在《梦溪笔谈》二五记云：

（前广州巡检使陈）文琏家有李顺案款本末甚详。（上云，

"文琏康定中归老泉州，予尚识之"。)顺本味江王小博之妻弟。始王小博反于蜀中，不能抚其徒，众乃共推顺为主。顺初起悉召乡里富人大姓，令具其家所有财粟，据其生齿足用之外，一切调发，大赈贫乏。录用材能，存抚良善，号令严明，所至一无所犯。时两蜀大饥，旬日之间，归之者数万人。(据《备要》四，小波初起时众才数百人。)所向州县开门延纳。传檄所至，无复完垒。

则小波等"均贫富"之说固非徒用作欺骗民众之口号已也。
又陆游在《老学庵笔记》九记云：

> 蜀父老言：王小皤之乱，自言，"我土锅村民也。岂能霸一方？有李顺者，孟大王之遗孤。初蜀亡，有晨兴过摩诃池上者，见锦箱、锦衾覆一褓褓婴儿。有片纸在其中，书曰：'国中义士为我养之。'人知其出于宫中，因收养焉，顺是也。"故蜀人惑而从之，未几小皤战死，众推顺为主，下令复姓孟。

谓李顺为孟氏之裔，不知是否借以号召孟蜀遗民之托词。李顺之被推为主，据陆游，乃在小波战死之后(《宋史·太宗本纪》同)；据沈括，则似小波未死时已然。意者，小波为首难之人，而隐以主位期李顺，军中亦以此待之；顺则不欲遽居小波上，故至小波死后始复故姓，正尊号。审如是，则谓小波或顺为主均无不可。

合观上文所引用之原料，则小波等之所为有可注意者三事：一者，诛杀贪官污吏。二者，借收资产阶级腹榨之所积，而不绝其生路，此真所谓仁至义尽者也。三者，以借收所得，大赈贫穷，沈存中毕竟是科学家，于彼等之"录用材能，存抚良善，号令严明，所至一无所犯"，不惮直书。在官书观之，彼等则为杀人放火之盗匪矣。从官报中寻官敌之真相，自来等于缘木求鱼，读史者不可不察也。

三、乱事之发展

小波以淳化四年二月起事于眉州。据《宋史·太宗本纪》及《备要》四，是年十二月，小波战西川都巡检使张玘，于江源县杀之，小波亦中流矢死。

自此以至李顺失败之前，其间蜀变之经过，但有官史（《长编》为进呈之书，亦可算官史）可凭；而《宋会要》（《辑稿》第一七七册兵一一）、《宋史》（《太宗本纪》及宦者《王继恩传》）、《长编》（三五、三六）及《备要》（四五）所载互有详略，兹参合之如下。（此节非欲专究本题者可略去不观。）

淳化四年十二月。李顺破蜀、邛等州。

五年正月李顺引众攻成都，烧西郭门，不利，去攻汉州（《宋史》作濮州，兹从《长编》及《备要》）、彭州，两日间连破之；继复攻成都，破之。先是，东上阁门使郭载受命代吴元载知成都，行至梓州，有目者潜告载曰："成都必陷，公往亦当受祸，少留数日则可免。"载怒曰："天子诏吾领方面。阽危之际，岂敢迁延？"遂行。成都破，载与运使樊知古斩关而出，帅余众奔梓州。李顺占领成都，自号大蜀王，改元曰应运，遣兵四出略地。（成都之陷《备要》

系于二月，兹从《宋史》及《长编》。）北抵剑关，南距巫峡，郡邑皆所被及。

初，蜀变之起，朝议欲遣大臣慰抚。给事中参知政事赵昌言独请发兵捕斩，无使滋蔓。议久不决。及李顺连陷邛、蜀等州，乃命昭宣使河州团练使王继恩（宦者）为西川招安使，率兵讨之，军事委继恩制置，不从中覆；诸州系囚非十恶真赃悉得以便宜决遣。于是二月朔，帝闻成都陷，召宰相谓曰："岂料贼势猖炽如此！万方有罪，罪在朕躬。忍令陇蜀之民，陷于涂炭？去年以来，连雨数月，此亦兵气之应。朕当部分军马，且夕讨平之。"遂命少府少监雷有终，监察御史裴庄，并为峡路随军转运使；工部郎中刘锡，职方员外郎周渭为陕府西至四川随军转运使。马步军都军头勤州刺史王果帅兵趋剑门，崇仪使带御器械尹元帅兵由峡路（《长编》作陕路，兹从《宋史·王继恩传》。峡路，巫峡一带也。）以进，并受昭宣使王继恩节度。是月李顺分遣数千众北攻剑门。剑门疲兵才数百。都监西京作坊副使开封上官正奋励士卒出御之。会成都监军供奉官宿翰领麾下投剑门，适与正兵合，遂迎击大蜀众，大破之，斩馘几尽。余三百人奔还成都，顺怒其惊众，悉命斩于城东门外。初朝廷深以栈路为忧，正等力战破敌，自是阁道无壅，官军得长驱而入。奏至，太宗喜，以正为六宅使剑州刺史充剑门兵马部署，翰为崇仪使昭州刺史。旋诏除剑南、东西川、峡路诸州主吏民卒淳化五年以前逋负。

三月。诏："近者凶民啸聚，蜀郡惊骚，聊举偏师，往伸薄伐，已闻虎旅，将覆枭巢。既显戮于鲸鲵，虑俱焚于玉石。宜令招安使王继恩候前军所下处，其贼党敢抗王师，即须杀戮。其有本非同

恶，受制凶徒，先被胁从，今能归顺者，并释其罪，倍与安存。庶
以明好生恶杀之心，亦以举惩恶劝善之典。凡尔庶民，深体至怀。"
（此事《王继恩传》记在二月，兹从《会要》及《长编》。）

四月。王继恩帅师由小剑门路入研口寨（奏报斩首五百级），逐
北过青强岭，遂平剑州。继入绵州境，大蜀军溃，被杀戮及溺水死者
不可胜计；绵州为官军所克。（《宋史》记复剑州在复绵州后，兹从
《长编》。）继恩别遣内殿崇班曹习分兵自葭萌趋老溪。大蜀军在老溪
者万余，依险为寨，习击破之，斩戮及拥入水溺死者甚众。（奏报斩
首三千级），遂克阆州。（《长编》引《张泊集·赐王继恩诏》载曹习状
称："四月十三日，领军发葭萌到青山镇，其镇已为贼烧焚。至十二
日到老溪，贼依阻江山，分为二寨，约万余人，习击破之。十三日收
阆州。"）又遣巡检使胡正违率兵克巴州，破大蜀兵五千人。

是月少府少监雷有终破大蜀兵于广安军。初有终由峡路入蜀，
调发兵食，规画戎事，皆有节制。师行至峡中，遇敌格斗，将士渴
乏，会天雨，军人以兜鍪承水饮之。且行且战，进至广安军。军垒
濒江，三面树栅。会夜阴晦，众敌奄至，鼓噪举火，士伍恐惧，有
终安坐栉发，气貌自若。敌既合围，有终引奇兵出其后击之，敌众
惊扰，赴水火死者无算。

五月。官军解梓州围。初知梓州张雍闻李顺乱西川，即谋为守
城计。训练城中兵，得三千余，又募强勇千余，令官属分主之。辇
绵州金帛以实帑藏。销铜铁为箭镝，伐木为竿，纫布为索，守械悉
备。遣观察官盛梁请兵推于朝。既而都巡检内殿崇班卢斌以十州之
众援成都，弗克而还。雍即委以监护之任。子城先为江水所毁，斌
复劝谕州民，自城西大壕中掘堑深丈，决西河水注之以环城。李顺

寻遣其党相贵帅众二十万来攻。雍与斌登堞望之，大蜀所出兵皆老弱疲惫无铠甲。斌笑请开北门击之。雍曰："不可。贼或诈见羸形，设伏伺我。且城中吏民心未定，脱为贼所乘，则内外堕其奸计矣。"言未毕，果有卒依敌楼，呼啸与敌相应，亟斩以徇。斌遂突出应战，刺三十余合，敌少却。继复大设梯冲火车，夜鼓噪攻城。城中大恐，雍命发机石碎之，火箭杂下。敌稍却，复治攻具于城西北隅。雍绐曰："军士趣治装，吾将开东门击贼。"阳遣步骑五百临东门，敌升牛头山瞰城中见之，谓雍必出。乃设伏于山东之隅，众万余以待之。雍即召死士百余辈缒而下，焚其攻具，自午达申殆尽，敌以为神。敌数乘城进战，皆不利。一日北风昼晦，敌乘风纵火，急攻北门。雍与斌等据门，立矢石间固守不动，敌不能进。有节度推官陈世卿者素善射，当城一面，亲中数百人。敌浸盛，同幕者皆谋图全之计。世卿正色谓曰："食君禄，当先报国。奈何欲避难为他图耶？"亟白雍曰："此辈皆怯懦，存之适足惑众，不若遣出求援。"雍从其言。围城凡八十余日，会王继恩遣内殿崇班石知颙分数千兵来救，敌始溃去。斌出兵追击之，降者二万余；又破敌数万众，解阆州围，斩三千人，平蓬州。

是月官军复成都。

四、李顺之结局

成都之复，《长编》三六记云：

> 王继恩至成都，引师攻其城，即拔之，破贼十万余，斩首

三万，擒贼帅李顺及伪枢密使计词吴文赏等，并(获)铠甲僭伪服用甚众。顺方欲尽索城中民，黥其面以隶军籍，前一日城破，民皆获免。

《宋史》及《备要》所记视此为略，亦皆言成都陷，李顺被擒。然《梦溪笔谈》二五载：

> 蜀中剧贼李顺陷剑南、两川，关右震动，朝廷以为忧。后王师破贼，枭李顺，收复两川，书功行赏，了无间言。至景祐中，有人告李顺尚在广州。巡检使臣陈文琏捕得之，乃真李顺也，年已七十余。推验明白，囚赴阙，覆按皆实。朝廷以平蜀将士功赏已行，不欲暴其事。但斩顺，赏文琏二官，仍阁门祗候。……(顺有惠于民)及败，人尚怀之，故顺得脱去十余年始就戮。

又《老学庵笔记》九载：

> 王师簿(成都)城，城且破矣。顺忽饭城中僧数千人以祈福，又度其童子亦数千人，皆就府治削发僧衣。晡后分东西门两门出，出尽，顺亦不知所在。盖自髡而遁矣。明日，王师入城，捕得一髯士，状颇类顺，遂诛之，而实非也。有带御器械张舜卿者，因奏事密言："臣闻顺已逸去，所献首非也。"太宗以为害诸将之功，叱出，将斩之。已而贷之，亦坐免官。(按：王明清《挥尘后录》五引《太宗实录》云，"淳化五年五月，李顺

之平，带御器械张舜卿奏事言：臣闻顺已遁去，诸将所获非也。太宗云：平贼才数日，汝何从知之？徒欲害人功尔。上怒叱出将斩之。徐曰：前代帝王暴怒杀人，正为此辈。然其父戍边以死，遂贯之，但罢近职。舜卿父训为定远将军节度使，卒于镇，故上念之"。今存《太宗实录》残本惜恰缺淳化至道部分。此条承戴振辉君指出，合志谢。）及真宗天禧初，顺竟获于岭南。初欲诛之于市，且令百官贺。吕文靖为知杂御史，以为不可，但即狱中杀之。人始知舜卿所奏非妄也。

据此二证，则李顺不死于成都之陷，而死于三十余年后，确无可疑。《长编》等书所记皆但凭最初之官报，而未尝参考日后之翻案者也。真李顺之获，沈括谓在仁宗景祐（一〇三四——一〇三七）中，陆游谓在真宗天禧（一〇一七——一〇二〇〔一〕）中，吾人自当采用前说。盖沈亲识案中主要人物，而陆则但凭二百余年后父老之传说耳。
《老学庵笔记》九尚记李顺遗闻二事，录之以备掌故：

　　蜀人又谓：顺逃至荆、渚，入一僧寺，有僧熟视曰："汝有异相，当为百日偏霸之主。何自在此？汝宜急去。今年不死，尚有数十年寿。"亦可怪也。又云："方顺之作，有术士拆顺名曰：是一百八日有西川耳，安能久也？"如期而败。

五、大蜀之末路

李顺虽于淳化五年五月败逃，其余党至翌年（至道元年）底始去蜀窜伏黔水，以后遂无消息。[《宋史》三〇一《寇瑊传》："李顺余党复起为盗（瑊时为蓬州军事推官），设方略擒送京师。"此事不知在至道元年底以前，抑后。]此一年半内大蜀之见存史料，除《宋会要》《宋史》《长编》及《备要》外，又有韩琦之《张咏神道碑铭》（见《安阳集》五十），皆此节所据。（此节非欲专究本题者可略去不观。）

王继恩之克剑州也，西京作坊使马知节实为先锋。知节将家子，每以方略自任，继恩挟势骄倨，恶知节不附己，群小从而间之。继恩既破成都，遣知节守彭州，配以羸兵三百，彭之旧卒，召还成都。知节屡乞师，继恩弗听。大蜀复十万众攻彭州城，知节率兵力战。自寅至申，众寡不敌，士多死者。逮暮，退守州廨，叹曰："死贼手非壮夫也！"即横槊溃围而出，休于郊外。黎明，救兵至，遂鼓噪以入，蜀众败去。此五月事也。

同月，峡路大巡检继赟大败李顺余众于夔州。初尹元等入峡路，首破敌三千余众于新宁，遂深入梁山、广安、渠果之间，捕斩收集，久未得进。王继恩虽径拔成都，而郭门十里外犹为李顺余党所据，其帅张余以官军孤绝无援，复啸聚万余众攻陷嘉、戎、泸、渝、涪、忠、万、开八州。大蜀兵至开州，监军秦传序督士卒昼夜拒战，婴城既久，危蹙日甚，长吏皆奔窜投敌。传序谓士卒曰："吾为监军。尽死节以守城，吾职也。安可苟免？"城中乏食，传序尽出囊橐服玩市酒肉，犒士卒而慰勉之。众皆泣力战。既而敌势日盛，传序度力屈终不能拒，乃为蜡丸帛书遣人间道上言："臣尽死力战，誓不降贼矣！"城既坏，传序投火死。大蜀乘胜攻夔州，列阵西津口，矢石如雨。先是太宗复遣如京使白继赟为峡路都大巡检，统精卒数千人晨夜兼行，助讨李顺余众。继赟入夔州，出敌不意，与巡检使解守颙腹背夹击之，敌众大败，斩首二万余级。流骸塞川而下，水为之赤。夺得舟千余艘，铠甲数万计。

是月磔李顺党八人于凤翔市。

六月。诏赦李顺胁从诖误。大蜀攻施州，指挥使黄希逊击走之。陕（峡？）路行营破蜀兵于广安军，又破张罕二万众于嘉陵江口，又破蜀兵于合州西方溪，俘斩甚众。蜀五万众来攻陵州城。州兵才百四十六人，旧无城堑。知州张旦修完战具，设鹿角，招集民丁拒战，大破之，斩首五十余级。

七月。蜀兵复攻眉州，知州李简等紧守，逾月，蜀兵引去。

八月。剑南招安使昭宣使王继恩擢宣政使，顺州防御使。

先是继恩有平李顺功，中书建议欲以为宣徽使。太宗曰："朕读前代史书多矣，不欲令宦官干预政事。宣徽使，执政之渐也。止可授以它官。"宰相恳言，继恩大功，非此不足以赏。上怒，深责宰相等，因命翰林学士张洎、钱若水议别立宣政使名，序立在昭宣使上以授之。诏释剑南、峡路诸州亡命。王继恩握重兵久留成都，专以宴饮为务。每出入，前后奏音乐，又令骑兵持博局基枰自随。威振郡县，仆使辈则事恣横，纵所部剽掠子女、金帛，坐而玩敌。转饷稍不急给，军士亦无斗志。李顺余众并伏山谷间，郡县有复陷者。太宗屡遣使督战，继恩意颇厌兵。会参知政事赵昌言摄祭太庙，斋宿中书，因召对滋福殿。上谓之曰："西川本自一国，太祖平之，迄今三十年矣。"昌言揣知上意，遂言国家士马精强，所向无不克。顾此草窃，不足仰烦宸虑，即于上前指画攻取之策，上甚喜。旋命昌言为川、峡两路都部署，自继恩以下并受节度。昌言恳辞，上不许，厚赐遣行。别赐手札数幅，亲授方略焉。峡路行营破蜀帅张余，复云安军。

九月。知益州（前已降成都府为益州）张咏奉命赴部（受任在半载前），太宗面谕之曰，"西川乱后，民不聊生。卿往当以便宜从事"。有峨眉山僧茂贞者，以术得幸于太宗，往尝语太宗曰："赵昌言鼻折山根，此反相也，不宜委以蜀事。"于是昌言行既旬余，或又奏言昌言素负重名，又无嗣息，今握兵入蜀，恐后难制。上亟幸北苑，召宰相谓曰："昨遣昌言入蜀，朕徐思之，有所未便。盖蜀贼小丑，昌言大臣，不可轻动。宜令有驻凤翔，为诸军声援，但遣内侍押班卫绍钦赍手诏往指挥军事，亦可济矣。"昌言已至凤州，诏追及之，因留候馆。（张咏赴部，及卫绍钦代赵昌言，《宋史本纪》并系八月，今从《长编》。）太宗以蜀变渐平，下诏罪己。初命翰林学士钱若水草诏，既成进御，帝笑谓若水曰："朕为卿润色可乎？"若水顿首谢。因命笔亲窜数字；皆深切引咎者。诏辞略曰："朕委任不当，烛理不明，致彼亲民之官不以惠和为政，筦榷之吏唯用刻削为功，挠我蒸民，起为狂寇。"又曰："念兹失德，是务责躬。改为更张，永鉴前弊。而今而后，庶或警余？"陕西课民运粮以给蜀师，相属于路。是月，张咏至益州，亟问城中所屯兵数，凡三万人，而无半月之食。咏访知民间旧苦盐贵，而私廪尚有余积，乃下盐价，听民得以米易盐。民争趋之。未逾月得米数十万斛。军士欢言：前所给米皆杂糠，士不可食，今一一精好，此翁真善干国事者。咏闻而喜曰："吾今可行矣。"时益州虽复，诸郡余敌尚充斥。继恩恃功骄恣，不复出兵，日以娱燕为事；军不戢，往往剽夺民财。诸军支刍粟饲马，咏但给以钱。继恩怒曰："国家征马，岂食钱耶？"咏曰：

"城中草场，贼既焚荡，刍粟当取之民间。公今闭门高会，刍粟何从而出？若开门击贼，何虑马不食粟乎？咏已具奏矣。"继恩乃不敢言。会卫绍钦亦以诏书来督捕李顺余党，继恩始令兵四出。绍钦破敌于学射山，攻拔双流等寨，招降数万众。别将西河杨琼趋邛、蜀，荡清敌根据地，遂克蜀州。曹习等又破敌于安国镇，杀其帅马太保，斩获甚众。咏以顺党本皆良民，当示以恩信，许其自新。即揭榜谕之。已而首者相踵，咏皆释之使归田里。一日继恩械送三十余人请咏治之，咏询之，悉皆前以自首者，复纵之。继恩怒，咏曰："前日李顺胁民为贼，今日咏与公化贼为民，何有不可哉？"继恩有帐下卒，颇恃势掠民财，或诉于咏，卒缒城夜遁，咏遣吏追之，且不欲与继恩失欢，密戒吏曰："得即缚置井中，勿以来也。"吏如其戒，继恩不恨，而其党亦自敛戢云。继恩即分兵四出。咏计军食可支二岁，乃奏罢陕西运粮。太宗喜曰："向者益州日以乏粮为请。咏至未久，遂有二岁之备。此人何事不能了，朕无虑矣！"

十月。宋叛将西川行营指挥使张嶙为部下所杀，其众自拔归。初，王文寿者，隶继恩麾下，继恩遣领虎翼卒二千，分遂州路追讨，文寿御下严急，士卒皆怨。一夕卧帐中，指挥使张嶙排闼入，斩文寿首以出。会夜昏黑，嶙犹疑其非，然炬照之，曰："是也！"时大蜀帅张余有众万余，在嘉州，嶙即以所部与之合。大蜀势其盛。继恩奏至，太宗欲尽诛军人妻子。近臣或请勿杀，悉索营中书，遣帅招抚，谕以释罪，亲属偕全，必自引来归，因可破贼。上然之。（此据《宋会要》兵一一及《宋史·王继恩传》。《备要》四却云："奏至，有司请戮其孥，上曰：'此不须杀。'乃命悉索营中书……"）令巡检程道符谕旨。亡卒斩嶙，函首送继恩，皆自拔来归。因使为乡导，击蜀余众。杨琼等复邛州。

十一月。蜀兵攻眉州，为崇仪使宿翰所败，蜀中书令吴蕴死之。

十二月。宿翰等引兵趋嘉州，蜀知州王文操以城降。王继恩御军无政，其下恃功暴横。张咏恐军还日或有意外之变，乃密奏请遣心腹近臣，可以弹压主帅者，亟来分屯师旅。乃命枢密直学士张鉴，西京作坊副使冯守规偕往，召对后苑门，面授方略。鉴曰："益部新复，卒乘不和，若闻使者骤至，易其戎伍，虑彼猜惧，变生不测。请假臣安抚之名。"帝称善。鉴至成都，继恩犹偃蹇，不意朝廷闻其纵肆。鉴之行，上付以空名宣头及廷臣数人。鉴与咏即遣部戍兵出境。继恩麾下使臣亦多遣东还。督继恩等杀捕残敌，而鉴等招辑反侧，蜀乱渐平。

至道元年二月。嘉州函张余首送西川行营。于是大蜀渠帅胥死尽，然其余党犹有伏匿山谷间者。（《宋史本纪》谓是时"余党悉平"，未确。）

五月。西川行营缚送蜀将勾重荣等五人至，召见于崇政殿。太宗谓近臣曰："此本皆平民，官吏失于抚御，遂相诱起为盗寇耳。及用兵讨伐，将帅又恣行杀戮，此辈惧死，故亡命山泽。及朕遣中使赍诏招诱，以诚信待之，皆投戈请命，亦可哀也。"以重荣为供奉官，余四人为殿直。

十月。以峰州团练使上官正，右谏议大夫雷有终，并为西川招安使。召王继恩归阙。正等招降余敌，剑南以宁。

寻遣使采访川、峡诸州守贰能否，七人以称职闻，赐诏奖之。遂州通判查道与焉。道徙知果州。时大蜀余党尚有伏宕穴，依险为栅者，诏书招谕未下，或请发兵殄之。道曰："彼愚人也，殆惧罪欲延数刻命尔。"即微服直趋其寨，谕以诏意。或识之曰："郡守也，尝闻其仁。是宁害我者？"乃相率舍兵降。道悉给券，纵令归农。（此事不定在何月，《备要》系于召继恩归阙后，兹从之。）

十二月。太宗以年丰乱息，顾谓宰相曰："国家自近岁以来，钟兹艰运，水旱作沴，连年不顺。河西（李继迁）、蜀川，相继叛乱。飞刍挽粟，千里骚然，而又京邑之中，霖雨弥月，百物涌贵，道殣相望。于兹时也，百姓嗷嗷然。朕为其父母，居亿兆之上，位尊责重，莫遑宁处。每日与卿等相见，虽不形于颜色，然而中心忧念，无须臾之安。由是内修政纪，救万民之愁疾，外勤戎略，定三边之狂孽。以至有司常职，米盐细事，朕亦不惮劳苦，并躬亲裁断，遂致上天悔祸，否极斯泰。巴蜀余妖，窜伏黔水；继迁（案：先是银夏有李继迁之乱）丑类，穷蹙沙漠。而又普天下九谷咸登，塞北江南红粟流衍。朕岂望才经灾歉之后，便睹兹开泰？深自庆慰也。"宰相吕端等相率称贺。

六、张咏《悼蜀诗》、苏辙《蜀论》
及唐士耻《拟平李顺露布》

右文写成后，又检得有关之文献三件：一为张咏之《悼蜀诗》并序（见《乖崖集》二），一为苏辙之《蜀论》（见《栾城应诏集》五），一为唐士耻之《拟两川招安使平李顺露布》（见《灊岩集》二）。

张咏即上节所记当乱事末期知益州者也。《悼蜀诗》，据自序乃作于咏赴成都约一年后（序有"间一岁而民弗克安"语，咏初赴蜀在淳化五年九月，以此推之，诗作于至道元年左右）。当乱事未息之时，居乱事所在之地，为乱事而咏叹，亲切之见证无过于此者矣。乖崖诗赋本为北宋一大家，此作瑰丽精严，可为淳化蜀乱史生色，即置其史料价值不论，亦乌可不录？

悼蜀四十韵并序

至道纪号元祀春三月，为审官院考绩引对。天子曰："天厌西蜀，岁荐饥馑，任失其人，枉政偷剥，民与怨嗟，构孽肆暴，授命虎旅，殄灭凶逆。矧彼黔首，不聊其生。官人安民，朕意罔息。宽则育奸，猛则残俗；得夫济者，实难其人。尔惟方直，历政有绩，邛、棘幽僻，往理其俗。克畏克爱，汝其钦哉。"祗奉厥命，乘辂西征，夏四月二十有八日供厥职。噫！谋术庸陋，罔敢怠忽。豪猾抑之，赋敛乃息。存恤穷困，招抚流亡，杜厥剥削，宣扬皇风。间一岁而民弗克安，非郡县之罪，偏将之罪也。有听者孰不知民心上畏王师之剽掠，下畏草孽之强暴乎？良家困弊，渐复从贼，庶赊其死，深可怂也。天子远九重，孤贱者惮权豪而不敢言。呜呼！虽采诗之官阙之久矣，然歌咏讽刺，道不可寂然。某敢作悼蜀古风诗四十韵，书于视政之厅，有识君子，幸勿以狂瞽为罪！

蜀国富且庶，风俗矜浮薄。奢僭极珠贝，狂佚务娱乐。虹桥吐飞泉，烟柳闭朱阁。烛影逐星沈〔沉〕，歌声和月落。斗鸡破百万，呼卢纵大噱。游女白玉珰，骄马黄金络。酒肆夜不扃，花市春恨怍。禾稼暮云连，绕绣淑气错。（以上第一段叙乱前之繁华。）熙熙三十年，光阴倏如昨。天道本害盈，侈极祸必作。

当时布政者，罔思救民瘼。不能宣淳化，移风复俭约。情性非
方直，多为声色著。从欲窃虚誉，随性纵贪攫。蚕食生灵肌，
作威恣暴虐。佞罔天子听，所利唯剥削。（以上第二段叙苛政。）
一方忿恨兴，千里攘臂跃。火气烘寒空，雪彩挥莲锷，无人能
却敌，何暇施击柝？害物黩货辈，皆为白刃烁。瓦砾积台榭，
荆棘迷城郭。里第销苔芜，庭轩喧燕雀。斗粟金帛市，束刍罗
绮博。悲夫骄奢民，不能饱葵藿。（以上第三段叙乱况。）朝廷命
元戎，帅师荡凶恶。虎旅一以至，臭巢一何弱。燎毛焰晶荧，
破竹锋熠爚。兵骄不可戢，杀人如戏谑，悼耄皆丽诛，玉石何
所度。未能翦强暴，争先谋剽掠。良民生计空，赊死心陨获。
四野搆豺狼，五亩孰耕凿。出师不以律，余孽何由却？（以上第
四段叙官军。）鄙夫炽蜂虿，寡术能笼络。边陲未肃清，胡颜食
天爵？世方尚奔竞，谁复振謇谔？黄屋远万里，九重高寥廓，
时称多英雄，才岂无卫霍？近闻命良臣，拭目观奇略。

读此诗并序有可注意者五事：

（1）序云："天厌西蜀，岁荐饥馑。……"似四川灾荒为此次乱
事之一因。检《宋史》《长编》及《备要》，在此次乱事期间及其稍前，
四川均无灾荒之记录。惟韩琦于《张咏神道碑铭》云："（淳化）四年
冬，东西两川旱，民饥，吏失救恤，寇大起。（第一节所引《笔谈》
亦记此事，惟不详其时）。五年正月，贼首李顺陷成都府。"按王小
波起事于四年二月，则两川旱灾乃此次乱事之一助长因而非其一造
始因也。

（2）官军抢劫之事，韩《碑》中言之，《长编》采韩《碑》（据本书

三六原注）而削去此事，《宋史》等更无论矣。今序云"民心上畏王师之剽掠"，诗云"未能翦强暴，争先谋剽掠"，可为韩《碑》铁证。以此数语与沈存中所记"贼"方"号令严明，所至一无所犯"诸言相比对，不知果孰为贼也。"王师之剽掠"，此何等语！乖崖虽官，的非禄蠹。

（3）首八韵写尽乱前四川上层社会之豪华，惜未以下层状况与之对照。然姚坦"但见血山，安得假山"之语已为补足。

（4）《诗》云："害物黩货辈，皆为白刃烁。"可见贪官酷吏服上刑者，决不止腹实青钱之齐元振。

（5）"瓦砾积台榭，荆棘迷城郭。里第锁苔芜，庭轩喧燕雀。……兵骄不可戢，杀人如戏谑。悼耄皆丽诛，玉石何所度？"四韵刻画出一幅四川浩劫图。

《长编》三六自注云，"咏知益州在（淳化五年）九月，不得其日，据《耆旧后传》，咏先到，卫绍钦继至。……《张咏集》乃云至道元年春正月（今所见莫氏仿宋本作三月）受命，夏四月二十八日供职。《茅亭客话》亦载咏诗年月，与诸书不同，盖误。咏自作诗，纪年月亦应不误，恐传写错谬耳。至道元年正月，则咏已在成都矣。"按诗序所云三月（或正月）奉命，四月供职，按其上下文语气，不似述职而复返。李焘所疑是也。

淳化蜀乱之社会心理的背景，苏辙于《蜀论》中畅发之，文曰：

> 蜀人畏吏奉法，俯首听命，而其匹夫小人，意有所不适，辄起而从乱，此其故何也？观其平居无事，盗入其室，惧伤而不敢校，此非有好乱难制之气也。然其弊常至于大乱而不可

救，则亦优柔不决之俗有以启之耳。今夫秦晋之民，偈傥而无所顾，负力而傲其吏，吏有不善，而不能以有容也。叫号纷哎，奔走告诉，以争毫厘曲直之际。而其甚者至有怀刃贼其长吏，以极其忿怒之节，如是而已矣。故夫秦晋之俗，有一朝不测之怒，而无终身戚戚不报之怨也。若夫蜀人，辱之而不能竞，犯之而不能报，循循而无言，忍诟而不骤发也。至于其心有所不可复忍，然后聚而为群盗，散而为大乱，以发其愤懑不泄之气。虽有秦晋之勇，而其为乱也志近而祸浅；蜀人之怯，而其为变也怨深而祸大。此其勇怯之势必至于此，而无足怪也。是以天下之民，惟无怨于其心，怨而得偿以快其怒，则其为毒也。犹可以少解；惟其郁郁而无所泄，则其为志也远而其毒深，故必有大乱以发其怒而后息。古者君子之治天下，强者有所不惮，而弱者有所不侮，盖为是也。

此论不专为王小波、李顺之事而发。盖王、李之乱平后五年，蜀又有王均之乱。小苏乃总括宋初之蜀乱而为言也。《渑水燕谈录》于记王、李之乱前，有一段话可为小苏之论注脚，文云：

蜀虽阻剑州之险，而郡县无城池之固。（案〔按〕：此语甚可注意，说明小波等易起易灭之故。魏了翁《鹤山集》十五云"盗发两川惟陵、梓、眉、遂有城可守"，乃指王小波事，可为旁证。）民性懦弱，尚文学，而世以为蜀人好乱，殊不知公孙述及刘辟、王建、孟知祥辈率非士人，皆以奸雄乘中国多事盗据一方耳。

王辟之与小苏，皆注意蜀地民性之懦弱易欺，亦皆注意宋初蜀人叛乱之叠起。然小苏乃独察及此二事表面上之矛盾性而试为之解释。此事辟之远不及小苏处。小苏之解释，今之社会心理学尚无以过之。宋人策论中每有甚佳之史料与甚精之义理，未可一概以空文矫说目者也。

唐士耻之《拟两川招安使平李顺露布》，代表乱后百余年学士大夫之反响。读此，而受縻之文人学者在今日社会中之任务，亦庶几髣髴焉。吾人于揭穿真相之后，读此矞皇典丽，声高气壮之文，乃如观讽刺画也。文曰：

> 尚书兵部臣继恩等言坤维（按：宋人以四川属坤维，指罗盘上之方向言）盗弄，何劳虮虱之诛？师律中行，即遂创痍之复。讫奠蚕鱼之国，既安参、井之疆。用宽西顾之忧，丞上北门之捷。国家鼎来帝运，离照鬼区；大一统以同文，奄八纮而有截。顾维益牧，小远神京。然深仁厚泽之渐摩，与时俱化；乃曲见私心之反侧，动众以言。首谋幸厌于天诛，胁附更思于扇乱。适持节不知于抚定，致号狐益遂于张皇。城壁屡隳，官僚踵戮。痛吾赤子，何忍堕于铦锋？愤尔绿林，敢肆行于虐焰。皇帝陛下，赫然出命，昭若选才。推毂惟专，事靡容于掣肘；释囚兼用，罪惟问于吞舟。甚昧愚心，敢争天险？属旗鼓两明于将钺，乃声威大折于妖徒。矧东川素备于金汤？盖巨干岂移于蝼蚁！栈路何虞于来往，王师亦务于驱驰。虽凶旅方兴，若可游魂而假息。逮天威一鼓，悉皆授首以摧肝。电扫无

前，风行孰御？破竹实三单之快，刘鲸无半瞬之留。锦里依然，重被吾皇之雨露。鸡竿肆及，尽还昔日之农桑。人违鲸墨之灾，罪止渠魁之取。虽支党亦归于禽献，惟众心本荷于皇明。岷、峨还澈底之清，星宿有倍常之润。臣叨膺授钺，每誓捐躯。曾何三略之知？常愧六韬之学。幸赖诸军毕力，群校协心，更由神圣之威，获致纤毫之效。贪天何敢？赎罪既多。

附注：此文排就校定后，检《宋景文笔记》上《学海类编》本有一条云："蜀人谓老为嶓（原注，音波），取'嶓嶓黄发'义。后有贼王小嶓作乱，今《国史》乃作小波，非是。"按小波之名，既经官书采用，俗成约定，不改亦可也。

原载《清华学报》第 12 卷第 2 期，1937 年 4 月

《宋史·兵志》补阙

一

北宋之兵，据《宋史·兵志》，为类有四：

（1）禁军　天子之卫兵，以守京师，备征戍；

（2）厢军　诸州之镇兵，以分给使役；

（3）乡兵　选于户籍或应募，团结训练，以为所在防守；

（4）蕃兵　具籍塞下，团结以为藩篱之兵。

蕃兵即边境之乡兵，似宜并入乡兵类。惟蕃兵以接近外敌，训练较为认真，又不时有临阵经验，其战斗力远非此外之乡兵可比，故当别立一目。

《宋志》而外，记北宋兵之分类者有宋祁（《景文集》四五）之《〈庆历兵录〉序》（《庆历兵录》乃枢密副使丁度所撰，今佚）。宋祁所记，比《宋志》添出役兵一类，而下其界说曰"群有司隶焉，人之游而惰者入之，若牧置，若漕挽，若管库，若工技，业壹事专，故处而无更"。《宋志》撰者盖根本不认此类为兵，故略去。又祁序无乡兵、蕃兵，而有民兵。其下民兵之界说曰"民兵，农之健者而材者籍之，视乡县大小而为之数；有部曲，无营壁"。所谓民兵盖略等于乡兵，惟乡兵包佣募者，而民兵不包耳。祁序之分类有一点视《宋志》为优，以其厘别佣募之兵(禁兵，厢兵，役兵)与征派之兵(民兵)也。

合观《宋志》与祁序之分类，可以见南宋兵制之渊源。

厢兵及边境以外之民兵(或乡兵)在北宋已成为战斗力上可忽略之原素，故虽至南宋犹存，当时论兵者不数焉。

在南宋中叶，叶适尝列举当战斗之兵，除都城之禁兵外，有四类：

(1)边兵，

(2)宿卫兵，

(3)大将屯兵，

(4)州郡守兵。

此时所谓边兵与北宋之蕃兵，从名称观之，似为一类，实则大异。从前之蕃兵乃"因其地，练其民，不待内地之兵食而固徼塞"者。此时之边兵，则全是政府所供养之募兵。所谓宿卫兵(与禁兵不同)，从前(大约在南宋初)乃"因都邑所近之民，教成而番上，与募士(即禁兵)杂，国廪其半，而不全养也"，至此时则成为全由政府给养之募兵。大将屯兵乃长驻要隘之募兵。州郡守兵者"昔之(驻防)禁兵消尽，而今募其人，名之曰禁兵也"。以上皆据叶适所记(《水心别集》十一，《兵总论》一)。

观叶适所记，可见宋代兵制之一大变迁：即在北宋为募兵与征兵并行制，其后渐变为纯粹募兵制；至南宋中叶，此变迁已完成。

募兵全由官府给养。因部分征兵制之消灭，而国家军费之担负大增。此重要消息，《宋志》全不泄露。

二

南宋军队究有几何？自然此数目非固定者。

据《宋史·兵志》六，南渡以来兵籍之数：

在绍兴十二年为　二十一万四千

在绍兴廿三年为　二十五万四千

在绍兴三十年为　三十一万八千

在乾道三年为　　二十二万三千

（绍兴十二年为西历一一四二，乾道三年为一一六七）

此下《宋志》不详。今勾稽宋人文集，稍补其阙。

约当孝宗、宁宗间，倪思（据《南宋文范·作者考》，倪思乾道二年进士，后以忤史弥远罢官）对策言：“今以天下之兵籍略计之。行都之宿卫，沿流（长江）之驻扎，州郡之分屯，无虑七八十万。”（《南宋文录》九）约略同时，杨冠卿（据四库本集提要所考，冠卿当孝宗淳熙五年，四十岁）撰《省兵食说》，则谓：“今日之兵仰给大农者亡虑百万。”而其后叶适亦谓：“（今）竭国力而不足以养百万之兵。”（《兵总论》一）故在南宋中叶，中国之兵，但就中央政府给养者计，已及百万。然其后尚有增加。据《宋史·兵志》七，理宗绍定九年，贾似道疏云：“景定元年迄今，节次招军，凡二十三万三千有奇；除填额，创招者九万五千。”此乃理、度两朝内之事耳。其前宁宗末年韩侂胄开边，兵额之增当不少，虽其确数不详，然观王迈论此事，谓："蜂屯蚁聚，扶携来归……辇安边（按指安边所）之财以给之，惟恐不赡；航东南之粟以饷之，惟恐失期"（《臞〔臒〕轩集》一），亦可概见。

北宋兵额最多之时，为仁宗庆历朝，总一百二十五万余。由上所考观之，南宋在亡国前夕之兵额至少当与此数相埒。当南宋初叶，李纲尝言："户部岁入无（北宋）承平时三分之一。"（《南宋文范》一四，李纲《论财用剳子》）后纵开源，以幅员所限，税收当亦无法过北宋之半。以不及北宋一半之税收，养北宋最高之兵额，南宋国家安得不破产？

理宗端平二年乙未（元兵入临安前四十年），馆阁考职策问有云："今国家罄一岁所入，曾不支旬月，而又日不辍造十数万楮币，乃仅得济。"南宋亡国前夕之财政状况，此语尽之矣。

顾理财者虽苦军费之重，兵数之多，实际负军事责任者又苦兵数之少。端平初，魏了翁已言：

> 蜀中诸军旧管九万八千，马二万；嘉定核实（谓裁虚额），裁为八万二千，马八千，则气势已不逮昔矣；近者更加核实，官军才六万余人，忠义万五千，而其间老弱虚籍者又未可计。是以五六万人当□（中阙一字）千七百里之边面，众寡强弱，此盖（不？）难见。（本集十九）

其后宝祐四年，文天祥亦言：

> 自东海城筑而调淮兵以防海，则两淮之兵不足。自襄樊复

归，而并荆兵以城襄，则荆湖之兵不足。自腥气染于汉水，冤血溅于宝峰，而正军忠义空于死徙者过半，则川蜀之兵又不足。江淮之兵又抽而入蜀，又抽而实荆，则下流之兵愈不足矣。荆湖之兵又分而策应，分而镇抚，则上流之兵愈不足矣。夫国之所恃以自卫者，兵也，而今之兵不足如已，国安得而不弱哉？扶其弱而归之强，则招兵之策今日直有所不得已者。然召募方新，调度转急；问之大农，大农无财；问之版曹，版曹无财；问之饷司，饷司无财。自岁币银绢外，未闻有画一策为军食计者。（本集三）

一方面不胜军费之负担，一方面感觉兵不敷用：所以然者，南宋军队大部分腐化也。此事略具于予所撰《南宋亡国史补》（《燕京学报》第二十期），今不赘。

三

除兵不敷用之感觉外，尚有一事使裁兵在当时为不可能者。宋以军队为失业游民之尾闾。自其祖宗以来，即视此为潜消反侧之妙法。此政策之需要，在南宋犹不减。南宋初，吴儆（绍兴二十七年进士，淳熙十年卒，据本集附传）尝奏言：

臣切见朝廷平时以募兵为急，而应募者少。今岁正是募兵之时，而未闻广募，臣不知其故何也。臣闻饥岁莫急于防民之盗，而防盗莫先于募民为兵。盖饥困之民，不能为盗，而或至于相率而蚁聚者，必有以倡之。闾里之间，桀黠强悍之人，不事生业，而其智与力足以为暴者，皆盗之倡也。因其饥困之际，重其衣食之资，募以为兵，则其势宜乐从。桀黠强悍之人既已衣食于县官而驯制之，则饥民虽欲为盗，谁与倡之？是上可以足兵之用，下可以去民之盗，一举而两得之。孰有便于此者？(《吴文肃公集》一)

同时范浚亦言：

今日召募可以安未难(此字疑衍)动之寇也。何以言之？江浙之人，传习妖教，旧矣。而比年尤盛。绵村带落，比屋有之。为渠首者，家十穷山僻谷，夜则啸集徒众，以神怪相诓诱，迟明散去，烟消鸟没。究之则鬼迹，捕之则易以生事。根固蔓连，势已潜炽。其人类多奸豪，拳勇横猾。不及此时因召募而收用之，以消患于未萌。臣恐吴遽未必跳梁于今，而张角、孙恩决复响动于后也。且奸豪横猾之人，居心好动，殆非莳桑秉耒，低首安作为良民者。譬之修蛇巨蝎，取以备药物，或能已疾蠲病！苟弃不用，日以滋息，则缘墉肖屋，螫人而肆其毒必矣。故臣愿因召募而收用之，亦已时病之细术也。(《范香溪文集》十四)

其后卫博(光宗、宁宗间人，与朱子同时)更从失业之来源上推论继续募兵之不容已，其言曰：

比年以来，富家大室，擅兼并之利，诛倍称之息，械系设于私室，椎剥尽于肤髓。贫民下户，仇之到骨，诗张怨詈，所不堪听。顷在田间，实所亲见。当知幸乱之众，何止曩昔起于贫穷而狃于轻剽者？虽然，若此之民，所在而有，未必皆能特起。至于徽、严、衢、婺、建、剑、虔、吉数州，其地阻险，其民好斗，能死而不能屈，动以千百为群，盗贩茶盐，肆行山谷，挟刃持梃，视弃躯命与杀人，如戏剧之易，饮食之常。异时有司之所不敢呵问。其贪暴残鸷之心，特未有以发之耳。使其时有可乘，事有所激，奋臂一呼，正在此辈。尤不可以不察。当是之时，朝廷能忘内顾，专志外侮乎？然则于今之计，莫若检举往年忠义巡社乡兵弓手之制，别行讨论，厚立赏格，多为爵级，多给告命，州委之守，县委之令，劝诱豪民，纠合乡里应募之士，奸民惰卒亡命废锢之人尽得出于其间。其愿保乡里者为一将。其愿卫边者则为一将。明谕之以不刺面，不涅手，事已则复归田里。为之纠合者及几人，授某官；满岁无过，增某秩；有克获者，受某赏；其在募之士，爵几级，赏几等，皆当倍于弓兵赏格之旧。训之以坐作，齐之以等级，纠之以主率，居可以备他盗，保桑梓，行可以补卒乘，助边防，无向来椎剥啸聚之虞，而良民有得安田里之幸。一物而三善从之。（《定庵类稿》四）

夫国家方面未能扩张军额以容失业无产之民。若语以裁兵，岂非以方枘入圆凿？

既不能裁兵，又无法养兵，此南宋之所以不得不束手而待毙也。

原载《中国社会经济史集刊》第 5 卷第 2 期，1937 年 6 月

宋儒太极说之转变

今言宋儒太极说，断自周濂溪始。至彼之太极说中何者为因袭之成分，何者为新创之成分，姑置不问。

濂溪之言太极，具于所著《太极图说》及《通书·动静章》。二书皆经朱子注释，现行诸本悉附朱注。余往读朱注本《图说》，展卷辄苦茫昧。近日思之，《图说》之所以难解者，囿于朱注也。何不效崔东壁读经之法，撇开朱注，直玩本文？如是为之，辄悟濂溪此处所讲者，只是粗糙之物理学，如希腊苏格拉底前爱奥尼亚派哲学之所讲者而已。其中并无理气之区分，亦绝无形而上学之意味。谓余不信，请读《图说》本文：

无极而太极。太极动而生阳。动极而静，静而生阴。一动一静，互为其根。分阴分阳，两仪立焉。阳变阴合，而生水火木金土。五气顺布，四时行焉。五行，一阴阳也。阴阳，一太极也。太极，本无极也。（《通书·动静章》云："水阴根阳，火阳根阴。五行阴阳，阴阳太极。四时运行，万物终始。混兮辟兮，其无穷兮。"可与《图说》参看。）

吾人若将所受于朱子之成见，悉加屏除，则知此处所谓太极者，只是万物之最后的原素，二气五行之所从出，而亦其所由以构成者而已。就其最原始，最究竟，而不可更推溯言，故谓之太极。就其浑一而无形状，无畛域，无质碍言，故谓之无极。太极与阴阳，五行，四时万物，乃是连续之四阶段，而非对立之两种存在（Being），如朱子之所谓理与气也。

濂溪在《通书》中又言及所谓"神"者，其言曰：

> 动而无静，静而无动，物也。动而无动，静而无静，神也。动而无动，静而无静，非不动不静也。物则不通，神妙万物。

或以《通书》中神之动静释《图说》中太极之动静，而认为神即太极。是说也，予不谓然。窃意濂溪所谓太极相当于 World Stuff（世界原料），而其所谓神则相当于 World Spirit（世界精神）后一义，观于程明道对神之解释而益显。其言曰：

> 冬寒夏暑，阴阳也。所以运动变化者神也。天地只是设位。易行乎其中者，神也。
>
> 气外无神，神外无气。或者谓清者为神，则浊者非神乎。
> （以上并见《程氏遗书》十一）

"气外无神，神外无气"，何其与朱子"理外无气，气外无理"

之言之相似也。然濂溪与程明道皆不谓神为理，或太极为理。

以太极为理者，在宋儒中殆始于李延平（见《延平答问》）而朱子述之。夫异于濂溪，以太极名理，无害也。惟以此义还释《图说》，则困难立生，盖理，就其本身之定义，不可以动静言。而若以理释《图说》中之太极，则势须言理有动静。濂溪不言太极为理，谓其动静可也。朱子言太极为理，谓其动静不可也。（或谓《通书》有一章以理性命标题，文云："厥彰厥微，匪灵弗莹。刚善刚恶，柔亦如之，中焉止矣。二气五行，化生万物。五殊二实，二本则一。是万为一，一实万分。万一各正，小大有定。"所谓一即太极，文中不言理，而标题言之，暗示太极为理也，不知朱子已言"周子此章其首四句言性，次八句言命"。甚是。则周子不见得暗示一之为理。以一为理者，朱子之解释耳。）此之困难，朱子门徒，亦尝指问。而朱子之答复虽或能塞其门徒之口，实不能餍吾人之心。所问所答，具载《朱子语类》，今请验之。

问：太极图曰，无极。窃谓无者盖无气而有理。然理无形，故卓焉而常存〔有〕。气有象，故阖开敛散而不一。图又曰，太极动而生阳，静而生阴。不知太极理也。有形则有动静。太极无形，恐不可以动静言。

（答）曰：理有动静，故气有动静。若理无动静，则气何自而有动静乎。且以目前论之。仁便是动，义便是静。又何关于气乎？

按朱子于此盖混"动静之理"与"理之动静"为一谈。而二者大相径庭也。有动静之理，而动静之理本身无所谓动静也。仁之理中有动之理而仁不动也。义仿此。谓有动静之理，故气有动静，可也；谓理有动静之态，故气有动静，不可也。门人所疑者理不能有动静之态，而朱子解以动静之理不能无。真所谓驴唇不对马嘴也。

朱子言太极之动静别有一义。《语类》载：

> 问："太极者本然之妙，动静者所乘之机。"（按此语朱子常言之）。太极只是理，理不可以动静言。惟动而生阳，静而生阴。理寓于气，不能无动静。所乘之机，乘如乘载之乘。其动静者，乃乘载在气上，不觉动了静，静了又动。先生曰然。

又，

> 先生云："动静者所乘之机。"蔡季通谓此语最精。盖太极是理，形而上者。阴阳是气，形而下者。然理无形，气有迹。气既有动静，则所载之理安得谓之无动静。

夫理之载于气，岂如人之载于舟车，能随之而俱动？谓某人慧，某人动而慧不动也。谓某人贤，某人动而贤不动也。质性有然，而况于理乎？且太极（总一切理）与气即全宇宙。谓太极与气动，是谓全宇宙动也，而全宇宙不能动者。盖凡动必有所自由所之。全宇宙既包全空间，复何所自，何所之，复何能动？

凡上所言非断断与朱子辨是非也。但以见朱子之太极观念，持释《图说》中若极实不可通，因以明二者之殊异耳。盖朱子与理气，自有所见，而强附《图说》以行，转为《图说》所拘，而陷于谬误。则甚矣经学之不可为也。

或问朱子与濂溪，时世甚近，且师说相承。以朱子述濂溪，何以能违牾若是？曰：濂溪之《图说》，盖载其所谓"罕言"之列。史称濂溪作太极图，独手授二程，他人莫得而闻，（《度正年谱》）。然二程遗文及语录中，绝不见太极之说，则濂溪曾以太极之绪论传于二程与否，尚未可必，朱子玩索于百余年后，既先有所见，而其理论的与传遗的兴趣又远过于其历史的兴趣，其不得濂溪真意，无足怪也。

原载《新动向》第 1 卷第 2 期，1938 年 1 月

附：

与张荫麟先生辩太极说之转变

贺麟

寄来《宋儒太极说之转变》一文，我已细读过。我想周朱之太极说，容或有不同处，但必不是甲与非甲的不同，而乃有似源与流，根本与枝干的不同。治宋儒从周子到朱子一段思想，一如西洋哲学史研究从苏格拉底到亚理斯多德，从康德到黑格尔的思想，贵能看

出其一脉相承的发展过程。不然，便是整个的失败。徒就平面或字面去指出他们的对立，实无济于事。朱子之太极说实出于周子，而周子之说亦实有足以启发朱子处。周子措辞较含浑，较简单，朱子发挥得较透彻，较明确。若谓周子之太极，纯是物理的气而绝非理，朱子的太极则纯是形而上之理，朱子强以己意传会在周说上，反使周说晦而难解，是则不唯厚诬朱子，且亦不能说明从周到朱之线索矣。

你似以为周子之太极既是气，则谓气有动静，生阴生阳，本自圆通。今朱子释太极为理，谓理有动静，则滞碍而不能自圆，是朱子愈解愈坏，陷入困难。但须知，安知周朱太极或理有动静之说，不是有似亚理斯多德"不动之推动者"之动静乎？亚氏之神，就其为 Unmoved 言，静也，就其为 Mover 言，动也。今谓朱子不可以动静言理或太极，则亚氏又何能以动静言神或纯范型乎？盖理之动静与气或物之动静不同。（周子《通书》亦说明此点）。物之动静，在时空中，是 Mechanical 的，动不自止，静不自动。理或太极之动静是 Teleological 的，动而无动，静而无静，其实乃显与隐，实现与不实现之意。如"大道之行"或"道之不行"，非谓道能走路，在时空中动静，乃指道之显与隐，实现与不实现耳。故你以太极有动静证太极是气，亦未必可以成立。至你对朱子"太极者本然之妙，动静者所乘之机"二语的批评，似亦有误会处。贤不动，慧不动，诚然。但贤慧之质之表现于人，有高下，有显隐。真理固是不动，但真理之表现于不同的哲学系统内，有高下，有显隐。所谓气之载理，理之乘机，如是而已。如月之光明，乃月之本然之妙也。月之有圆缺显晦，月之照山州原野，不照溪谷森林，是则其所乘之机也。月虽有圆缺晦明，时照此，时照彼，而月光本然之妙用，并不因而有缺限也。又如仁之表现于尧舜，仁之动也，仁不见于桀纣，仁之静也。而仁之本然之妙，则"不为尧存，不为桀亡"者也。

至周子所谓神，具有宇宙论上特殊意义，所谓神妙万物，鬼归也，神往也，是也，似不可认为与太极无关，而另释之为"宇宙精神"。宇宙精神（Weltgeist），据我所知，乃黑格尔的名词。你既认周子之太极是物理的气，则他的神论又如何会如此唯心，如此近代呢？如谓周子之神，有似斯多噶派或布鲁诺所谓"宇宙灵魂"（World-soul；Anima mundi），倒比较切当。因斯多噶及布鲁诺（Bruno）皆泛神论者。大程所谓"气外无神，神外无气，清者神，浊者非神乎？"之说，尤与布鲁诺"物质神圣"（Divinity of matter）的说法，有近似处。但照这样讲来，则神是内在的主宰宇宙，推动宇宙而不劳累，而无意志人格的理或道。故曰，"动而无动，静而无静"。故神乃太极之另一种说法或看法。换言之，就太极之为 Immanent cause of the world 言，为神：不得以太极之外，别有所谓神也。斯多噶布鲁诺式之泛神论，上与希腊初期自然哲学家之"物活论"，下与黑格尔精神现象学或历史哲学中之世界精神，均不相侔也。

至《通书》理性命之"一"及"中"，陆象山认为均指太极而言，朱子则仅谓"一"指太极，而认"中"指刚柔适中之性，不指太极。殊不知，中和之性，亦就太极之赋于人者而言。总之，朱陆争论虽多，而认"一"指太极，则相同，今恐难以己意更作他解。又理性命章共十三句。刻朱注本《通书》不在身边，无从参考。但朱与陆书曾明言"首二句言理，次三句言性，次八句言命"。不知你何所据而言"朱子已言'周子此章其首四句言性，次八句言命'。甚是"。竟将十三句注成十二句，误引朱子而误赞许之乎？且理一，分殊。气，物体可分，故多。理不可分，故一。一即理，理一即太极，至为显明。今既曰一，而一又指性命之理，非指洪濛之气，又何得谓一不指太极？又何得谓为性命之本源的太极而非理乎？如谓释一为理，乃朱子之主观解释或偏见，则应据尊意释一为气。如是则一，太极，气，三位一体。但宋儒只有阴阳二气之说，未闻有"太极一气"之说，只有"理一"，未闻有"气一"也。且"天命之谓性"，乃中国儒家关系性命之传统见解。照你之说，太极一气，如何能为性命之源乎？

你谓以太极为理，宋儒中始于李延平。就字面考证，此说或甚是。因我未细检典籍，一时寻不出反证。但确认理为太极之说，则至迟也起于伊川。伊川虽很少明用太极二字，但彼所谓理，实处于绝对无上之太极地位，实无可疑。理之为一，一理之散为万殊，复归于一，伊川中庸序说得最为明白。将理于气明白相提并论，似亦始于伊川（但未必即系二元）。大约周子与大程皆认宇宙为理气合一的有机体。是泛神的神秘主义的宇宙观，而非希腊的物理学。他们并未明言，太极是理，是气，或是理气之合一。其浑全处在此，其神秘乏形式处亦在此。但阴阳是气，乃确定无疑。今较阴阳更根本，而为阴阳之所自出，绝对无限的太极，当不仅是气，其有以异于气，高于气，先于气，亦无可致疑。故若释周子之太极为理气合一的整个有机的宇宙，当无太误。但在此理气合一的泛神的充塞体

（Continwum）中，理为神，妙万物，气为物，则不通。理不可见，气有迹。理形而上，气形而下。理先气后，理主气从。则进而认理为太极，认太极为理，乃极自然的趋势。且阴阳之气乃太极所生造，（生造乃内在的 Teleological，动而无动的生造），太极乃生造阴阳五行万物者。太极为"造物"（Natura naturans），阴阳五行乃"物造"（Natura naturata）。物造是形而下，是气，造物乃形而上而非气，亦可断言。且周子之提出无极，其作用本在提高或确说太极之形而上的地位，勿使太极下同于一物也。故释太极为理，是否完全契合周子本意，虽不可知，但要使周说更明晰，更贯彻哲学理论，求进一步发展周说，其不违反周子本意，其有补于周说之了解与发挥，当亦无可致疑。今谓朱说茫昧谬误，反使周说难解，欲离朱子而直解周子，或以西洋"粗糙之物理学"传会周子，有如去干求根，绝流寻源，不惟不足了解周子，且亦不足了解程朱也。且朱子去周子仅百余年，学脉相承，遗风不断，生平潜心研究周子，真诚敬仰周子，热烈倡导周学。今不从朱以解周，而远从千余年前，数万里外，去强拉与周子毫不相干之希腊自然哲学家言，以解释周子，谓能发见周子之真面目，其谁信乎？且七八年前，当我作朱子黑格尔太说比较一文时，我即指出朱子之太极有两义：（一）太极指总天地万物之理言，（二）太极指心与理一之全体或灵明境界言。所谓心与理一之全，亦即理气合一之全。（但心既与理为一，则心即理，理即心，心已非普通形下之气，理已非抽气静止之理矣。——此点甚难，以后将为文论之。）认理气合一为太极，较之纯认理为太极，似更与周子原旨接近。于此更足见朱子之忠于周子，忠于真理，而无丝毫成见，反足证兄之攻击朱子非偏见即成见也。且周子《通书》及《太极图说》，目的在为道德修养奠理论基础，为希贤希圣希天指形上门径。既非物理学（Physics），亦非"后物理学"（Meta-physics），而是一种"后道德学"（Meta-ethics），或一种先天修养学，与毫无道德意味之希腊物理思想，岂可同日而语哉。

张南轩与吕伯恭书曰："濂溪自得处诚浑全。元晦持其说句句而论，字字而解，未免流于牵强，亦非濂溪本意也。"似颇足为兄说张目。殊不知南轩本倾向神秘主义，其不欲朱子将周子神秘浑全之说，加以理性方式，系统发挥，亦属当然。且南轩亦并不以释太极为理为根本错误，有失周子本意，且亦并不认朱子之太极说与周子之太极说系根本对立，两不相容。朱子之失周子本意处，最多亦不过有如费希特之发挥康德学说，反为康德所不满而已。故南轩之周朱异同论，与你之周朱异同论——认周说为粗糙之物理学，朱说为形而上学，认周持混沌洪濛之气的本体观，朱持太极为理的本体观——实大不相同也。南轩似将周子之著作，当作浑朴的古诗去欣赏。原诗纵有含蓄费解处，但自有其浑全纯真之美，今逐字逐句，加以解释，即便不失本意，亦未免有失含蓄意趣，呆板而乏味也。而你之从物理学观点，以解释周子，同样使周说失掉含蓄意趣，呆板而乏味，当仍不免为南轩所指斥也。

原载《新动向》第 1 卷第 4 期，1938 年 8 月 1 日

与张荫麟辩宋儒太极说转变之日记

贺麟

1938. 6. 14

因此论周朱之太极说及其异同，驳斥荫麟浅薄之唯物论，关系学术前途很大，须存稿也。写毕后，持与锡予一阅，彼对余论太极动静一段特别赞许。反〔返〕室后，复加一段论张南轩之周朱异同论，与荫麟之周朱异同论大不同。

1938. 6. 15

上午十一钟许，持荫麟论太极文及余与荫麟讨论周朱太极说信与冯芝生看。同时余亦在伊处翻阅彼之哲学史论周朱太极说部分。方知彼对太极动静与有限事物动静不同一点，已经提及，惟看得不深透。乃被荫麟批评："太极是理，如何能动？"之后，立即附一小注，声明太极动静之说不通。且另释周子之太极为形而下之气，因而陷于错误。芝生头脑清楚，而气度甚好。彼所谈可略记如下：

（1）宋儒通认性者理也，荫麟谓理性命章只言性命，不言理，无济于事，益言性即言理也。

（2）荫麟谓"甚矣经学之不可为"，但朱之注周，并非汉学之注释，可发挥己见，不必完全对周负责，换言之，朱注非经学也。（贺按：冯此言不啻自取消其哲学史认汉至清末皆为经学时期的见解。因据冯对经学时期的看法，宋儒应属于经学时期，荫麟才说"经学之不可为"，"经学"二字实采冯意。今冯谓朱之注周非经学，则他便不能谓程朱属于"经学时期"。)

（3）荫麟以太极之理动何所自、何所之难朱子，殊不知，即以气释太极，太极之气即整个宇宙，亦不动，亦不能问何所自、何所之。如此言动，且亦陷周子于不通。（贺按：芝生此说亦自己推翻因不能解释理之动静而谓周之太极为气的说法。）

（4）荫麟释"神"为宇宙精神，将神与太极分开讲，决定不是。神字在周书仅一见，无释为精神之根据。神乃神妙不测之意。

选自贺麟：《与张荫麟兄辩宋儒太极说之转变》文后附释，收入宋志明编：《儒学思想的新发展——贺麟新儒学论著辑要》，中国广播电视出版社，1995 年

陆学发微

《象山语录》中，有一段最足显示朱、陆之异趣；吾人若紧握之而穷究其义蕴，则陆学之要领得焉。《语录》(上，本集三十四)载：

> 先生曰：……致知在格物，格物是下手处。
>
> 伯敏云：如何格物？
>
> 先生曰：研究物理。
>
> 伯敏曰：天下万物不胜其繁，如何尽研究得？

末一问题。朱子在补《大学》文中恰曾作过解答曰：

> 即凡天下之物，莫不因其已知之理而益穷之，以求至乎其极。至于用力之久，而一旦豁然贯通焉，则众物之表里精粗无不到，而吾心之全体大用无不明矣。

象山对此问题之解答则曰：

> 万物皆备于我，只要〔求〕明理。然理不解自明，须是隆师
> 亲友。

象山所谓"明理"，所谓"万物皆备于我"尚待阐释。

第一，象山以为充塞宇宙之理，与具于吾心之理是一样的。故曰："万物森然于方寸之间；满心而发，充塞宇宙，无非此理。"故既曰："塞宇宙一理耳，学者之所学，欲明此理焉"（本集十二，《与赵咏道》四）；却又曰："人皆有是心，心皆具是理……所贵乎学者，为其欲穷此理，尽此心也。"（本集十一，《与李宰》二）尽心与明理，明心中之理与明宇宙之理，是一而二，二而一的。具于吾心之理与充塞宇宙之理相同，此即其所谓"万物皆备于我"之义，亦即其所谓"宇宙便是吾心，吾心即是宇宙"（本集廿二《杂说》）之义。近有执末二语，以为象山持勃克莱（贝克莱）式的唯心论之证者。予按非也。象山明云："其他体尽有形，惟心无形。然何故能摄制人如此之甚?"（本集三十五，包扬所记语录）岂有持勃克莱式的唯心物论，而别有形之体与无形之心者哉。象山盖主心二元论者，与朱子异（朱子以为心是气之精者），而认心能宰身，与笛卡尔略同。"宇宙是吾心……"之语，固不可以断章取义解也。

第二，此理是一。换言之，一切理皆可总会为一，贯通于一。故曰："天下之理无穷，若以吾平生所经历者言之，真所谓伐南山之竹，不足以受我词。然其会归，总在于此"（《语录》上）。又曰："古人君子，知固贵于博，然知尽天下事只是此理。所以博览者但是贵精熟。知与不知，元〔原〕无加损于此理（之明）"（《语录》下）。又曰："天下事事物物，只有一理，无有二理，须要做到其至一处"

(《语录》下）。象山所谓"做到其至一处"，与朱子所谓"一旦豁然贯通焉，则众物之表里精粗无不到"，实是同一境界。贯通众理之理，象山类称为"此理"或"是理"。若以今西语称之，当作 The Reason。

第三，读者至此，不免要问："此理"，此贯通众物之理，为什么？此问题之答案，吾人在《象山集》中遍索不可得，颇怪当时门弟子竟无问及之者。窃疑在象山之思想系统中，此问题非可以言语回答者。窃疑在象山之思想系统中，"此理"之认识（即其所谓"明理"）不是普通的知识，而是一种超智力的神秘的观照。象山论学书札中有一段似说此义。文云："此理塞宇宙，古先圣贤常在目前。盖他不曾用私智。'不识不知，顺帝之则'；此理岂容识知哉！'吾有知乎哉？'（按此《论语》记孔子语）此理岂容有知哉"。明此理之观，见与寻常知识异也。吾友贺麟尝谓朱子"一旦豁然贯通"非寻常知识，而为一种神秘的观照，其言甚精。吾于象山之"明理"，之"做到其至一处"的境界亦云然。

第四，关于"明理"之效验，象山云："无思无为，寂然不动感而遂遍天下之故。"（《语录》下）其自道所得云："我无事时只似一个全无知无能底一人。及事至方出来，却又似个无所不知无所不能的人。"（《语录》下）

第五，朱子认为做到"豁然贯通的……"的路径是即物穷理，用力之久；象山认为明理的路径是"收拾精神，自作主宰"。《语录》（上）载："或举《荀子·解蔽》'远为蔽，近为蔽，轻为蔽，重为蔽'之类，说好。先生曰：'是好，只是他无主人；有主人时，近亦不蔽，远亦不蔽，轻重皆然'。"理本具于心，使心常自主，则物不能蔽而理自明。要心常自主，须收拾精神，即把精神完聚在内。象山教门人修养，常以此为言。所谓把精神完聚在内，以今心理学术语释之当曰 the achievement of complete integrity and full intensity of consciousness。

以上五项，第一至三为理论，四至五为实践，陆学要旨具焉。

原载《国立云南大学学报》第 1 类第 1 号，1939 年 4 月；录自张云台编：《张荫麟文集》，教育科学出版社，1993 年

北宋的土地分配与社会骚动

在一个"农业经济"的社会里，上地分配几乎可以说是"生产关系"的全部。所以拿经济因素做出发点去研究中国社会史的人，首先要注意各时代土地分配的情形。

在任举一个时代里，各地方地主和佃户的比例是怎样？在以前和以后这比率的升降怎样？在一个长久的和平时期里，土地有无大量集中的趋势？不少人认为过去社会变乱的一个重要原因是土地的集中。到底在社会变乱发生的某时某地，土地集中的比较程度如何？这些问题我们都盼望得到解答。我们需要的是具备数目字的答案，而不是"想当然"的假设。

不过关于这些问题的史料极为缺乏。像"富者田连阡陌，贫者地无立锥"一类抽象的慨叹，虽然常常可以遇到，但这类慨叹对于谨严的、求"着边际"的社会史家，实在没多大用处。以作者所知，在我国历史中，详细供给我们以解答上说那些问题的资料的时代只有北宋。分别地主和佃客的户口统计只北宋有之。

现存北宋的这类统计有三种：

(一)见于乐史的《太平寰宇记》者。书为宋太宗太平兴国年间

（公元九七六—九八三）所撰（确年不详）。书中大部分纂录前代旧闻，惟其记各地主客户数皆冠以"皇朝"字样，明其为根据宋初统计。

（二）见于王存的《元丰九域志》者。书成于元丰三年（一八〔〇〕八〇）闰九月。此乃奉敕撰的书，其中材料似可信为"up to date"。

以上二种并有各路及各州府的细数。

（三）见于毕仲衍的《中书备对》者。此书之进呈亦在元丰三年，惟必在《九域志》成书之前，否则其所记各路主客户数不应与《九域志》异。《备对》的统计材料与《九域志》的时间上当有颇长之距离，因二者之差异有时颇大。前者所代表之确实年代不可知，惟认其代表太平兴国与元丰间之过渡情形，则决无误。《备对》原书已佚，惟其关于户口之文引见于《文献通考》卷十一。此种只有各路细数，无各州府细数。

现在把这三种资料，并为两个表，然后根据这两个表考察北宋土地分配的情形。

在造表之前，我们宜先表明这些材料所受的限制。

（一）在清康熙间宣布"滋生人丁，永不加赋"以前，历史中户口统计的数目字的可靠程度是无从确定的。好在本文所注意的，不是全国或各地的户口数，也不是某类户口在全国或各地的数，而是两种户数（在全国及各地）的比例，即宋人所谓"主户"和"客户"（宋人所谓主户包括食租的地主和自耕农，所谓客户指佃客。上说的三种资料均把食租的地主和自耕农并为"主户"一项，不加分别，现在只得仍之）的比例，假如隐匿户口的原因没有"畸轻畸重"于主客户之间，那么，这两种户的各数即使很不可靠，它们的比例可以是很可靠的。

（二）现在所知，宋代隐匿户口的原因，"畸轻畸重"于主客户之间的，只有一种，那是畸重于客户方面的。当时土地陈报上有一种流行的弊端，叫做"诡名挟佃"。宋代按照财产把民户分为等级，户等愈高则赋役的负担愈重。所以田地多的人家，每把一部分的田地，假托在佃户名下，以图减低户等，也就减轻赋役。这便是所谓"诡名挟佃"。这一来，本来无田的客户在名义上便变作有田的主户了。所以表中的佃户数，其"过算"的可能性比"低算"的可能性大。

（三）第一和第二、三种资料的时代相差有九十年。在这时期里，和隐匿户口有关的社会因素不见有变化，所以这些资料所表示的主客户数及主客户比率即使不很可靠，我们据之以研究主客户比率在这时期里的升降，也可以无大过。

关于下面的表，还有几点要说明。

（一）因为行政区域的改变，三种材料所用的地理单位不同。第二、三两种所用地理单位还相近，故可归并一表。惟第一种所用地理单位和其它二种所用的相差太甚，无法和它们归并。

（二）表中地名之下有"……"时，表示本道或本路主客户之记录不完全（或当时未知，或传刻脱漏。）

（三）第二表中，地名之右注(1)者系指《中书备对》的记录；注(2)者系指《元丰九域志》的记录；其不注(1)或(2)者皆指《元丰九域志》的记录。

（四）《通考》所引《中书备对》，开封府梓州路及夔州路并缺客户数，惟具主客口数，兹姑以客口之百分数替代客户之百分数。

（五）《备对》于全国主户总数下注之：内若干户"元供弓箭手、

僧院、道观、山泾、山团、徭、典佃、乔佃、船居、黎户、不分主客女户",今并附入主户数。又全国总客户数下注之:内若干户"元供交界浮居、散户、蕃部、无名目户",今并附入客户数。其余二种材料当亦如之。

第一表 《太平寰宇记》中之主客户统计①

地域	主户	客户	总户数	客户占总户数之%
河南道	664195	567445	1231640	46
开封府	90232	88399	178631	49
河南府	42818	39139	81957	29
陕州	12544	4899	17443	28
虢州	4473	4679	9152	51
许州	18546	21991	40537	54
汝州	9535	14575	24110	60
滑州	11946	1596	13542	10
郑州	10737	6538	17275	38
陈州	11863	11048	22911	44
蔡州	18397	29560	47957	62
颍州	15715	17300	33015	52
宋州	21250	24200	45450	53
亳州	30813	26297	47116	56
郓州	15108	27724	42832	65
曹州	19036	7598	26634	28
广济军	5048	808	5856	14
濮州	11726	4283	16009	27
济州	14191	2843	17034	17

---

① 表内数据计算略有误差,为确保文章研究价值,本表按原文录入。——编辑注

续表

地域	主户	客户	总户数	客户占总户数之%
单州	19443	4339	23782	18
徐州	16846	17580	34426	51
泗州	7330	14596	21926	67
宿州	112542	14693	127235	12
淮阳军	6167	10222	16389	62
涟水军	1183	7341	8524	86
青州	22549	28735	51284	56
潍州	11278	10315	21593	48
淄州	11282	18770	30052	62
齐州	12803	19315	32118	60
登州	15456	11458	26914	43
莱州	15523	16508	32031	52
兖州	10211	8048	18259	44
莱芜监	562	1889	2451	77
海州	6088	7246	13334	54
沂州	15902	20697	36599	57
密州	14052	22216	36268	61
……				
关西道	210163	127346	337509	38
雍州	34450	26276	60726	43
同州	22676	4819	27495	18
华州	10169	6946	17115	41
凤翔府	26790	13315	40105	33

续表

地域	主户	客户	总户数	客户占总户数之%
耀州	19800	6108	25908	24
乾州	7369	1756	9125	19
陇州	10971	8606	19577	44
泾州	12171	5298	17469	33
原州	3436	3549	6985	52
庆州	4394	7587	11981	62
邠州	14112	5785	19897	21
宁州	11148	6833	18081	33
鄜州	8901	12968	21869	59
坊州	4075	8080	12155	66
丹州	4146	2638	6784	39
延州	12119	4272	16391	26
通远军	2722	2235	4957	25
保安军	714	275	989	28
……				
河东道	206593	56060	262653	21
并州	26820	2502	29322	9
汾州	15189	2039	17228	12
岚州	2730	1472	4202	35
石州	3912	2417	6329	38
忻州	4168	3240	7408	44
宪州	1260	569	1829	31
晋州	20889	4766	25655	19

续表

地域	主户	客户	总户数	客户占总户数之%
泽州	13108	10131	23239	44
辽州	2717	4754	7471	64
潞州	17911	6961	24872	28
蒲州	21888	3593	25481	14
解州	7250	1477	8727	17
绛州	39932	6638	46570	14
慈州	5311	630	5941	11
隰州	8758	773	9531	8
代州	3567	2415	5982	41
威胜军	4172	327	4499	7
大通监	2709	521	3230	16
平定军	1756	236	1992	12
岢岚军	1032	318	1350	24
宁化军	414	281	695	40
……				
河北道	381385	205239	586624	35
孟州	14235	7557	21792	35
怀州	11356	3568	14924	50
魏州	55987	20985	76972	27
博州	16207	13331	29538	45
相州	11789	10126	21915	46
卫州	8514	1968	10482	19
磁州	10300	8302	18602	45

续表

地域	主户	客户	总户数	客户占总户数之%
澶州	19317	4223	23540	18
德清军	88	338	426	79
洺州	15013	12893	27906	46
贝州	16934	3473	20407	17
邢州	15408	14410	29818	48
祁州	4412	1023	5435	19
镇州	38407	10570	48977	22
定州	22759	1894	24653	8
冀州	18635	3712	22347	16
深州	15488	5873	21361	27
德州	11356	3568	14924	24
棣州	15685	40493	56178	72
沧州	22375	27315	49690	55
瀛州	11364	4100	15464	26
莫州	4530	650	5180	13
霸州	3663	1244	4907	25
保州	2775	1000	3775	26
定远军	2984	1239	4223	29
乾宁军	1708	299	2007	15
破虏军	310	82	392	21
平塞军	810	20	830	24
宁边军	5883	306	6189	50
保顺军	3093	677	3770	18

续表

地域	主户	客户	总户数	客户占总户数之%
......				
剑南道	553016	289803	842819	34
益州	89438	42440	131878	32
彭州	26300	7680	33980	23
汉州	48538	10206	58744	17
永康军	14526	5857	20383	29
眉州	31665	31258	62923	41
嘉州	5691	23207	28898	80
蜀州	36254	10322	46576	22
简州	10459	6010	16469	36
雅州	80735	3826	84561	41
黎州	332	186	518	36
茂州	273	53	326	16
梓州	37654	26261	63915	41
绵州	28436	9280	37716	25
剑州	7536	8304	15840	52
龙州	890	642	1532	42
陵州	12392	13115	25507	51
荣州	50011	16704	66715	25
果州	23249	6637	29886	22
阆州	21746	22234	43980	51
遂州	22047	16634	38681	43
普州	1366	13144	14510	90

续表

地域	主户	客户	总户数	客户占总户数之%
富顺监	2298	3103	5401	51
昌州	1180	12700	13880	71
……				
江南道	995722	632779	1628501	39
润州	10647	15900	26547	60
升州	44109	17570	61679	29
苏州	27889	7306	35195	21
常州	28071	27481	55552	49
江阴军	7645	6906	14551	48
杭州	61600	8857	70457	12
婺州	2982	64	3046	21
明州	10878	16803	27681	61
台州	17499	14442	31941	45
温州	16082	24658	40740	60
福州	48800	45670	94470	48
南剑州	33830	22840	56670	40
建州	46637	43855	90492	48
邵武军	34391	13490	47881	28
泉州	52056	44525	96581	46
漳州	19730	4277	24007	18
汀州	19730	4277	24007	18
兴化军	13107	20600	33707	60
宣州	34927	12025	46952	25

续表

地域	主户	客户	总户数	客户占总户数之%
广德军	9706	1207	10913	11
歙州	48560	3203	51763	6
太平州	11219	2841	14060	20
池州	18381	15043	33424	45
洪州	72350	31128	103478	30
筠州	29396	16933	46329	37
饶州	22805	23112	45917	50
信州	28199	12486	40685	31
虔州	67810	17336	85146	20
袁州	44800	34903	79703	44
吉州	58673	67780	126453	54
建昌军	11002	7845	18847	42
江州	12319	12045	24364	50
南康军	14642	12306	26948	47
鄂州	10470	15014	25484	60
涪州	3501	8547	12048	71
黔州	1279	2504	3783	66
……				
淮南道	161776	216839	378615	58
扬州	14914	14741	29655	51
和州	4789	4961	9750	50
楚州	10578	13839	24417	57
舒州	12842	19338	32180	60

续表

地域	主户	客户	总户数	客户占总户数之%
庐州	18817	26411	45228	57
蕲州	14119	14817	28936	51
光州	5251	13330	18581	72
滁州	10839	9834	20673	48
濠州	7447	10864	18311	59
寿州	6997	26506	33503	76
泰州	12188	20283	32471	62
通州	8087	2700	10787	25
高邮军	11628	9137	20765	44
天长军	7148	7632	14780	52
建安军	2055	7800	9855	79
黄州	7342	3609	10951	33
汉阳军	1439	2280	3719	61
安州	4276	8312	12588	66
信阳军	1020	446	1466	30
山南道	173131	262611	435742	55
兴元府	11364	6170	17534	35
西县	1743	1714	3457	49
三泉县	1102	1700	2802	61
文州	5357	1094	6451	14
兴州	2222	2537	4759	53
利州	4301	5399	9700	56
合州	9061	17150	26211	65

地域	主户	客户	总户数	客户占总户数之%
渝州	3692	16250	19942	82
开州	2686	7859	10545	75
达州	2660	10331	12991	84
洋州	7441	3699	11140	33
渠州	4036	17759	21795	82
广安军	6253	15463	21716	71
巴州	1093	7659	8752	88
蓬州	6144	16056	22200	72
集州	2713	3239	5952	54
壁州	719	2137	2856	71
金州	3617	8415	12032	70
商州	3763	1305	5068	26
邓州	6010	14366	20376	71
唐州	2387	5041	7428	68
均州	3792	3827	7619	50
房州	4882	690	5572	12
随州	3164	3049	6213	46
郢州	1308	2658	3966	68
复州	3117	4311	7428	58
襄州	11363	15529	26892	58
光化军	3685	3345	7030	48
荆州	36174	27273	63447	43
荆门军	1734	2336	4070	57

地域	主户	客户	总户数	客户占总户数之%
峡州	2983	1418	4401	32
云安军	4310	3490	7800	45
夔州	3857	3230	7087	46
归州	1127	1435	2562	57
万州	619	1285	1904	68
忠州	1970	16720	18690	90
梁山军	682	4672	5354	87
……				
陇右道				
秦州	19144	24177	43321	56
成州	3760	5880	9640	61
渭州	1231	1292	2523	52
阶州	1069	4620	5689	85
……				
岭南道	87712	21617	109329	20
广州				
恩州	634	146	780	19
春州	392	13	405	3
龚州	615	252	867	29
韶州	9802	954	10756	9
端州	223	620	843	74
循州	6115	2224	8339	27
梅州	1201	367	1568	23

地域	主户	客户	总户数	客户占总户数之%
英州	4387	592	4979	12
南雄州	7738	625	8363	8
贺州	4697	1762	6459	27
桂州	16719	7719	24438	32
新州	6087	121	6208	2
昭州	3785	1340	5125	26
蒙州	2577	812	4389	28
浔州	332	881	1213	73
梧州	1188	499	1687	30
象州	1134	1360	2494	55
融州	1800	718	2518	29
宜州	1786	596	2382	25
雷州	101	5	106	5
崖州	340	11	351	3
……				
全国合计		2415708	5859551	41

第二表　《中书备对》(1) 及《元丰九域志》(2) 中之主客户统计①

地域	主户	客户	总户数	客户占总户数之%
东京开封府(1)(2)	183770	51829	235599	22
京东东路	404092	190013	594105	32
青州	67216	25846	93062	28
密州	73642	76505	150147	51

---

① 表内数据计算略有误差，为确保文章研究价值，本表按原文录入。——编辑注

续表

地域		主户	客户	总户数	客户占总户数之%
沂州		35120	24969	60089	42
登州		49560	28670	78230	37
莱州		75281	47700	122981	38
潍州		36806	13125	49931	26
淄州		32519	24008	56527	42
淮阳军		33948	51541	85489	62
京东西路		451038	212172	663210	32
兖州		56178	39524	95702	41
徐州		84870	19046	103916	18
曹州		42358	20252	62610	32
郓州		67260	66777	134037	50
济州		41045	14453	55498	26
单州		48470	11807	60277	20
濮州		45367	14469	59836	24
应天府		65490	25844	91334	28
京东路总	（1）	817983	552817	1370800	40
	（2）	855130	402185	1257315	32
京西南路		147871	166709	314580	51
襄州		40772	52255	93027	57
邓州		17370	17105	34475	50
随州		12135	25977	38112	68
金州		13132	23049	36181	64
房州		14118	7113	21231	33

地域		主户	客户	总户数	客户占总户数之%
均州		21946	5032	26978	19
鄂州		6640	24935	31575	78
唐州		21758	11243	33001	34
京西北路		361904	270156	632060	43
河南府		78550	37125	115675	32
颍昌府		31675	25777	57452	46
郑州		14744	16232	30976	52
滑州		20959	2423	23382	10
孟州		22742	7333	30075	24
蔡州		62156	75930	138672	54
陈州		25649	18584	44223	42
颍州		45624	45784	91408	51
汝州		24139	28236	52375	54
信阳军		5666	12732	18398	69
京西路总	（1）	383226	268516	651742	41
	（2）	509775	436865	946640	46
河北东路		392357	169114	561471	30
大名府		102321	39548	141869	28
澶州		36637	19352	55989	35
沧州		52376	4535	56911	8
冀州		42000	9136	51136	18
瀛州		31601	1726	33327	5
博州		49854	23038	72892	32

续表

地域	主户	客户	总户数	客户占总户数之%
棣州	30580	8363	38943	22
莫州	13000	436	13436	3
雄州	8707	262	8969	3
霸州	14102	957	15059	6
德州	18811	18027	36838	49
滨州	14612	31721	46333	69
恩州	32535	22049	54584	40
永静军	20273	13112	33385	39
乾宁军	5263	1193	6456	19
信安军	318	391	709	55
保定军	828	233	1061	22
河北西路	417858	146904	564762	26
真定府	69753	12854	82607	16
相州	26753	21093	47846	45
定州	44530	14730	59260	25
邢州	38936	21697	60633	36
怀州	19234	13682	32916	42
卫州	33843	13873	37716	37
洺州	25107	10652	35759	30
深州	33518	5250	38768	14
磁州	20024	9101	29125	31
祁州	21268	224	21492	1
赵州	35481	5256	41734	15

续表

地域		主户	客户	总户数	客户占总户数之%
保州		21453	3420	24873	14
安肃军		5097	1004	6101	16
永宁军		13582	9057	22639	40
广信军		3173	180	3353	5
顺安军		6106	3831	9937	39
河北路总	（1）	765130	219065	984195	22
	（2）	810215	316018	1126233	28
陕西永兴军路		626412	129643	756055	17
京兆府		158072	65240	223312	25
河中府		49351	5516	54867	10
陕州		32840	11552	44392	26
延州		34918	1849	36767	5
同州		69044	10566	79610	13
华州		68344	11836	80180	15
耀州		19802	6108	25910	24
邠州		53652	6185	59837	10
鄜州		19442	7674	27116	28
解州		25004	3931	28935	14
庆州		12638	6383	19021	34
虢州		10606	6965	17571	40
商州		18089	62336	80425	78
宁州		33268	4106	37374	11
坊州		8236	5043	13279	39

续表

地域		主户	客户	总户数	客户占总户数之%
丹州		7988	1847	9835	19
环州		4199	2384	6583	36
保安军		919	122	1041	12
陕西秦凤路		345172	163628	508800	32
凤翔府		127018	44511	171529	26
秦州		43236	23808	67044	36
泾州		18218	7772	25990	30
熙州		199	1157	1356	85
陇州		15702	9072	24774	37
成州		12000	2659	14659	18
凤州		20294	17900	38194	47
岷州		29960	7761	37721	21
渭州		26640	10996	37636	29
原州		16840	5561	22401	25
阶州		23936	17725	41661	43
河州		295	296	591	50
兰州		419	224	643	35
镇戎军		1434	2696	4130	66
德顺军		7589	9152	16741	55
通远军		1392	3337	4729	71
陕西路总	(1)	697967	264351	962318	27
	(2)	971984	293271	1274855	23

续表

地域		主户	客户	总户数	客户占总户数之%
河东路	（1）	383148	67721	450869	15
	（2）	463418	110798	574216	19
太原府		78566	27572	106138	26
潞州		39378	13167	52545	25
晋州		77486	4598	82084	5
府州		1262	78	1340	6
麟州		3790	196	3986	5
绛州		55522	6535	62057	11
代州		18779	11125	29904	37
隰州		37836	1121	38957	3
忻州		12471	4751	17222	28
汾州		41655	11482	53137	22
泽州		38991	12708	51699	25
宪州		2741	811	3552	23
岚州		10146	1313	11459	11
石州		12624	2179	14803	15
辽州		5578	1725	7303	24
丰州		22	136	158	90
威胜军		16190	7916	24106	33
平定军		7176	257	7433	3
岢岚军		814	1692	2506	68
宁化军		476	640	1116	68
火山军		1304	571	1875	30

地域	主户	客户	总户数	客户占总户数之%
保德军	611	217	828	28
淮南东路	418884	192691	611575	32
扬州	29077	24855	53932	46
亳州	86811	34068	120879	28
宿州	57818	48060	105878	45
楚州	59727	20018	79745	25
海州	26982	20660	47642	43
泰州	37339	7102	44441	16
泗州	36725	17240	53965	32
滁州	29922	10363	40285	25
真州	16790	17068	33858	51
通州	28692	3247	31939	10
淮南西路	419753	318746	738499	43
寿州	50063	72705	122768	59
庐州	60136	30352	90488	33
蕲州	74017	38356	72373	53
和州	26163	13126	39289	33
舒州	79050	47434	126484	37
濠州	31837	15477	47314	34
光州	25296	40662	65958	61
黄州	32933	49005	81938	60
无为军	40258	11629	52287	22

续表

地域		主户	客户	总户数	客户占总户数之%
淮南路总	（1）	723784	355270	1079054	35
	（2）	838637	511437	1350074	38
两浙路	（1）	144646	383690	528336	83
	（2）	1418682	361271	1779953	20
杭州		164293	38513	202806	19
越州		152585	337	152922	
苏州		158767	15202	173969	9
润州		33318	21480	54798	39
湖州		134612	10509	145121	7
婺州		129751	8346	138097	6
明州		57874	57334	115208	50
常州		90852	45508	136360	33
温州		80489	41427	121916	33
台州		120481	25232	145713	21
处州		20363	68995	89358	77
衢州		69245	17552	86797	20
睦州		66915	9836	76751	13
秀州		139137			
江南东路	（1）	902261	171499	1073760	16
	（2）	926225	201186	1127411	17
江宁府		118597	49865	168462	30
宣州		120959	21853	142810	15
歙州		103716	2868	106584	3

续表

地域		主户	客户	总户数	客户占总户数之%
江州		75888	19496	95384	20
池州		106657	24708	131365	19
饶州		153605	34590	188195	18
信州		109410	23207	132617	17
太平州		41720	9277	50997	16
南康军		55527	14969	70496	21
广德军		40146	253	40399	6
江南西路	(1)	871720	493813	1365533	36
	(2)	835266	491870	1327136	37
洪州		180760	75474	256234	30
虔州		81621	16509	98130	17
吉州		180767	142630	323397	44
袁州		79207	50477	129684	40
抚州		93915	61921	155836	40
筠州		36134	43457	79591	54
兴国军		40970	12890	53860	23
南山军		34024	1775	35799	5
临江军		68286	21111	89397	24
建昌军		89582	25626	115208	22
荆湖南路	(1)	456431	354626	811057	44
	(2)	475677	395537	871214	46
潭州		175660	182164	357824	51
衡州		74087	105963	180050	59

续表

地域		主户	客户	总户数	客户占总户数之%
道州		23038	13646	36684	37
永州		58625	28576	87201	33
郴州		21912	15076	36988	41
邵州		61841	35393	97234	36
全州		29648	4737	34385	14
桂阳监		30866	9982	40848	22
荆湖北路	（1）	350593	238709	589302	41
	（2）	280000	377533	657533	57
江陵府		56314	133608	189922	61
鄂州		53150	72107	125257	58
安州		25524	35220	60744	58
鼎州		33064	8096	41160	20
澧州		19403	39276	58679	67
峡州		12609	32887	45446	72
岳州		50605	46079	96684	48
归州		6877	2761	9638	29
辰州		5669	3244	8913	36
沅州		7051	3514	10565	33
诚州		9734	741	10475	7
成都府路	（1）	574630	196903	771533	26
	（2）	630523	243880	874403	28
成都府		119388	49710	169098	29
眉州		48179	27950	76129	37

续表

地域		主户	客户	总户数	客户占总户数之%
蜀州		65599	13328	78927	17
彭州		57418	14999	72417	21
绵州		116064	17085	133149	12
汉州		61697	16843	78540	20
嘉州		17720	52826	70546	75
邛州		63049	17081	80130	20
黎州		1797	915	2712	34
雅州		13461	9526	22987	42
茂州		318	239	557	43
简州		32638	7576	40214	19
威州		1286	383	1669	23
陵井监		31909	15419	47328	33
梓州路	（1）				37
	（2）	248481	229690	478171	48
梓州		78707	22464	101171	22
遂州		31651	19536	51187	38
果州		38333	14085	52418	27
资州		17879	21586	39465	55
普州		9122	20378	29500	69
昌州		5822	28641	34463	83
戎州		12833	4186	17019	25
泸州		2647	32417	35064	92
合州		18013	18621	36634	51

地域		主户	客户	总户数	客户占总户数之%
荣州		4911	11754	16665	71
渠州		10910	9894	20804	48
怀安军		24141	3184	27325	12
广安军		10521	14751	25272	58
富顺监		2991	8193	11184	73
利州路	（1）	179835	122156	301991	40
	（2）	189133	147115	336248	44
兴元府		48567	9161	57728	16
利州		5535	16644	22179	75
洋州		32159	27138	59297	46
阆州		36536	17701	54237	33
剑州		20659	7586	28245	27
巴州		8605	23261	31866	73
文州		11535	573	12108	4
兴州		3192	10052	13244	76
蓬州		15212	20596	35808	58
政州		3796	11426	15222	75
三泉直隶县		3337	2977	6314	47
夔州路	（1）				54
	（2）	75453	178908	254361	70
夔州		7497	3716	11213	33
黔州		790	2058	2848	72
达州		6476	40165	46641	86

地域		主户	客户	总户数	客户占总户数之%
施州		9323	9781	19104	51
忠州		12137	23713	35850	66
万州		6457	14098	20555	67
开州		8704	16296	25000	66
涪州		2570	15878	18448	86
渝州		11423	29657	41080	72
云安军		4535	6543	11078	57
梁山军		3623	8654	12277	66
南平军		617	3020	3637	83
大宁监		1301	4329	6630	80
福建路	(1)	645267	346820	992087	35
	(2)	580136	463703	1043839	44
福州		114636	96916	211552	46
建州		69126	117440	186566	62
泉州		141199	60207	201406	28
南剑州		59355	60206	119561	50
汀州		66157	15297	81454	19
漳州		35920	64549	100469	64
邵武军		58590	29004	87594	33
兴化军		35153	20084	55237	36
广南东路	(1)	347459	218075	565534	39
	(2)	356983	223267	580250	38
广州		64796	78465	143261	54

续表

地域		主户	客户	总户数	客户占总户数之%
韶州		53501	3937	57438	7
循州		25634	21558	47192	45
潮州		56912	17770	74682	24
连州		30438	6504	36942	18
贺州		33938	6267	40205	16
封州		1726	1013	2739	37
端州		11269	13834	25103	55
新州		8480	5167	12647	41
康州		8979			
南恩州		5748	21466	27214	79
梅州		5824	6548	12372	53
南雄州		18686	1653	20339	8
英州		6690	1329	8019	16
惠州		23365	37756	61121	62
广南西路	（1）	163418	78691	242109	33
	（2）	195144	63238	258382	24
桂州		56791	9553	66344	14
容州		10229	3547	13776	26
邕州		4870	418	5288	7
象州		5435	3283	8718	38
融州		2813	2845	5658	40
昭州		15760	90	15850	1
梧州		3914	1821	5735	32

地域		主户	客户	总户数	客户占总户数之%
藤州		5070	1312	6382	21
龚州		4553	3486	8039	43
浔州		2229	3912	6141	64
贵州		4022	3438	7460	46
柳州		7294	1436	8733	16
宜州		11550	4273	15823	27
宾州		4612	3008	7620	39
横州		3172	279	3451	8
化州		6018	3255	9273	35
高州		8737	3029	11766	26
雷州		4272	9512	13784	69
白州		3727	862	4589	19
钦州		10295	257	10552	2
郁林州		3542	2003	5545	36
廉州		6601	891	7492	12
琼州		8433	530	8963	5
昌化军		745	90	835	11
万安军		120	97	217	45
朱崖军		340	11	351	3
全国合计	（1）		3949032	12333998	32
	（2）		5499601	16353833	33.6

我们看了这两个表，有以下的事实可注意：

（一）全国客户占总户的百分数在太平兴国时，是四一；在元丰时是三三·六，中间并经降到三二。可见在一百年左右（一个统一和平的时期），土地集中的程度不但没有增加，而且有显著的退减。北宋的土地政策是再放任不过的，像"限民名田""授田""公田"等近于"裁抑兼并"的制度都没有实行过，而结果如此。我们虽然不能照北宋土地分配的情形去类推其他历史上的一切"太平盛世"；但在长久的和平时期中，土地之没有趋向集中的必然性，于此得到坚决的证明。

（二）就最高的行政区域言，太平兴国间土地集中程度最高的似是淮南道（陇右道之记载残缺太多，其总数不可用），其平均客户所占总户百分数为五八；其次山南道（略当今川东及湖北），平均百分数为五五；最低的是岭南道，平均百分数为二〇，其次河东道（略当今山西），平均百分数为二一。

在元丰间，最高的是夔州路，平均数为七〇，其次荆湖北路，平均数为五七（此二路约略相同于太平兴国时之山南道）；最低的是江南西道和陕西永兴军路，平均数皆为一七，其次河东路，平均数为一九。

（三）就州府言，客户占总户百分数七十以上的，在太平兴国间有：

涟水军、莱芜临（以上河南道），德清军、棣州（以上河北道），嘉州、普州、昌州（以上剑南道），涪州（江南道），光州、寿州、建安军（以上淮南道），渝州、开州、达州、渠州、广安军、巴州、蓬州、壁州、金州、邓州、忠州、梁山军（以上山南道），阶州（陇右道），端州、浔州（以上岭南道）。

在元丰间有:

郢州(京西南路),丰州(河东路),处州(两浙路),峡州(荆湖北路),嘉州(成都府路),商州(陕西永兴军路),熙州、通远军(以上陕西秦凤路),昌州、泸州、荣州、富顺监(以上梓州路),利州、巴州、兴州、政州(以上利州路),黔州、达州、涪州、渝州、南平军、大宁监(以上夔州路),南恩州(广南东路)。

占十五以下的,在太平兴国间有:

滑州、广济军、宿州(以上河南道),并州、汾州、蒲州、绛州、慈州、隰州、威胜军、平定军(以上河东道),定州、莫州、乾宁军(以上河北道),杭州、广德军、歙州(以上江南道),文州、房州(以上山南道),春州、韶州、英州、南雄州、新州、雷州、崖州(以上岭南道)。

在元丰间有:

滑州(京西北路),沧州、瀛州、莫州、雄州、霸州(以上河北东路),深州、祁州、赵州、保州、广信军(以上河北西路),河中府、延州、同州、华州、邠州、解州、宁州、保安军(以上陕西永兴军路),晋州、府州、麟州、绛州、隰州、岚州、石州、平定军(以上河东路),通州(淮南东路),越州、苏州、湖州、婺州、睦州(以上两浙路),宣州、歙州(以上江南东路),南山军(江南西路),全州(荆湖南路),诚州(荆湖北路),绵州(成都府路),怀安军(梓州路),文州(利州路),韶州、南雄州(以上广南东路),桂州、邕州、昭州、横州、钦州、廉州、琼州、昌化军、朱崖军(以上广南西路)。

于此可注意者有两点:(1)土地集中程度最高或最低的州府,

在地理分布上不是集中的。（2）各州府的土地集中程度在这一百年中大有升降。

（四）从太平兴国至元丰间中国的社会骚乱，除了兵变及边境内外蛮夷的反叛外，有下列的五次。（参看宋朝陈均的《皇朝编年纲目备要》）

（1）淳化四年至至道元年（九九三—九九五）王小波、李顺之乱；

（2）至道二年（九九六）王鸬鹚之乱；

（3）庆历三年（一〇四三）王伦之乱；

（4）庆历七年（一〇四七）王则之乱；

（5）熙宁十年（一〇七七）廖恩之乱。

我们试考查这些乱事发生的地方的土地分配情形，看它们的起因是否和土地的高度集中有关：

（1）王小波、李顺之乱发难于眉州，其地客户所占总户之百分数在太平兴国间为四一，在元丰间为三七。眉州在太平兴国间属剑南道，该道之平均客户百分数为三四；在元丰间属成都府路，该路之平均客户百分数为二八。

（2）王鸬鹚之乱，史未确定为在蜀中那一州府。惟观其自称为南邛王，似在邛州。邛州在太平兴国间属剑南道，在元丰间属成都府路。邛州客户数，《寰宇记》缺略，据《九域志》，其客户百分数为二〇。

（3）王伦之乱起事于沂州，其地之客户百分数在太平兴国间为五七，在元丰间为四二。沂州在太平兴国间属河南道，该道之平均客户百分数为四六，在元丰间属京东路，该路之平均客户百分数为三二。

(4)王则之乱，起事于贝州，其地之客户百分数在太平兴国间为一七，在元丰间(即恩州)为四〇。此地所属之河北道，其平均客户百分数在太平兴国间为三五，在元丰间为二八。

(5)廖恩之乱发生于南剑州，其地之客户百分数在太平兴国间为四〇，在元丰间为五〇。南剑州在太平兴国间属江南道，该道之平均客户百分数为三九；在元丰间属福建路，该路之平均客户百分数为四四。

以上五次乱事发动所在之州府，其客户所占总户之百分数无过五七者，所在道路的这种百分数无过四六者。而同时其他州府的这种百分数有在七〇或八〇以上者，其他道路的这种百分数有至五八或七〇者。可见，此等乱事与土地的集中无甚关系。

附注：张荫麟先生这篇文章是历史研究上极有趣味的一个尝试。作者想从北宋主客户分配的情形证明北宋几次社会骚动与土地集中无甚关系。在一般历史学者对于北宋五次骚动的原因都有相当的认识之情形下，作者想用量的资料再作一个额外的佐证，其用意是很可钦佩的。

在历史研究法之中，尤其在研究社会经济史方面，量的分析是有用且有价值的一种方法。但在运用它的时候必须慎重，要理会它的危险，要认识它的应用限度。第一，"统计可以证明一切"，同样的量的资料可以同时证明完全相反的事情，这是对于引用统计最常有的批评，也就是对于我们采用统计方法的一个严重的警告。第二，量的资料必须精确、完整，足可以供统计的分析。近代统计方法日趋严密，现代的资料的搜集须依统计原理设计，按时集录，乃得其用。至于见诸历史的量的资料，大都不外官厅行政所用的记载或时人认为有意义的数字。例如，张先生文中关于主客户的数字似是当时政府征收田赋的记录，能否从中看出当时土地分配的实际情形，大有商榷的地方。故从现代统计学的观点观之，历史上许多量的资料实在无足重轻，大可弃之不顾。但在量的资料极端贫乏的历史学界偶得若干残缺不完的数字用作佐证，有时却也是很珍贵的；不过一定要如上面所说，把它的应用的限度估量清楚，否则很容易把它的用处估量过高。第三，我们要认清每个历史事实都是单独的、特别的，没有两个历史现象是相同的。因此之故，历史上量的资料原为某项事件或某项目的用的，我们很难同时用以类推或佐证其他的历史事项。第四，历史的资料繁多，量的资料不过是其中的一种，若不将其他相关的资料认识清楚而仅用量的资料来证明某一事项是危险的。

我们于读了张先生的文章后，觉得所用的统计资料有可讨论之处，爰附数语，以供读者参考。

汤象龙

原载《中国社会经济史集刊》第 6 卷第 1 期，1939 年 6 月

陆象山的生平

一

从来胆大胸膈宽，
虎豹亿万虬龙千，
从头收拾一口吞。
有时此辈未妥贴，
哮吼大嚼无毫全。
朝饮渤海水，
暮宿昆仑巅；
连山以为琴，
长河为之弦，
万古不传音，
吾当为君宣。

除非心灵极端麻木的人，读了这首诗，没有不生振奋之感的。这里，恢奇壮丽的意象，和奔放而转幽永的韵节，活状出一种雄迈哲智的人格的气象。这种人格，也许就是代表中国文化精神的最伟大的人格。

这首诗是南宋一个十七岁少年作的。他后来成了六七百年间我国思想界两大主潮之一的领导者。这是他少年时立志的宣言，也是他精神的自传。

这少年姓陆，名九渊，字子静。他生长于江南西路（即今江西省）金溪县里一个颇为富裕的大家庭。他兄弟六人中，除二兄经营药铺，供给家用外，其余都是读书应试，讲学著书，知名于世的。兄弟自相师友，一门雍睦，为乡里羡慕。五兄九龄在诸兄中成就尤大，与九渊齐名，称"江西二陆"。九龄学识的超越世俗，从一件事可以窥见，他平时在家，有暇便领子弟到场圃习射，说这是男子应有之事。乡里中因此不敢鄙视武技，九渊在他的行状里载：

> 某年夏，湖之南有寇，侵轶将及郡境，先是，建炎寇之至，先生族子谔尝起义应募，是后寇攘相次犯州境，谔皆被檄保聚捍御，往往能却敌。州里赖焉。至是谔已死，旧部伍愿先生主之，以请于郡。时先生适在信之铅山，闻警报，亟归抵家……与兄弟门人论所以宜从之义甚悉。会郡符已下，先生将许之。或者不悦，谓先生曰：先生海内儒宗，蹈履规矩，讲授经术，一旦乃欲为武夫所为？……卫灵公问阵于孔子，孔子不答。今先生欲身为之乎？先生曰：男子生（悬）以弧矢，长不能射则辞以疾。文事武备，初不可析。古者有征讨，公即与将

帅。比间之长，则五两(两乃古代军队的一种编制)之长也。卫灵公家国无道，三纲将沦，既见夫子，非哲人是尊，社稷是计，而猥至问阵，其颠荒甚矣，故夫子答以俎豆，而遂行。夹谷之会，三都之堕，讨齐之请，夫子岂不知兵者？……先生于是始报郡符，许之。已而调度有方，备御有实，寇虽不至，而郡县倚以为重。

九渊一生受九龄的影响不少。

九渊十七岁，正当宋高宗(南宋第一个君主)绍兴二十五年，亦即秦桧逝世之年，距金人之攻陷汴京，徽、钦二帝之被携北徙，才三十年，距秦桧所主持的，割河为界、称臣纳贡的和约，才十六年。人民所遭暴敌的屠戮，衣冠所遭暴敌的凌践，文物所遭暴敌的劫掠摧残；同时将吏的弃职逃责，降志辱身，士大夫的仓皇奔窜，苟且偷生——这一切还历历在父老的记忆中。前一年，九渊读史读到晋代五胡乱华的故事，联想起当前国家的耻辱，生活立刻起了一大变化。他把修长的指甲剪掉，把阔袖长裙的儒服换掉，日日挟弓跨马，学习骑射。他对于信念的认真，正如他对于容止举动的认真一样。他自五六岁以来受人夸奖的特点，是坐立雍容，衣冠端整，履有弊而无怀，读书纸角无卷摺，足迹不到庖厨……等等。

他少年读书治学，有两种异众的趋向，可以注意。第一是喜疑问，有主见。他四五岁便问"天地何所穷际"，思想到废食忘寝。当时读书人都对《论语》里所记孔大弟子的话和孔子的话一样尊重的，但他初读《论语》，便觉得"夫子(孔子)的言简易，有子(孔子的弟子)之言支离"。当时程伊川(名颐，北宋大儒)的教说风靡一世，他却觉得，伊川的话和孔子、孟子的话不相像。听人读伊川的话便觉得好像伤了他。第二是重实践。他自述道："吾家合族而食，每轮差子弟掌库二年。某适当其职，所学大进，这才是'执事敬'。"①他把日常生活事务的处理、"人情事势"的体会和圣经贤传的考究，看得有同等的重要。他耻作空言浮想，而自己不能实行。所以他认为国仇当复，国耻当雪，便亲习骑射。

当时一般士人的最大希望是仕宦显达，而科举试场上的成败决定一个人的政治命运。所以对于一般士人，读书只是预备考试，但九渊对科举很冷淡，到了二十四岁的一年，因为先辈的勉促，才开始去应乡试。在应试前三个月，才始作科场的预备工夫。在这次和以后所有各次的考试中，他只直写胸中所见，从不肯揣摩风气，迎合试官的心理。但他初次应考就取中了。捷报到时，他正在四兄家里弹琴。他等弹完了一曲，才问来人，接着再弹一曲，然后回家。乡试取中后不久，九渊即遭父丧，不能入京会试。（宋制：乡举不具一种资格。如乡试取中后不能会试，或会试不售，须再赴乡试。）过了九年，始再捷乡试，次年始中进士。此后十五年中，他大部分时间是闲居讲学，但也有时从政；他历官县主簿、国子正（即当时唯一国立大学的教授），敕令所删定官，及将作监（中央政府里管营造事务的机关）丞（即副长官），终被人排挤免职。他在官时，始终不忘少年为国复仇之志，时常访求智勇之士，和他们讲究武事利病和形势要害。但在这十五年间，他没有得到施展怀抱的机会。自监丞免职后，便决志归隐故

① 《论语》："居处恭，执事敬，与人忠。虽之夷狄，不可弃也。"

乡，讲学传道。这时他已四十八岁了。

二

在金溪县邻近的贵溪县，离有名的龙虎山（张天师所居）不远有一座山，俗名禅师山，九渊的描写如下：

> 山形宛然巨象。……山面东南，叠嶂骈罗，近者数十里，远者数百里，缥缈磊落，争奇竞秀，飞舞于檐间。朝暮雨晹，云烟出没之变，不可穷极。上憩层巅，东望灵山，龟峰特起如画。玉山之水盖四百里而出于龟峰之下，略贵溪以经蕴山之左。西望藐姑、石砥、琵琶，群峰峭举逼人，从天而下。溪之源于光泽（地名）者，萦行泓澄。间见山丽如青玉版。北视龙虎、仙岩、台山，仅如培塿。东西二溪，窈窕如带。二溪合处，百里而近，地势卑夷旷，非甚清澈，目不能辨，常没于苍茫烟霭中矣。下沿清流：石涧曲折分合万状，悬注数里；苍林荫翳，巨石错落。

这就是九渊晚年讲学之所。他不喜禅师山之名，改称为象山，并自号象山居士。学者因称他为象山先生。

九渊自举进士后已开始讲学。他是一个典型的教育家。他的学识、声望和人格的"磁力"，到处吸着一班青年跟绕着他。每凭一席话使他人心悦诚服，北面称弟子；每凭一席话决定他人一生的趋向。有一个强梁的少年名李云者，尝欲率五百人打劫起事，一日往见九渊，经他一番劝诲，便翻然而改，后来在家里立着九渊的牌位来供奉。他自京师解职归乡后，从游的人更众盛。乡间的长老也俯首听诲。每入县城，围着他听讲的常二三百人，房子容不下，便迁到寺观里。县官给他在学宫（即孔子庙堂）里设讲席，往听的，贵贱老少，充塞街巷。

关于他在象山讲学的情形，他的弟子冯元质有一段很好的记载如下：

> 先生当居方丈。每旦，精舍鸣鼓，则乘山簥至。会揖升讲坐。容色粹然，精神炯然。学者以一小牌书姓名年甲，以序揭之，观此以坐，少亦不下数十百，齐肃无哗。首悔以收敛精神，涵养德性，虚心听讲。诸生皆俯首拱听，非徒讲经，每启发人之本心也。间举经语为证，音吐清响，听者无不感动兴起。初见者或欲质疑，或欲改辩，或以学自负，或有立崖岸自高者。闻诲之后，多自屈服，不敢复发。其有欲言而不能自达者，则代为之说，宛如其欲言，乃从而开发之。至有片言只语可取，必奖进之，故人皆感激奋砺。平居或观书，或抚琴，佳天气则徐步观瀑。至高诵经训，歌楚词及古诗文，雍容自适。虽盛暑衣冠必整肃，望之如神。诸生登方丈请诲，和气可掬，随其人有所开发，或教以涵养，或晓以读书之方，未尝及闲话，亦未尝令看先儒语录。每讲说痛快，则顾傅季鲁曰，岂不快哉！季鲁齿最少，坐必末。尝挂一座于侧间，令代说。时有少之者也，先生曰季鲁英才也。

九渊大率二月发山，九月末归家，中间亦往来定。居象山凡五年，据他的登记簿，来者不逾数千人。

三

光宗绍兴〔熙〕二年，九渊五十三岁。先两年，孝宗死，光宗继位，新执政闻九渊名，保荐他知荆门军（军是宋朝地方行政的一种区域，大抵包括两三县）。是年秋，九渊始离象山赴任。在任才一年零三个月，便得病而死。但从他在荆门短短时间的政绩看来，他假使不早死，在政治上定有很伟大的建树。

他在荆门的治绩，举其大者，可分三项来说：

（一）教化。旧例太守见客受诉，分日限时，悬牌揭示，他一到就把这种架子废除，使僚属可随时入见，人民可随时入诉，使僚属、人民觉得他易于亲近。他号僚属如朋友，推心敬接，论事惟理是从，不用威压。他在家书里说："每一同官禀事，众有所见，皆得展其所怀，辩争利害于前，太守唯默然听，候其是非既明，乃从赞叹，以养其徇公之意。太守所判，僚属却回者常有之。"他教民如子弟，虽贱役走卒，以晓以理义。遇有涉及伦常的诉讼，判决之后，每令原告人把讼词毁掉，以厚风俗。每朔望及假日，必到郡学里给学生训诲。旧例正月十五日太守在郡衙里建醮设斋，为人民祈福，他把这迷俗革除，于是日会集吏民，讲《书经·洪范》一章，发明做人的道理，可代替醮事。他的立身既足以为人表率，他的政令又足以使人悦服，加以他勤恳教说，故期年之间，居然收到移风易俗的效果。到后来，刑清狱减，贼盗绝迹，诉状每月不过两三纸。

狱卒无以为生，纷纷请退，公家特别给他们薪水才止（平常狱卒是没有薪水的）。人民相保相爱，闾里熙熙。吏卒亦能相勉以善，视官事如自己家事，大家有"穷快活"之说。

（二）武备。荆门的地方，在江汉之间，北接襄阳，南接江陵，为自古战争之场，金人南侵必经之地，在当时本为"次边"。其地四面有山围着，历来恃以为险，没有城垣。九渊一到任，使创议筑域〔城〕，以固边防，亲自劝督工役，二十日便筑完。初时估工的预算要费钱二十万贯，结果才费三万贯。是时湖北的地方军，行用虚设，兵士多逃亡，视官府如旅舍，不可禁止；其残留的，平素又无训练。九渊加重逃窜的刑罚，并且准给捕获的赏金；又时常会集较射，射中的受赏；每派兵士做工役，必加给工值。因此他们无饥寒之忧，得专心弓矢。从此兵士逃亡的绝少。后来朝廷的兵官来检阅，只有荆门的军队整饬振作，名副其实。较射时，不独兵士可以参加，人民也可以参加；人民射中的与兵士一样受赏。这是九渊鼓动"民众武装"的妙法。

（三）治狱。据他的门弟子扬简所记："（先生）接宾受词无早暮，下情尽达无壅。故郡境之内，官吏之贪廉，民俗之习尚，忠良材武，与猾吏暴强，先生皆得之于无事之日。往时郡有追逮，皆特遣人先生，唯令诉者自执状以追，以地近远立限，皆如期，即日处决，轻罪多酌人情，晓令解释（和解）。……唯怙终不可诲化，乃始断治，详其文状，以防后日反复。久之民情尽孚，两造有不持状，唯对辩求决。亦有证（被告）者不召自至，问其故，曰事久不白，共约求明。或既伏，俾各持其状去，不复留案。尝夜与僚属坐，吏白有老者诉甚急，呼问之，体战，言不可解。俾吏状之，谓其子为群卒所杀。先生判'翌日呈'（谓翌日交出其子也）。僚属难之。先生曰，子安知不至是？凌晨追究其子，盖无益也。人益服先生之明。有诉遭窃脱而不知其人，先生自出二人姓名，使捕至讯之状辜，尽得所窃物还诉者，且宥其罪，使自新。因语吏曰，某所某人尤暴，吏亦莫知。翌日有诉遭夺掠者，即其人也，乃加追治。吏大敬。郡人以为神。"

此外税收积弊的改革，和重修郡学、贡院、客馆、置医院……等建设都是他政绩上的项目，以其事比较繁琐，这里不必详叙。

以上只说九渊性格和事业的大概。至于他的思想，当另为文详事之。

原载《中国青年》（重庆）第 1 卷第 2 期，1939 年 8 月 20 日

南宋之军队

南宋军队究有几何？自然此数目非固定者。

据《宋史·兵志》六，南渡以来兵籍之数：

在绍兴十二年，为二十一万四千，

在绍兴二十三年，为二十五万四千，

在绍兴三十年，为三十一万八千，

在乾道三年，为二十二万三千。

以下《宋志》不详。今勾稽宋人文集，稍补其阙。

约当孝宗、宁宗间，倪思（据《南宋文范》作者考，倪思，乾道二年进士，后以忤史弥远罢官）对策言："今以天下之兵籍略计之，行都之宿卫，沿流（长江）之驻扎，州郡之分屯，无虑七八十万。"（《南宋文录》九）约略同时，杨冠卿（据《四库提要》所考，冠卿当孝宗淳熙五年四十岁）撰《省兵食说》，则谓"今日之兵，仰给大农者，亡虑百万"。而其后叶适亦谓"（今）竭国力而不足以养百万之兵"（《兵总论》一）。故在南宋中叶，中国之兵但就中央政府给养者计，已及百万。然其后尚有增加。据《宋史·兵志》七，理宗绍定九年，贾似道疏云："景定元年迄今，节次招军，凡二十三万三千有奇。

除填，额创招者九万五千。"此乃理、度两朝内之事耳。其前，宁宗末年，韩侂胄开边，兵额之增当不少。虽其确数不详，然观王迈论此事，谓"蜂屯蚁聚，扶携来归。辇安边（按指安边所）之财以给之，惟恐不赡；航东南之粟以饷之，惟恐失期"（《臞〔臞〕轩集》一），亦可概见。

北宋兵额最多之时为仁宗庆历朝，总一百二十五万余。由上所考观之，南宋在亡国前夕之兵额，至少当与此数相埒。当南宋初叶，李纲尝言："户部岁入无（北宋）承平时三分之一。"（《南宋文范》一四《李纲论财用札子》）后纵开源，以幅员所限，税收当亦无法过北宋之半。以不及北宋一半之税收，养北宋最高之兵额，南宋国家，安得不破产？

理宗端平二年乙未（元兵入临安前四十年），《馆阁考职策问》有云："今国家罄一岁所入，曾不支旬月，而又日不辍造十数万楮币，乃仅得济。"南宋亡国前夕之财政状况，此语尽之矣。

顾理财者虽苦军费之重，兵数之多，实际负军事责任者又苦兵数之少。端平初，魏了翁已言：

> 蜀中诸军，旧管九万八千，马二万。嘉定核实（谓裁虚额），裁为八万二千，马八千。则气势已不逮昔矣。近者更加核实，官军才六万余人，忠义万五千，而其间老弱虚籍者又未可计。是以五、六万人，当□（中阙一字）千七百里之边间，众寡强弱，此盖（不？）难见（本集十九）。

其后宝祐四年，文天祥亦言：

自东海城筑，而调淮民以防海，则两淮之兵不足。自襄樊
复归，而并荆兵以城襄，则荆湖之兵不足。自腥气染于汉水，
冤血溅于宝峰，而正军、忠义空于死徒者过半，则川蜀之兵又
不足。江淮之兵又抽而入蜀，又抽而实荆，则下流之兵愈不足
矣。荆湖之兵又分而策应，分镇而抚，则上流之兵愈不足矣。
夫国之所恃以自卫者兵也，而今之兵不足如此，国安得不弱
哉。扶其弱而归之强，则招兵之策今日直有所不得已者。然召
募方新，调度转急，问之大农，大农无财，问之版曹，版曹无
财，问之饷司，饷司无财。自岁币银绢外，未闻有一画策为军
食计者(本集三)。

一方面不胜军费之负担，一方面感觉兵不敷用。所以然者，南宋军
队大部分腐化也。此事略具于予所撰《南宋亡国史补》(《燕京学报》
第二十期)，今不赘。

除兵不敷用之感觉外，尚有一事使裁兵在当时为不可能者。宋
以军队为失业游民之尾闾，自其祖宗以来，即视此为潜消反侧之妙
法。此政策之需要，在南宋犹不减。南宋初吴儆(绍兴二十七年进
士，淳熙十年卒，据本集附传)尝奏言：

臣窃见朝廷平时以募兵为急，而应募者少。今岁正是募兵
之时，而未闻广募。臣不知其故何也。臣闻饥岁莫急于防民之
盗，而防盗莫先于募民为兵。盖饥困之民，不能为盗，而或至
于相率而蚁聚者，必有以倡之。闾里之间，桀黠强悍之人，不

事生业，而其智与力足以为暴者，皆盗之倡也。因其饥困之际，重其衣食之资，募以为兵，则其势宜乐从。桀黠强悍之人既已衣食于县官而训制之，则饥民虽欲为盗，谁与倡之？是上可以足兵之用，下可以去民之盗。一举两得之，孰有便于此者？（《吴文肃公集》一）

同时范浚亦言：

> 今日召募，可以安未难（此字疑衍）动之寇也。何以言之？江浙之人，传习妖教旧矣，而比年尤盛。绵村带落，比屋有之。为渠首者家于穷山僻谷，夜则啸集徒众，以神怪相诳诱，迟明散去，烟消鸟没，究之则鬼迹，捕之则易以生事。根固蔓连，势已潜炽。其人类多奸豪，拳勇横滑，不及此时因召募而收用之，以消患于未萌，臣恐吴遽未必跳梁于今而张角、孙恩决复响动于后也。且奸豪横滑之人，居心好动，殆非莳桑秉耒，低首安作，为良民者。譬之修蛇巨蝎，取以备药物，或能已疾蠲病，苟弃不用，日以滋息，则缘墉肖屋，蛰人而肆其毒必矣。故臣愿因召募而收用之，亦已时病之细术也。（《范香溪文集》十四）

其后卫博（光宗、宁宗间人，与朱子同时）更从失业之来源上，推论继续募兵之不容已。其言曰：

> 比年以来，富家大室擅兼并之利，诛倍称之息，械系设于私室，抽剥于肤髓。贫民下户，仇之到骨，诗张怨詈，所不堪

听。顷在田间，实所亲见。当知幸乱之众，何止曩昔起于贫穷
而狃于轻剽者？虽然，若此之民，所在而有，未必皆能特起。
至于徽、严、衢、婺、建、剑、虔、吉数州，其地阻险，其民
好斗，能死而不能屈。动以千百为群，盗贩茶盐，肆行山谷，
挟刃持梃，视弃躯命与杀人如戏剧之易，饮食之常。异时有司
之所不敢呵问。其贪暴残鸷之心，特未有以发之耳，使其时有
可乘，事有所激，奋臂一呼，正在此辈。尤不可以不察。当是
之时，朝廷能忘内顾专志外侮乎？然则于今之计，莫若检举往
年忠义、巡社、乡兵、弓手之制别行讨论，厚立赏格，多为爵
级，多给告命州委之守，县委之令，劝诱豪民，纠合乡里。应
募之士，奸民、惰卒、亡命、废锢之人尽得出于其间。其愿保
乡里者为一将，其愿卫边者则为一将。明谕之以不刺面，不涅
手，事已则复归田里。为之纠合者，及几人，授某官，满岁无
过增某秩，有克获者受某赏。其在募之士爵几级，赏几等，皆
当倍于弓兵赏格之旧。训之以坐作，齐之以等级，纠之以主
率，居可以备他盗，保桑梓；行可以保卒乘，助边防。无向来
椎剽啸聚之虞，而良民有得安田里之幸。一物而三善从之。
(《定庵类稿》四)

夫国家方惧未能扩张军额，以容失业无产之民。若语以裁兵，岂非
以方枘入圆凿？

既不能裁兵，又无法养兵，此南宋之所以不得不束手而待毙也。

原载《益世报·史学副刊》(渝版)第 5 期，1940 年 5 月 30 日

《刘锜与顺昌之战》自序

宋、金交兵之最初十五年间，宋以崩倒之战为常，而从未有一次屹决之胜。虏骑长驱远突，南至于南昌、长沙，东至于杭州、宁波，高宗仓皇浮海，仅免为徽、钦之续。时方百计通使，求拜表称臣而不获。暨秦桧秉钧，王伦使回，高宗始遂屈膝偷安之愿。然甫逾年而虏骑又南下矣。

自顺昌之战而形势一变。是役也，刘锜以壮弱杂□不盈二万之军，撄顺昌□薄之孤城，而败金兀术十余万之精锐，使之狼狈遁逃。声威所播，举国振奋。于是李宝捷于兴仁，姚仲捷于凤翔，牛皋捷于京西，孙显捷于陈蔡，曹成捷于大兴，王腾、成闵等先后捷于淮阳，杨从义捷于宝鸡，王贵、姚成捷颍昌，吴璘捷于陕州，韩世忠捷于泇口，杨沂中捷于柘皋，而岳飞捷于郾城。是时洪皓方奉使在燕，据其所见，金人震惧丧魄，悉迁燕之珍宝于北，意将捐燕以南而弃之。无如高宗，一意于和也。然高宗所以能终和，赖此战耳。朱晦庵曰："虏人（经此）大败，方有怯中国之意，遂从和议，前此皆未肯真个要和。"其言谅矣。是则顺昌之战者，宋、金南北对峙之局所由奠也。论其在历史上之重要，视昆阳、赤壁、淝水诸役，岂有逊哉。而其两方众寡之悬殊，又与昆阳、赤壁、淝水诸役为类。

吾人读史至昆阳、赤壁、淝水诸役，每恨无亲历其事者之赡详记录，又无异源之资料以供参校；今所传者，既甚简略，又不知几经文人点窜，其去真象之远近，竟无以测之。顺昌之役，幸独不尔。现存此役之重要史料有七，请略述如下。

（一）杨汝翼之《顺昌之战胜破贼录》（下文省称《杨录》）。杨氏事迹，于本录外无可考见。本录中云："某（作者）随轩而来，偶遭虏寇。迨兹平宁，敢以前后所见叙为纪实。"意杨氏当是刘锜左右司笔札者。本录为日记体，如下文所考，乃撰于战后两三月内，时作者盖尚留顺昌也。以亲见亲闻，而记于记忆尚新鲜之际，在原始史料中，所希觏也。

（二）汪若海陈报顺昌战功之《劄子》（下文省称《汪氏劄子》）。汪氏在战前官顺昌府通判，城将被围时，奉知府陈规命请援于朝。此《劄子》之来源，据其中所述，乃汪氏"躬往战地，或访亲见临阵之人，或质被虏得脱之士。"考李心传《建炎以来系年要录》一三七载"若海移书辅臣"云云，其下录书中语皆见于此《劄子》中。则此劄子乃其移辅臣之书也。

以上二种皆全采于徐梦莘之《三朝北盟会编》，分载卷二百一及二百二。

（三）刘锜自述顺昌之战略，经辗转传述而记入于《朱子语类》卷一三二中者。《语类》皆朱子门弟子所记。其关于顺昌之战二则，乃刘锜亲言于张栋，张栋以告朱子，朱子以告其门弟子而记之者。二则乃二人各记同一谈话，而互有详略，且稍有参差，《语类》并收之。史法上所谓"传闻异辞"，此为最佳之实例。

（四）周南之《山房杂记》。周南略与朱子同时，官至秘书省正字。《杂记》见于其所撰《山房集》（涵芬楼秘笈本）卷八，中记刘锜事五则（其关于顺昌之战者一则），皆不见于他书。

（五）徐梦莘之《三朝北盟会编》。《会编》除全采《杨录》及《汪氏劄子》外，尚有许多关于刘锜之记载，不尽注明来源者。

（六）李心传之《建炎以来系年要录》（下文省称《要录》）。心传号称良史，而《要录》记顺昌之战颇略，且时有颠倒凌乱，殆非其经意之笔也。《要录》因□编而修，此所记乃以《杨录》及《汪氏劄子》为主源，然其撰拟亦有出二文之外者，惜不注来历耳。所可异者，《要录》之考异小注中，屡引郭乔年之《顺昌破敌录》，而所引文皆见于今存之《杨录》中，仅偶有一两字之差异。岂《郭录》与《杨录》实即一书，而作者传闻歧出欤？抑《郭录》全采《杨录》，加以增广，而《要录》所引，适为其因袭之部分欤？以余观之，后一说为近实。《要录》小注所引尚有不著撰人之《顺昌破敌记》一则，原书今已佚，《要录》记顺昌之战虽稍略，然刘锜在此战以前及以后之事迹散见于《要录》中者则甚多，且大部分为《宋史·刘锜传》所不载，可采以补其缺也。

（七）《宋史·刘锜传》（下文省称《本传》）关于刘锜之史料，此最晚出。其记顺昌之战，一部分符于《杨录》，一部分符于李氏《要录》，而亦有出此二录之外者，显然，别有一源，惜此别源之来历不可考耳。所记此战前后之刘锜事迹，校以《要录》，不独互有详略，且时有重大之差歧，须重加考订。

南宋人笔记，于南宋名将，如韩世忠、岳飞辈多记其遗闻轶事，独于刘锜则缺如。近人丁传靖辑《宋人轶事汇编》，搜讨宋人笔记殆遍，而于刘锜只有短短之三则，其二摘自徐氏《会编》，其一采自朱子之《名臣言行录》，皆无关重要者。

以上所列举关于刘锜及顺昌之战之史料（此外，次要之资料尚有《十三处战功录》《中兴御武录》及《南宋十将传》，予因避地边荒，无从得见，须俟他日增补），过去史家尚未有汇聚而整理之，考校其异同，断取其可信，而综合为一比较能满人意之记述者。本书爰始为之。

下文分两部：

（一）《刘锜别传》，即抉择而融会一切有关史料之新记述。

①顺昌之战以前，②顺昌之战，③顺昌之战以后。此篇分三节，在第一及第三节中，遇有歧异之记载为本文所不采者，悉为考异，随文附注。此二节之史源，除《本传》《要录》及《会编》外，尚有朱子之《张复行状》。第三节之史源及其考异尽具于下一篇中，故不复以考异随文附注云。

（二）杨氏《顺昌战胜破贼录》疏证。《杨录》本身为一极有意义之历史文件，亦一极富趣味之读物。其中细节，《别传》格于文体，无法完全采入，抑其亲切之意味与时代之精神，一经转述便无法保存。要之此录自有独立永存之价值，而非任何转述所能替代。今以此录为正文，而悉采其他史料之详其所略者，或可以补其所阙者，或可以正讹误者，或与有出入而是非难遽决者，分别疏附其下，间加按语。庶学者览此，不惟于顺昌之战可得更亲切而深刻之印象，且于纪〔记〕载之源流与夫史家取裁之艰苦，亦可了然。窃以为凡关史中大事之有众多史源者，皆宜以此法处理之，兹篇其权舆也。

原载《益世报·史学副刊》（重庆版）第 6 期，1940 年 6 月 13 日

宋代南北社会之差异

以我国历史所涉地理范围之广漠，在每一时代，各地域之社会状况恒差异甚巨。故研究一时代之社会史，首须注重各地域之特色。近来述国史者每喜谈某时代之社会，然类皆撷拾片段，而不明著其地域之限制，一若以概全国者焉，于显真之义，殊有未尽。兹举宋代南方与北方之若干重大社会差异，以为上说之例证。

一、农奴制度之存在于南方

事有出乎史家意想之外者。至少在北宋，农奴制度在江淮以南，西迄四川，东迄闽浙，犹有普遍之存在。《宋会要辑稿·食货一》之二四载：

> （仁宗天圣五年）十一月，诏江淮、两浙、荆湖（即今两湖）、福建、广南（即今两广）州军。旧条，私下分田客非时不得起移，如主人发遣，给与凭由，方许别往。多被主人抑勒，不放起移。自今后，客户起移，更不取主人凭由，须每田收田

毕日，商量去住，各取稳便，即不得非时衷私起移。如是主人
非理拦占，许经县论详。

佃户非经田主许可，并给与凭证，不得自由迁移，是即附着于田土
之农奴也。诏书以"旧条"为言，明此制得法律之承认也。诏书许以
后被锢之佃户"经县论详"，明以前被锢之佃户无此权利也。此"旧
条"不知起于何时，在汉以后、唐以前无闻，殆起于唐末五代；当
此分崩离析、上无道揆之世，豪强地主，遂得专威，浸假而成为法
律也。诏书仅涉及江淮以南诸路，明江淮以北无此制也。仁宗此诏
乃解放南方农奴之一大社会改革，亦宋初一大惠政，而《宋史》及李
焘《长编》均不载。其他宋人记载，以作者所知，亦无道及者。不有
最近《宋会要》之重现于世，此事不几何与时俱湮？

仁宗之诏书未提及四川。然农奴制度在北宋初之曾存在于四
川，别有证据。农奴制之在四川似比较不普遍，惟田主对于农奴之
权力则更大，直成为事实上之统治者。《宋史》卷三〇四《刘师道
传》载：

> 川陕(峡字当是峡字之讹，参看下引《宋会要》)豪民多旁
> 户，以小民役属(者)为佃客，使之如奴隶，家或数十户(《太
> 宗实录》《宋会要·刑法二》之五均作千)。凡租调庸敛，悉佃
> 客承之。时有言李顺之乱，皆旁户鸠集，请释旁户。

《宋会要·刑法二》记此事更详，文云：

（太宗）至道二年八月……诏制置剑南、峡路诸州旁户。先是巴庸民以财力相君，每富人家役属至数千户。小民岁输租庸，亦甚以为便。上言者以为两川兆乱，职豪民啸聚旁户之由也。遂下诏令州县责任乡豪，更相统制。三年能肃静寇盗，民庶安堵者，并以其豪补州县职以劝之。遣职方员外郎时载、监察御史刘师道，乘传赍诏书谕旨。既而载等复奏，旁户素役属豪民，皆相承数世；一旦更以他帅领之，恐人心遂扰，因生它变。上然之，其事遂寝。

"旁户"为田主"役属……如奴隶……凡租调庸敛悉（佃客）承之"，且"皆相承数世"，其为农奴无疑。从彼等"相承数世"之事实推之，可知四川之旁户制度至迟当起唐末。

太宗初下诏，令"州县责任乡豪，更相统制"云者，意谓使旁户尽皆易主，而田主与旁户之关系仍旧保存。故时等以"一旦更易他帅，恐人心遂扰，因生它变"为言。从太宗改革旁户制之困难，可知此制之存在于四川，范围盖甚广泛，其非三数州府之特殊情形可断言也。李顺之乱为太宗初年一大变，余尝为文考之（见《清华学报》）。当时未知其与旁户之关系，及读《宋史·刘师道传》"李顺之乱皆旁户鸠集"之语，初疑此为农奴反抗田主之起事，颇合于近时治社会史者所喜谈之"农民暴动"。及读《会要》"两川兆乱，职豪民啸聚旁户之由"，乃知以前涉想之非。此"豪民"二字之增减，遂予读者以完全不同之印象。乃知于史文言外推论之难而不容苟也。盖四川地力颇丰，田主对旁户租庸调之征殆尚比较上不甚苛，而旁户一方面又资田主之保护，用能彼此相安。故太宗于旁户制之废除，并不感急切；其后仁宗解放南方之农奴而不及四川之旁户者，殆亦以此故，而非由此时四川旁户制已消灭也。然太宗以后四川旁户之历史于载籍无征。

二、杀婴习俗之盛行于南方

宋代有一严重之社会病态，特盛于南方，即杀婴之习俗是也。其时间亘南北两宋，其地域遍及于江南东西路、荆湖南北路及闽浙、两广。政府虽严设法禁，力谋救济，终不能止。兹将此事之史证列举于下：

（1）统括数路之证

《宋会要·刑法二》之五十："（徽宗大观三年）十一月九日，兵部侍郎详定一司敕令王襄等奏：'福建、荆湖南北、江南东西有生子不举者，近诏申严禁约，其刑名告赏，只行于福建，而未及江、湖诸路，乞一等立法。'从之。"

同上《刑法二》之五七："（徽宗政和二年）四月十二日……刑部看详：福建路溺子，已有增立新法外，所有江南东西、荆湖南北路溺子，虽有大观四年四月敕，生子而杀，刑名告赏，今乞于逐项条内，生子而杀下，各添入孙字。"

同上《刑法二》之一四七："（高宗绍兴三年）十一月八日，臣僚言：'浙东衢、严之间，田野之民，每忧口众为累，及生其子，率多不举。又旁近江东饶、信皆然，望赐止绝。'刑部检准现行条法为系江南东西、荆湖南北、福建路；其两浙东西路未有。乞依上条。诏依。"

《建炎以来系年要录》卷一六四："（绍兴二十三年）六月壬戌，国子监丞兼权祠部员外郎吴武陵面对，乞申严荆湖、福建士民不举子之禁，令保伍更相觉察，月上娠产之数于官，兼申给钱之令，则全活婴孺，将不可胜计。诏监司丁宁州县，悉意奉行，其有显绩去处，保明申奏推赏。"

《宋会要·刑法二》之一五八："（孝宗乾道二年）十一月二日，大礼赦：'勘会民间……贫乏下户，往往生子不举，甚伤风俗。可令逐路州军，检举见行条法，令于县镇乡村晓谕，严行觉察，许人陈告。'"

刘时举《续通鉴》卷十三："（宁宗开禧元年三月）申严生子弃杀之禁，仍令诸路文物官常平官月给钱米收养之。"

（2）江南东西路之证

《宋会要·刑法二》之五七："（政和二年）七月三日，宣州布衣臣吕堂上书：'东南数州之地，尚有……狃于故习……男多则杀男，女多则杀女……谓之薅子。即其土风，宣、歙为甚，江宁次之，饶、信又次之。愿委守令以禁戒之，联保户以督察之，立重赏以收捕之。有不变者，真以极刑。……'诏依福建已得指挥，仍委监司按察。如有违犯，重真于法。"

（3）荆湖南北路之证

苏轼《与朱鄂州书》："昨……王殿直天麟见过……言鄂岳间田野小人，例只养二男一女；过此，辄杀之。尤讳养女……初生辄以冷水浸杀之。其父母亦不忍，率常闭目背面，以手按之水盆中，咿嘤良久乃死。……天麟每闻其侧近有此，辄驰救之，量与衣服饮食，全活者非一。……鄂人有陈光亨者，今已及第，为安州司法。方其在母也，其舅陈遵梦一小儿援其衣，若有所诉。比两夕辄见之，其状甚急。遵独急〔念〕其姊有娠将产，而意不乐多子，岂其应是乎？驰往省之，则(儿)已在水盆中矣。救之得免。……？准律，故杀子孙，徒二年。此长吏所得按举。愿公明以告诸邑令佐，使召诸保正，告以法律，谕以祸福，约以必行。……且立赏召人告官，赏钱以犯人及邻保家财充。……若依律行遣数人，此风便革。……但得初生数日不杀，后虽劝之使杀，亦不肯矣。自今以往，缘公而得活者，岂可胜举哉！"（按：此书不见于今本《苏东坡集》，引见明姜南《学圃余力》。）

《宋史》(卷)三八一《范如圭传》，"如圭在高宗朝知荆南府时奏论：'东南不举子之俗，伤绝人理，请举汉昭〔胎〕养令，以全活之。'"

《宋会要·刑法二》之一二六："（光宗绍熙五年九月，明堂赦）：访闻湖广等处州县……贫乏下户，往往生子不举。条法禁约非不严切。习以为常，人不知畏。可令守令检举见行条法镂板，于乡村、道店、关津、渡口晓谕，许诸色人告捉，依条施行。仍仰监司严行觉察，毋致远戾。"

(4)两浙路之证

《宋史》卷四百《王信传》："信知绍兴府，禁民不举子。"（按：信，南宋初人。）

《建炎以来系年要录》卷一一七："绍兴七年十二月庚申，礼部尚书(刘大中)言：浙东之民有不举子者……生女者例不举。"

《宋会要·食货一二》之一九："（孝宗乾道九年）七月十五日……上曰：'范成大谓处州……有不举子之风。'虞允文曰：'诚有之……'诏曰：两浙……绍兴府湖、处州……生子不举，有伤风化。……"

（5）福建路之证（按：宋代杀婴俗在福建路最盛，故宋人之记载与论列亦最多。）

《宋史》卷四五九《魏掞之传》："建（州）俗生子多不举。（掞之）为文以戒，全活者甚众。"

《麈史》卷上《惠政门》："闽人生子多者，至第四子，则率皆不举，为其赀产不足以赡也。若女则不待三，往往临蓐以器贮水，才产即溺之，谓之洗儿。建、剑尤甚。四明俞伟仲宽宰剑之顺昌，作《戒杀子文》，召诸乡父老为人所信服者，列坐庑下；以俸置醪醴，亲酌而侑之；出其文，使归谕劝其乡人，无得杀子。岁月间，活者以千计。故生子多以俞为小字。……朝廷嘉之。……复为立法推行一路。……予（《麈史》撰者王得臣，嘉祐四年进士）尝至其邑，闻仲宽因被差他郡，还邑，有小儿数百迎于郊。"

同上卷下《风俗门》："闽中生子既多不举，其无后者，则养他人子以为息。异日族人无出，族女争讼无虚日。予漕本路，决其狱，日不下数人。夫杀己子以至于后世讼狱不已，岂非天戒欤？"

《孙公谈圃》卷中："闽中唯建、剑、汀、邵武四处杀子，士大夫家亦然。"

《宋会要·刑法二》之四九："（大观三年）五月十九日，臣僚言：'伏见福建路风俗……家产计其所有，父母生存，男女共议，私相分割为主，与父母均之。既分割之后，继生嗣续，不及襁褓，一切杀溺。俚语谓之薅子。……建州尤甚，曾未禁止。伏乞立法施行。'上批：'远方愚俗，残忍薄恶，莫此之甚，有害风教，当行禁止。'"

同上《刑法二》之五六："（政和二年）四月十二日，臣僚言：'福建愚俗，溺子不育，已立禁赏。顽愚村乡习以为常，邻保亲族皆与之隐。州县勘鞫，告者认妄。……'"

（6）广南东西路之证

《宋会要·刑法二》之一四七："（绍兴五年）闰二月九日，臣僚言：'不收养子孙，二广尤甚。'诏其赈载不尽路分，依两浙等路见行条法。"

在以上关于杀婴俗之文献中，凡政府之禁令，公私之论列，皆不及于江淮以北及四川。知此等地域尚无杀婴之俗，或虽有而未盛行至于成为严重之社会问题也。又从此诸文献，可知宋至徽宗时，朝廷始留意于杀婴俗之防禁。徽宗一朝，关于此俗，何啻三令五申。高宗初都南服，朝廷对于此俗，闻见益习，关怀益切，故论奏及诏谕亦更繁。其后孝宗、光宗、宁宗三朝亦不断重申旧禁。然上文只及于直接防禁之建议与法令耳，至间接补救之建议与法令，在此五朝，亦多有之，下文更详。宁宗以后，文献无征，非此俗遂绝也，殆若非因载籍残阙，即因朝廷鉴于过去法令之无效，转持放任态度耳。

宋代名臣，其初生时，为人从"薅子"盘中拯出者，以作者所知，亦有三人。一为章得象，一为章惇，皆北宋人；一为胡寅，南宋人。

《孙公谈圃》卷中："章郇公（得象），建州人，生时家妪将不举。凡灭烛而复明者三。……家人惧甚，遂收养之。"

《道山清话》："（章子厚惇，人言初生时），父母欲不举，已纳水盆中，为人救止。其后朝士颇闻其事。苏子瞻尝与子厚诗，有

'方丈仙人出渺茫，高情犹爱水云乡'之语。子厚为其讥己也，颇不乐。"

又据《齐东野语》卷六："（胡致堂寅），文定公安国之庶子也。将生，欲不举。文定夫人梦大鱼跃盆水中，急往救之，则已溺将死矣，遂抱以为己子。"

由此可见杀婴之事不仅限于"贫乏下户"，士大夫家亦有为之者。

关于杀婴俗盛行之原因，宋人议论纷歧。综而观之，凡有三说：

（1）有谓由于赋敛之重者

《建炎以来系年要录》卷一一七："（绍兴七年十二月庚申），礼部尚书（刘大中）言：浙东之民有不举子者。盖自艰难以来，奸臣持不恤之说，虐用其民，为国敛怨。民被其毒，无所赴愬，一身不恤，惶恤其他。臣尝承乏外郡，每见百姓诉丁盐绸绢（'丁盐绸绢'乃一种'人头税'，本用盐纳，后折绸绢，只行于两浙、福建、荆湖南北路及广南东西路），最为疾苦。盖为其子成丁，则出绸绢，终其身不可免。愚民宁杀子，不欲输绸绢。"

《宋会要·食货一二》之一九："（乾道九年）八月十四日，宰执进呈两浙诸州丁盐绢数。上曰：'范成大谓处州丁钱太重，遂有不举子之风。'虞允文奏曰：'诚有之。但诸州县丁绢尺寸多少各不等。……'于是诏：两浙州军人户身丁盐钱折纳绸绢数内，绍兴府、湖、处州比之他州最重……民户避免，至于生子不举。……"

同上："（乾道九年）七月十五日，直宝文阁知建宁府赵彦端言：生子孙而杀之者……盖民贫累众，无力赡给；年方至丁，复有输纳身丁之患。……"

宋郑瑶、景定《严州志》："前志载……淳熙丙午……丁一十七万五千九百有三。盖昔者丁钱未蠲，民苦重赋，故生子有不举。自乾道五年张宣公知州抗疏祈免，奉旨减免有差。至淳熙丁口之数，比绍兴增凡六万四千五百有九。开禧元年十二月，御笔尽免两浙身丁钱。……今……口凡三十二万九千二百有六，比淳熙之数增益。"

（2）有谓由于婚葬之浩费者

《宋会要·刑法二》之五六："（政和二年）四月十二日，臣僚言：'福建愚俗，溺子不育。……究其弊源，盖缘福建路厚其婚葬。至如殡葬……供祭罗列，焚献之物，创新缯帛。里闾之间，不问知识，尽行送礼。不顾父母具存，藏凶服以待送葬之用。利赴凶斋，意在所得，使遭丧者所费浩瀚。……'"

又上引《系年要录》绍兴七年十二月礼部尚书云："愚民宁杀子，不欲输细绢，又资财嫁遣，力所不及，故生女者，例不举。"

（3）有谓由于淫祀者

《宋会要·刑法二》之四九："（大观三年）五月十九日，臣僚言：'伏见福建路风俗，尅意事佛，乐供好施，休咎问僧，每多淫祀，故民间衣食因此未及丰足。……家产……分割之后，继出嗣续，不及褓裸一切杀溺。'……"

按以上三说皆用以解释局部之杀婴事实，然未能解释杀婴俗普遍盛行于南方之事实。身丁钱之重，婚丧之侈，及佞佛淫祀，就如说者所言，皆非普遍于江淮以南之现象也。即就局部之事实言，三说亦非穷源探本之论。杀婴之直接原因，为生产之家患口多为累。而所以患口多为累之故，则甚复杂。要而论之，患口多为累而至于杀婴之家可分为两类：第一类，其生活标准已达最低可能之限度，无法减低其生活标准以供养增加之人口，即所谓"贫乏下户"是也。第二类，其生活标准本未达于最低限度，而不愿过于减低其生活标准(婚葬之费、淫祀之费，皆构成生活标准之一部分原素)，以供养增加之人口。士大夫家之杀婴者，属于此类。由上引之文证观之，由事理测之，大多数杀婴之家当为"贫乏下户"。而如此"贫乏下户"之阶级之存在而且众多，则为社会富力之分配问题。至于身丁钱之特重，只是其局部之助长因，而非其普遍之主因也。杀婴俗之特盛于江淮以南，而无闻于江淮以北者，可见南方之贫者较北方之贫者为更贫而且众，换言之，即南方富力之分配较北方更为不均也。此推论下文将证实之。

宋人对于杀婴俗除严设法禁外，尚有种种救济之法：

(1)限制婚丧礼

《宋会要·刑法二》之五六至五七："(政和二年)四月……礼部看详：'福建路婚葬丰厚等条已有施行外，今重别拟定下项：诸父母存，非本宗及内外有服亲而辄凶服送丧(受雇行丧人非)……者……杖六十。'从之。"

(2)减免身丁钱

《续资治通鉴长编》卷一一一："(明道元年三月戊戌)，两浙转运司言：大中祥符五年，已放诸路丁身钱，而婺、秀二州尚输钱如故。己亥诏悉除之。"

同上卷一七〇："(皇祐三年七月丙子)，减湖南郴、永、桂阳监丁身米。"

《宋会要·食货一二》之一九："(乾道九年)八月十四日……

诏：两浙……提举常平官限一月取见逐州所管户口丁数等第，每丁岁纳若干，有无科折，核实保明，攒具成册，缴申尚书省取旨（减免）。"

同上："（七月十五日）知建宁府赵彦端……乞将本府七县人户身丁钱自今以后并与蠲免。从之。"

（3）资助产子贫户

《宋会要·刑法二》之一四七："（绍兴）八年五月十六日，诏应州县，乡村第五等、坊郭第七等以下人户，及无等贫乏之家，生男女而不能养赡者，每人支钱四贯，于常平或免役宽剩钱内支给。……十五年六月二十一日，臣僚言：'已降指挥，生男女每名支钱四贯文，于常平或免疫宽剩钱内支。窃闻州县免役钱所收微细，乞发义仓之粟以赈之。'诏于见管常平义仓米内每人支米一硕。二十年六月四日，以臣僚言，复申严行下。二十八年十一月三日，以臣僚言，诏敕令作立法。"

（4）奖励收养婴孩

《建炎以来系年要录》卷一二〇："（绍兴八年六月庚申），敕令所请福建路以子孙或同居缌麻以上亲与人，虽异姓及不因饥贫并听收养，即从其姓，不在取认之限，着为本路令。其江浙、湖、广州县有不举子风俗处，令宪臣体究申明，依此立法。从之。"

《中兴两朝圣政》卷五九："（淳熙八年十一月甲戌，臣僚言：）在法，诸因饥贫以同居缌麻以上亲与人，若遗弃而为人收养者，仍从其姓，各不在取认之限。听养子之家申官附籍，依亲子孙法。令之灾荒，亦非一处，向去寒冷，弃子或多，若令灾荒州县坐上件法镂板晓谕，使人人通知之，则无复识认之虑，而皆获收养矣。"

此诸法令毕竟实行至何程度，其效果若何，史无可稽。

三、南北财富分配之差异及其解释

南宋以文学与政事著明之辛弃疾，于当世南北之社会差异，有一极重要之观察。《宋史》本传载："（弃疾）尝谓……北方之人养生之具不求于人，是以无甚富甚贫之家。南方多末作以病农，而兼并之患兴，贫富斯不侔矣。"

吾人于此宜分别观察与推论。（1）南方财富之集中（即兼并之患）甚于北方，贫富之差甚于北方，此观察所得之事实也。（2）北方工商业（即"末作"）不发达，生活所需，多由家庭自给；南方工商业发达，生活所需多取给与市场；此亦观察所得之事实也。谓第（2）事为南方农民特别贫困（病农）之原因，亦即第（1）事原因，此推论也。顾何以工商业之发达能增加农民之贫困，而造成财富之集中与贫富之钜差，此则稼轩所语焉未详者。又工商业何以在南方特别发达，稼轩亦无解释。

吾人于此不禁联想起英人勃刻尔（H. T. Buckle，略与达尔文同时之名史家）地理影响财富分配之学说。其说有云：地力饶裕而气候温燠，则食料之价廉，食料之价廉则人口之增速，人口之增速则佣值低。夫佣力所产之分配，不出三途：一归于佣者为佣资，一归于业主为地租或赢赆，一归于债主为利息。佣值愈贱，则佣者之所获愈少，而业主与债主之所获愈多；故富者愈富而贫者愈贫也。贫与贱为邻，随佣值之低，而劳力者之社会与政治地位愈下。此勃刻尔之说也。我国南方地力之较北方为饶裕，气候之较北方为温燠，此不争之事实也。而宋代南方出产之较富与粮价之价廉，此从政府每岁由南漕北米六百八十万石之事实而可见，此外尚有明证：真宗景德三年五月戊辰，"三司言，富商大贾，自江淮贱市籴稻，转至京师，坐邀厚利，请官籴十之三。不许。"(《长编》卷六三)故宋代南北财富分配之差异正可为上述勃刻尔学说之例证，且也，物产富、人口众而佣价贱，正为工商发展之适宜环境，而工商业愈发达，则食利润之业主与债主愈多，彼等所食愈丰，则贫富之差愈甚。故辛稼轩之解释，实可与勃刻尔之学说相通。

农奴制之特别存在于南方，杀婴俗之特别盛行于南方，皆南方财富特别集中之应有现象也。

原载《史地杂志》第 1 卷第 3 期，1940 年 9 月；据张荫麟《宋史论丛》，三联书店 1956 年版清校本(后因故未出版)刊录，中国社会科学院近代史所图书馆藏

《顺昌战胜破贼录》疏证

　　谨按：顺昌之战（宋顺昌府治即今安徽阜阳县治）乃宋南渡后第一次大挫金人之战。此役为朱子少时事。后来朱子谈及此役，尝曰："虏人（经此）大败，方有怯中国之意，遂从和议，前此皆未肯真个要和。"（《语类》一三二）则其所系之重可知。且是役也，宋以远行疲敝，不盈二万之众，撄孤城，而败野人十万余整暇之师，亦军事史上一异迹，而有足资今日军人之兴感与借鉴者。此役最原始而详细之记录为《顺昌战胜破贼录》。据其内证，知作者身预此役而纪述于班师之前。陈振孙《书录解题》（卷七传记类）谓此录"不著名氏"。而徐梦莘《三朝北盟会编》采录之，则题作者为杨汝翼。汝翼事迹别无可考。梦莘去顺昌之战不远，所题宜有根据。然李心传《建炎系年要录》之记此役，自注所引，无杨汝翼之《顺昌战胜破贼录》，而有郭乔年之《顺昌破敌录》。现其所引《郭录》之文，除一两字之出入外，全同徐梦莘所采之《杨录》，深可异也。岂心传所引之《郭录》与梦莘所采之《杨录》，实即一书，而于其作者，二人所闻异辞欤？抑《郭录》本采及《杨录》，而心传所引适为其所采于《杨录》之部分欤？今无从稽决矣。兹取所见《杨录》以外一切与顺昌战役有关之史料，以校补《杨录》，以《杨录》为正文，凡可以为其参证，补阙，正讹，及与其有出入者，皆分别疏附于其下；名曰《杨录疏证》，实即顺昌战役史之源汇集，亦即顺昌战役史之长编也。疏证所资之文献，例举如下。

(1)《朱子语类》卷一三二记顺昌战事。此刘锜亲言张栋，张栋以告朱子，朱子语其弟子而记之者。两弟子各记同一谈话而互有详略，且稍有参差，《语类》并收之。

(2)汪若海述顺昌战事《移辅臣书》(《疏证》省称《汪书》)。按汪氏在战前任顺昌府通判，城将被围时，汪氏奉知府陈规命请援于朝。此书所述，据其内证，乃汪氏"躬往战地，或访亲见临阵之人，或质被虏得脱之士"而得者。《三朝北盟会编》采录此书全文，题作"汪若海劄子"，今载《建炎以来系年要录》一三七，自汪改题如上。

(3)周南《山房杂记》。周南为朱子同时人，官至秘书省正字，《杂记》见于其本集(《山房集》，有涵芬楼秘笈本)卷八。

(4)《皇宋中兴两朝圣政》(《疏证》省称《政要》)。南宋人撰，不著撰人，有宛委别藏本。

(5)《三朝北盟会编》(《疏证》省称《会编》)。此书关于顺昌大战，除采录原料外，亦有纲目式之记载不注所出者。

(6)《建炎以来系年要录》(《疏证》省称《要录》)。

(7)《宋史·刘锜传》(《疏证》省称《本传》)。

绍兴十年，春，天子以骑帅太尉刘公副守东都，仍节制所领军马。

《要录》一三五：绍兴十年，二月，"辛亥（初六日），济州防御使主管侍卫马军司公事刘锜（关于刘锜之生平，参看附录）为东京副留守，仍兼节制军马"。自注："锜兼等制在此月壬戌（十七日）。"《圣政》二六同。

继被朝旨，精锐兵马分戍陈、汴，随军老小屯泊顺昌。

《本传》："所部八字军才三万七千人，皆携其孥。将驻于汴，家留顺昌。"

三月十八日，陛辞出城，益以殿司二千人。

《本传》及《要录》一三五皆作三千人。

拨隶戍役，束装裹粮，越五日而后启行。绝江沂淮，风涛险阻。自临安凡二千二百里抵颍上。以顺昌之属邑，陆路两驿而近，水路萦纡曲折，殆三百里。大尉舍舟，与属官将佐先抵城下，时五月十五日。

颍上以下疑有讹夺。大意谓由颍上至顺昌府城陆路近而水路远。锜等趋陆故先至，大军仍以水路为便，故后至。《本传》："锜自临安沂江绝淮二千二百里至涡口。方食，暴风拔坐帐。锜曰，此贼兆也，主暴兵。即下令兼程而进。未至五月（日？）抵顺昌三百里，金人果败盟来侵。锜与将佐舍舟陆行，先趋城中。"《要录》系锜至顺昌于本月丁亥，即十四日；《会编》系于五月二十六。

太守龙学陈规、倅（按即通判府事）汪若海，洎兵职官吏，门首迎迓。馆太尉于罗汉院。守倅既相报谒，即往按视营寨，湫隘窄陋，悉不如法。两日之间，经营区处，尚未就绪。○十七日早太尉门首别提宫宋待制未及回，陈守约相见，出泰和县申状报太子（按太子上当脱"四"字，四太子即兀术）人马于五月十二日寇东京。亟归谕诸将，戒饬士卒，无致张皇。

《要录》一三五："庚寅（十七日）……知顺昌府陈规得报，敌骑入东京。时新东京副留守刘锜方送客，规以报示锜。锜曰吾军有万八千人，而辎重居半，且远来力不可支。乃见规，问曰：事急矣！城中有粮则能与君共守。规曰：有米数万斛。锜曰：可矣。规亦力留锜共守。锜又见刘豫时所蓄毒药犹在，足以待敌。"（《圣政》二六全同）

其时选锋游奕两军并老少辎重舟船九百余只相去尚远，遣骑速进，至四更后方遂入城。○十八日，辰巳间有探报，虏骑已入陈州。陈州距顺昌才三百里。阖城惶惑，罔知所措。而马军缘寨棚未定，遂以罗汉院驻左军，晋惠寺驻右军，前军驻旧衙，后军驻毗卢院，中军驻台头寺，而太尉迁维摩院，乃欧阳文忠之故居也。皆在子城外，与府治及民家两不相干。是日太尉遣主管机宜文字杜亨道，干办公事王义宾，谒陈守，以朝廷先降到赡军钱，支发交子，欲敛兵入城，为捍御计。陈守愕然曰："城中闻警报，人皆欲去。太尉独欲守，何也？"

《要录》一三五："锜遣兵属与规议，敛兵入城为捍御计，人心稍定。"自注："郭乔年《顺昌破敌录》云，'太尉欲敛兵入城为捍御计。陈守愕然曰：城中人闻警报皆欲去，太尉独望守城耶？'疑规未必有此言，今不取。"

继而汪若海告别，云某已奉有檄，差往行在禀议，太尉因托以章奏附行。寻闻挈家出南门矣。〇十九日太尉与属官并统兵官聚议：我军方自远来，未及息肩，已闻虏骑压境，诸公以为何如？其间或欲守御，或欲就便舟顺流而下。独太尉激以忠义，喻以祸富。且曰：某赴官留司，今京司既陷，未可之官，赖全军在此。幸有城池，粗可守御。顾此机会，大不容失。要当同心戮力死报国家。诸公翕然同辞，无或异议。

《本传》："召诸将计事。皆曰，金兵不可敌也，诸以精锐为殿，步骑遮老少，顺流还江南。锜曰，吾本赴官留司。今东京虽失，幸全军至此，有城可守，奈何弃之？吾意已决。敢言去者斩！惟部将许清，号夜叉者，奋曰，太尉奉命副守汴京，军士扶携老幼而来。今避而走，易耳。然欲弃父母妻子则不忍。欲与偕行则敌翼而攻，何所逃之？不如相与努力一战，死中求生也。议与锜合。锜大喜，凿舟沉之，示无去意。置家寺中，积薪于门。戒守者曰，脱有不利，即焚吾家，毋辱敌手也。"按《杨录》与《本传》所记诸将之勇性大殊。汝翼不免祖其同辈也。

于是与官属登城区处。以后官统制许清守御东门。中军统制(自注:阙姓名)守御西门。

据《要录》一三五及《圣政》二六,守西门者为贺辉。

右军统制焦文通,游奕统制钟彦分守南门,左军统制杜杞守北门。分遣将士,明远斥堠。仍召募土人作乡导间探。是日晚亳州把门使臣白忠等二人来报云,有王彦先者,刘豫时曾知亳州,号瓜角,自东京同金贼已入亳州。亳州至顺昌二百四十里。继捉到王彦先所差探事人朱海、张三,斩之,枭首于市。又报金贼入陈州。陈州至顺昌三百里。〇二十日以后报金贼犯蔡州。蔡州至顺昌二百七十里。续报犯项城,项城陈州属邑,至顺昌一百九十里。又报犯泰和,泰和顺昌属邑,至城府七十里。居民因贼势逼近,后闻太尉一意坚守,皆杂沓辐辏入城。城中百姓赖以安堵。

《要录》一三五:"城外有居民数千家,恐为贼巢,悉焚之。"

然太守及州官骨肉络绎出城,皆渡淮而东走。太尉日夕城上,亲督兵将,备设战具。而城垒摧缺,旋加补贴,艾薙榛子。如筐篱笆,仅存数十。悉取伪齐所作痴车。

痴车,《本传》同,《要录》一三五作蚩尤车。《圣政》二六作

蚩车。

以轮辕埋没城上。又谕州索居民门户扇踏，随宜悬挂，仅能周匝。其时新鄜延总管刘光远，以路梗亦留顺昌。新永康知军柳倪，缘太尉亲，以从行，至是皆就差，检察一行军马，提举四壁守御。自十九日至二十四日，凡六日之间为备御计，食息不暇。而探报日急。而军中相与激劝，争先整治甲器。且曰：我辈自此出阵，未曾立功。今才至此，便遇大敌，须是出力报答国家，兼荷太尉存恤，到这里要取一场富贵。上下响应，如出一心。

《本传》："军士皆奋，男子备战守，妇人砺刀剑。争呼跃曰：平时人欺我八字军，今日当为国家破贼立功。"

二十五日，金贼游骑数千涉颍河，出没城下。遇太尉生擒银牌千户阿赫杀阿鲁等。

按太尉下当脱"伏兵"二字，据《要录》一三五及《本传》补。阿赫杀阿鲁等，《要录》作阿克顺杀二人，《本传》作阿黑等二人。

通说韩将军先遣来城下探城中事宜。及有探报，韩将军、翟将军两头项在白沙、龙涡一带下寨，在城北约三十里。太尉夜遣千余人击之。至二十六日早，复与贼战，杀伤千百人。辰巳间入城，太尉于北门犒劳，即具捷奏以闻。

《汪书》："兀术……初遣三路都统，既下淮宁，来取顺昌，犯白沙。刘某夜遣师，晨至白沙，相距终日，合数阵，三路都统大败而去。"此与《杨录》不同。

二十七日，金贼驰报龙虎大王及三路都统，皆自陈州来，增益兵马。至二十九日，合韩、翟二将军，一带逼城，自北之西，自西之南，自南之东。人马约三万余骑。太尉西门出军，仍激励出城士卒，内外协应。巳午之间，贼临城施放，而柳知军适在东门围敌，箭中左足。柳倪即拔箭，就以破胡弓射之，应声而倒。继发十枝，无不中者。翼以神臂弓破之，逐稍引去。即以步兵退击。慌怖回奔走小河，人马浑溺者不可胜计。

《本传》纪二十九日之战，较《杨录》为更得要领。《记》云："既而三路都统葛王褒以兵三万与龙虎大王合兵薄城。锜令开诸门，金人疑不敢近。初锜传城筑羊马垣，穴垣为门。至是与清（按：谓部将许清，见上文）等蔽垣为阵。金人纵矢，皆自垣端轶着于城上，或止中垣上。锜用破敌弓，翼以神臂强弩，自城上或垣门射敌无不中。敌稍却，复以步兵退击，溺河死者不可胜计。"

《圣政》二六于葛王褒及龙虎大王兵败溺河后记云，"夺其器甲及生获北国汉儿。皆谓敌已遣报银牌驰诸东京，告急于都元帅宗弼矣"。抵暮，尚有钱骑数千，摆布河外，复出官军千数，连击之，大获胜捷。夺到韩将军大小认旗十面，并铁甲提刀等。至三十日早战士还屯，犒劳如初，亦以上闻。

《山房杂记》：“锜至顺昌，不旬日，金之韩、霍二将与乌珠兵大入。锜命清野以待，近城居民皆徙入之。先是，属邑警报至，锜下令命军士及徙入百姓，持获煤纳于州之佛寺庑下，密遣小校碎以臼杵，囊盛而积之。数日，入者填满，勿能容。有番欲出城避兵者，因命人授一囊以归，且禁勿开视。曰，汝归视汝家墓，于其井坎，四旁沟涧。遇有水，则投之。敌当不敢近。且戒以勿泄。时出者既众，一二百里内，投者皆遍。敌以五月出兵，至顺昌，涉六月，自陈蔡而来，地多瓜桃，非北人宜食。入境捕生口，散鞠之，所言人人同。汲于井间，得渗末。敌暗曰：吾固疑吾军多腹疾耳，马亦多毙，盖锜置毒于水也。始命军士掘地而饮，遇天雨则以林勺以饮马。人马燥渴，皆欲速战，故锜得因城守以破之。”

六月一日，金贼尚留旧寨。有擒到女真及汉儿（按：即汉人役属于金者）云，已遣银牌大使驰往东京，告急于四太子（按：即兀术）矣。〇初二日，贼寨城东，地名李村，去城二十里。以精锐五百人夜出劫之。乡导者引军官直至中军，以枪撤去毡帐。有一披甲者疾呼曰：留得我即太平！竟为官军所杀。是夜阴晦欲雨，时电光所烁，但见秃头辫发者，悉皆歼之。其杀伤比之前日两战为最。

《汪书》：“刘某遣骁将阎充夜劫三路统寨，正中中军，连破五寨。见毡帐数重，朱红美车。有虏酋急披甲呼曰：毋杀我，留我则太平！军士不听，即杀之。其余不及披甲，因乱击杀数百人。相枕藉死者，莫知其数。由此虏惊，昼夜不敢下马，惟于马上寝食而已。"

据《本传》，第一次夜袭后，"金兵退十五里。锜复募百人以往。或请衔枚，锜笑曰：无以枚也。命折竹为嘂，如市井儿以为戏者。人持一枚以为号，直犯金营。电所烁则皆奋激，电止则匿不动。敌众大乱。百人者，闻吹声即聚。金人益不能测。终夜自战，积尸盈野。退军老婆湾"。

此事《杨录》及《汪书》皆不载，可疑。

> 初三日，战士归城，亦以捷状奏闻。○初四初五日，金贼相持如初。伏兵擒到女真，具道杀伤甚多，且乏粮食。有建议者，愿乘此屡捷之势，顺流乘舟以全。太尉乃会诸统兵官于西门上，酌酒而誓曰：今日机会，天造地设。况以屡挫贼锋，军声稍振。虽贼与官兵多寡不侔，然业已至此，可前进不可退却。贼营去城三十里，而四太子又领重兵来援。万一诸军遽舍顺昌，不惟前功尽废，一军老小，当此仓卒扰攘，岂敢尽保无虞？贼众追袭，首尾相失，将至狼狈，大有不可言者。驯致侵扰两淮，惊动江浙，则吾辈生平报国之心，死为误国之鬼，虽万死何以谢天下？愿诸公坚忠孝心，誓与此城俱存，勿与此贼同生。此言不食，天实临之。

《汪书》："刘某闻其（兀术）将至也，会诸将于东门上，问策当安出。诸将或曰：今已三大战，军士夷伤者众。若兀术自至，恐势力不加，不如拥护老小渡淮。刘正色谓诸将曰：朝廷养兵十五年，正要一朝为缓急用。安可见大敌而退？况老小一动，必不能全。

虏骑无数十里之远者(按:者字疑衍),若被追,老小必乱,甲士未能保。何老小以可全?不如背城一战,以死中求生,上足以报答国家,下足以取富贵。请为诸君五日内杀回兀术。"

于是诸统兵官皆愿奋不顾身,罔有退志,齐以警戒之令,晓谕将士。人人咸欲效命,欣然待敌。

《朱子语类》一三二:"刘锜顺昌之捷亦只是投之死地而后生。当时虏骑大拥而至,凡十余万。诸将会议,以为固知力不能当,然急渡江,则朝廷兵守已城自戒严,必不可渡。兼携老扶幼,虏骑已迫,必为所追,其势终归于死。若两下皆死,不若固守,庶几可生。遂闭城而守。"

初六日,太尉遂以东北门外泊舟船悉沉河底,以示死战,不为东归计。俄报四太子入泰和县,辎重前驱已与龙虎诸酋营寨相接。连夜颍河系桥渡军马。○初七日四太子至,亦与诸酋首连接下寨。人马蔽野,骆驼牛马纷杂其间,毡车奚车亦以百数。至于攻城器具来自陈州,粮食器甲来自蔡河。散遣轻骑,巡绰城下。有叩城以手揶揄曰:城里人只有三个日头里。至晚,以前日陷阵人曹成荷团枷,赉实封文字放回。太尉得知虏贼为诡计以惑众心,不启封而焚之。

《要录》一三六:"锜呼帐下曹成二人谕曰:吾遣尔乘闲(《本传》作间),事捷有厚赏。第如我言,敌必不杀。我今遣骑绰路,置汝队中。汝遇敌必坠马，使为所得。敌帅问我何人，对曰：太平边帅子，喜声色，朝廷以两国讲好，使守东京图乐耳。已而遣探骑果遇敌，二人被执，兀术问之，对如前。兀术喜曰：可蹴此城耳。遂令不用负鹅车炮具行。翌日，锜行城上，见二人远来，心知其归，即缒上。贼械二人，以文书一卷置于械。锜取焚之。"《本传》略同。

初八日，四太子疏责诸酋前日用兵之失。诸酋皆答以今次南朝兵马非日前比，往往以一当百，不容措手足；明日国王临阵，自可备见。盖四太子称天下兵马大元帅，越国王也。即下令曰：顺昌城壁如此，可用靴尖踢倒。来日府衙会食，所得妇女玉帛，悉听自留，男子三岁以上皆杀之。且折箭为誓，以激其众。

《汪书》："折三箭为誓。折一箭曰，初九日早饭于府衙。折二箭曰，敢过车轮之下者皆杀。折三箭曰，妇人财帛尽以赏军。"

然太尉发策战争，忠义自持，仍以方略授诸将佐。顾视羯戎，逆天悖道食黩无厌，平时愤激，直欲气吞此贼以谓不足忧也。

《本传》：是日"锜遣耿训以书约战。兀术怒曰：刘锜何敢与我战？以吾力被尔城，直用靴尖趯倒尔！训曰：太尉非但请与太子战，且谓太子必不敢济河，愿献浮桥五所，济而大战。兀术曰：诺。乃下令明日府治会食。迟明，锜果为五浮桥于颍河上，敌由之以济"。

初九日，平明，四太子遂合龙虎大王及三路都统韩将军、翟将军人马还合城下。甲兵铁骑，十有余万，阵列行布，屹若山壁。旗帜错杂，大小有差。而五色旗各七面，按方分植者，中军也。而顺昌东西两门受敌，贼乃睥睨东门，濒濠待敌。太尉亦自东门出兵应之。

《汪书》："九日辰时，扣城西门索战，谓城上人曰：你只治得一个日头。……刘出军五千人接战，自西门转向南门，又转东门及东北角。始与虏骑往来驰逐，后直冲入虏军中。"《圣政》二六：时"锜所部不满五万，而可出战者仅五千"。

城上发鼓，即与交锋。转战逾时，贼复大衄。四太子披白袍甲马，往来指呼，以渠自将牙兵四千策应，皆重铠全装，虏号铁浮图，又号扢义千户。其精锐特甚，自用兵以来，所向无前。

《要录》一三六："乌珠自将牙兵三千，往来为援。"
《汪书》："其所将攻城士卒，号铁浮屠，又曰铁塔兵。被两重铁兜牟，周匝皆缀长檐，其下乃有毡枕。三人为伍以皮索相连，后用拒马子。人进一步，移马子一步，示不反顾。以铁骑为左右翼，号拐子马，皆是女真充之。自用兵以来，所不能攻之城，即勾集此军。"

至是亦为官军杀伤。先枪揭去兜牟，即用刀斧斫臂，至有以手捽扯。极力斗敌，自辰至戌，贼正大败。遽以拒马木陈之，少休。城头鼓声不绝，乃出饭羹，坐享战士。优游闲暇如平时。贼众望之，骤然披靡。食已即来，以数队趣战斗。去拒马木，深入砍贼，又大破之。

《朱子语类》一三二："张栋（字彦辅）谓刘信叙（即刘锜）亲与他言：顺昌之战，金人十二万围了城。城中兵甚不多。刘使人下书约战日，虏人笑。是日早，虏骑迫城下而阵。连山铁阵，甚密不动。刘先以铁甲一联晒庭中，一边以肉饭犒师。时使人摸铁甲，未大热，又且候。候甲热甚，遂开城门，以所犒一队持斧出，令只掀起虏骑，砍断马脚。人马都全装，一骑到又粘倒数骑。虏人全无下手处。此队归，以五苓大顺散与服之令歇。又以所犒第三队出如前。杀甚多，虏觉得势败，遂遁走。后人问晒甲之事如何？曰，甲热则虏人在日中皆热闷矣。此则在凉处歇方出，时当暑月也。"《语类》又有一则同记此事而略异，并摘录如下。"刘锜分部下兵五千为五队。先备暑药饭食酒肉存在。先以一幅兜牟与甲置之日下晒，时令人以手摸，看热得几何。如此数次。其兜牟与甲尚可容手，则未发。直待热如火，不可容手，乃唤一队军至，令吃酒饭，少定与暑药，遂各授兵出西门战。少顷，又唤一队上授之出南门。如此数队，分诸门，叠出叠入。虏遂大败。"此则视前则所记似较得实。

《本传》："锜遣人毒颍上流及草中，戒军士虽渴死毋得饮于河，饮者夷其族。敌……严阵以待。诸酋各居一部。众请击韩将军。锜曰，击韩虽退，兀术精兵尚不可当，法当先击兀术。兀术一动，余无能为矣。时天大暑，敌远来疲敝，锜士气闲暇。敌昼夜不解甲，锜军皆番休更食羊马垣下。敌人马饥渴，食水草者辄病，往往困乏。方晨气清凉，锜按兵不动。逮未申间，敌力疲气索，忽遣数百人出西门接战。俄以数千人出南门。戒令勿喊，但以锐斧犯之。……士殊死斗，入其阵，刀斧乱下。……自辰至申，敌败。递以拒马木障之，小休。……食已，撤拒马木，深入砍敌，又大破之。"

无何，有误传令者，令少却。官军遂稍引后。贼众并拥逼濠，而致（官军）溺水者二百余人。而选锋统制韩直身被一枪二箭，几至溺死。赖有一虞侯挟以上马而归。虞侯与马皆中箭，被血淋漓，余勇尚未衰也。其余中伤稍轻可者，犹欲再出接战。

《要录》一三六："统制官赵樽、韩直皆被数矢，战不肯已。锜遣属扶归。士殊死斗，入敌阵中斫以刀斧，至有奋手捽之与俱坠于濠者。敌大败，杀其众五千。"

是日西风怒号，城土吹落；尘霾涨天，咫尺不辨。贼毙尸倒，马纵横枕藉掩入沟壑，间及堕井者，不知几何。旗号器甲火麻，苇竹山积。〇方其接战时，郦琼、孔彦舟、赵提刀等。

《汪书》：作孔彦舟、赵荣等，《要略》一三六同。

皆单骑列阵外。有河北签军告官军曰：我辈前是左护军，本无斗志。所可杀者，止是两拐子马。

按"两"字下脱去"翼"字，《要录》并同此误，遂不可通。今据《本传》校补。

故官军力为破之。皆四太子平日所倚仗者，十损七八。○当其败衄时，城上见有官军归城，军马自塞而北，复渡河而去。贼初涉濠，耀兵张势，云吓城。既而官军归城，直欲夺取钓桥，望城放箭。箭落如雨，至有用响箭与窄柳箭者。城上悉以破胡弓及神臂弓临下射之。人马自退，从东而南，转而之西，连亘西北。薄城而营，长十五里，阔十余里。

《汪书》："血战自辰至申，虏乃败走。……刘亦敛兵入城。兀术大怒，亲拥三千余骑直扣东门射城上人，（矢）着城上炮架皆满。又被城上军以劲弩射走。兀术既大败，乃移寨于城西……自西南至西北约十余里。"

至晚发雷（按：谓敌营中发声如雷），声振山谷。（《本传》作"每暮鼓声震山谷"，点窜之误。）父老皆言是生以未来之或闻。然贼营中噪呼喧哗，自夜达旦。时有金人傍城属耳以听。城中肃然，鸡犬无闻。以是自见胜负之兆。四太子帐前以甲兵环卫，持烛照坐。贼徒皆分番假寐马上，深惧官军夜击之至。○初十日，大雨倾注。贼于营外埋鹿角栅，栅外开小濠，深阔各五尺许。正尔督工，雨亦稍止。太尉出百余骑挠之，贼众悉皆挂甲挽弓以护。雨后大作，官军劫之，昼夜不得休息。

《要录》一三六："是夕大雨，平地水深尺余。锜遣兵劫之。上下皆不宁处。"

十一日早，十贼发雷，听如昨日。

此次与前次之发雷，盖皆以火药造成之轰炸声。是时金人已有火药，而尚无火炮。

太尉遍诣诸营，抚劳官军，及安慰中伤之人。盖家至户到，人人皆得其欢心。且虽被伤中，犹欲抵死报答太尉。俄报四太子作筏系桥甚急（原注：金人到此，日给炒麦数合，疲困已极，皆思北归），至晚不辍。抽摘人马过河，然不复发雷声，只击锣数声而已。○十二日早尚立炮架，置推牌，斤斧不绝。虚立旗帜，以疑城上。盖缘颍河暴溺，冲激桥筏，人马数十随亦被溺，遂复系桥，连夜以济。两日之间，收集尸首，随处焚化。至有数十人作祭者，亦有烧半残者。或入颍河为水漂泛，或半为鸟鸢所食，杂以马尸牛头弥望遍野。及晚，拔寨尽走。即具解围奏闻。贼营中炮架、推牌、云梯、拒马木、败甲、破车，积堆如山。弓、刀、枪、槊，亦委之而去。然犹有潜匿山林间以向袭，至十三十四日，悉出境上复合于陈州。○四太子反怒三路都统韩、翟二将军人，以柳条挞之数十下。如千户氏毛可等皆挞之百十下。

《汪书》："虏自言入中原十五年，尝一败于吴玠，以失地利而败。今于刘某，以战而败。疑是外国借来人（天？）兵。兀术至泰和，因复气疾，黄肿下血。居县门楼，临两日。至淮宁府，龙虎者始敢献言，以为不当南来，亦犹南人深入我地。兀术怒诸酋之败，挞韩将军九十柳条，翟将军八十柳条，其余或一百或二百，哭声彻天。韩将军颇出怨言，曰：我只为你于和尚原坏了。"

寻以三路都统守南京，韩将军守颍昌，翟将军守陈州，四太子、龙虎大王各以所辖人马同之东京。○初龙虎与诸酋既败，遣银牌大使告急于四太子。大使才到，就龙德宫见之。得报，即索靴上马。出门报告，士卒顷刻而集。经由陈州一宿，措划战具粮食而行，自东京至顺昌往复千二百里，首尾不过七日。何其神速如此。而太尉在围城时，奏术援于朝，得报差行营左护军统制王德躬率全军来顺昌策应。

《要录》一三六："上命淮西宣抚使张俊遣德以所部授刘锜。俊既不乐锜，而德复惧拨隶刘光世军，迁延未行。建康留守叶梦得谕德曰：朝廷颁赏格，能立奇功者，使节度使，皆即军中书告，旧未闻也。且刘锜名素出君下，今且奋身报国。君能救锜，则可谓奇功矣。德遂行。"

十四日

《要录》一三六引郭乔年《顺昌破敌录》作十二日。

金人既退之后，王德方且以移文来，问贼势动息。至二十三日卯时，以数千骑至城下，太尉邀入具饭。饭已，则卧憩于子城楼上。至申时即出门。乃遣人致意曰：不果奉别，今且复回。又报，数日，传闻德申枢密院：某已解顺昌围矣。〇方金贼在城下，得递到御笔：刘某择利班师。

《要录》一三六："兀术之未败也，秦桧奏俾锜，锜择利班师。"原注："此据郭乔年《顺昌破敌录》修入。乔年云递到御笔云云，其实宰相所拟也。"

太尉以方御敌，未敢轻为进止。既且贼退，十日后，又被旨："先发老小往镇江府驻扎。遂津遣老小辎重，并被伤将士，船载而行。以左军统制杜杞、右军统制焦文通两军，防护东下。俄闻王德申宣抚司云：某以全军裹送刘太尉老小出颍河矣。其诞谩皆类此。敌国相去未远，万一事或蹉跌，为害不细。然太尉恬若无闻，未尝略介怀也。〇顺昌古城，且素无备。迨兹贼已来，陈守始令居民筑牛马墙。(《本传》作羊马墙，义同，谓墙高可遮牛马或羊马者也。)贼既退，方置炮座，比之军中(军上脱"敌"字)所放炮，争五十步先。〇军中令牌：每遇出战，除守御人外，非带号挂甲者，不得登城。虽顺昌官军土豪不许预分毫事。城中居民各阖户守家，内外肃静，无有犯者。

《汪书》："有王山者，兀术之（之字衍）旧用知顺昌府，至是携来，欲令再守顺昌。……刘某自金贼犯顺昌，见陈、蔡以西，皆望风投拜，又见……王山在城下，恐城中苟求性命，有卖我于外者，更不敢用顺昌府官吏军民充守御。既分兵于城上，又分其兵于城中，逐巷口摆列。每遇令牌一过，即百姓寂无一人敢出户者。"

初破金贼，陈守送到煮酒十数石，门首犒劳，战士一杯而已。再战退贼后，市户以面六千余斤，猪百口来献，随即分付诸军，人不得面半斤，肉数两。至第三战，太尉不免谕陈守略与犒劳。官军但各人给粟米一石。及赴仓请之，有止得蛀麦五斗者。其间不愿请者甚多。

李心传曰："按（陈）规守顺昌，正当金人根括钱帛之余，朝廷蠲免租税之始，未及一岁，而战士二万不致乏粮，斯已难矣。若责其厚赏犒军，恐无此理。"（见《要录》一三六）按陈规则为南宋初期殊不可多得之贤吏与名将，《宋史》有传。（而此录对之多诋諆，心传之解辨甚久。此录篇首言其主弃城，未必非当时因恐其赏薄而生之蔑词也。）

事定，陈守先具奏，乞推本府官属守城恩赏。且言措置守御，贾（?）率将佐，犒赏战士，遂至成功。虽太尉依应保明奏闻，将士颇誓不平。

《要录》一三六：闰六月十六日，"知顺昌府陈规充枢密院直学士，录守城之劳也。既而规言：敌人败盟，臣仓皇措置，数日之间守具略备。而刘锜将士，每出每捷，致敌不敢逼近府城。此皆锜之功，臣何力之有！望追寝成命。诏不许。"规非争功之人明矣。

　　方围城时，太尉晓夜城上，寝食皆废。阅月之间，略不以家事经意。故能激励军心，皆为之用。遇临敌，则躬亲鼓旗，贾作士气。先下令不得斫级夺马，及掠取一物一件。至有效命如游奕统领田守忠、中军正将李忠之徒，恃勇洋入，率皆手杀数十人而后死。悉取前后阵亡将士，凿土埋瘗，作大塚，傍作屋数间，命僧主之，作水陆道场。以至资荐，仍复存恤其家种种。〇顺昌北门外初有居民瓦屋数十间。

《要录》一三五作"数千家"。

　　恐为贼窠，前期爇之。贼退，即访元主，酬以价值。自始及终，无毫发扰民者。城门四启，每得奸细，即审问。情状详悉，而众所不容者，抵之。遣回使（此处有讹夺），未尝轻戮一人。〇虽金贼亦谓自过南朝来，十五年间，无如此战，必是外国起鬼兵来，我辈莫敢当也。

《吕中大事记》："洪皓、燕山之奏，谓顺昌之役敌震惧丧魄，欲捐燕以南弃之。又谓敌已厌兵，朝廷若乘胜进击，再造犹反掌耳。"（《要录》一三六注引）

后以生擒到女真阿赫杀并契丹等五十余人解赴阙下。前项有妨功者，移书权贵：顺昌城下无金贼，止是两河与诸路签军耳。顾虽力诋，奈此公议何。〇太尉初领兵不满二万。当其围城时，城上备御，及防护老小营寨，遇敌则又把路踞巷，至于子城仓库等处皆分兵守之。其实出战之士不过五千人，当十万余众。

《汪书》作"约十五万"，《要录》一三六作"凡十余万"，前引《朱子语类》作"十二万"，《本传》作"数十万"。

自非明于料敌，果于制胜，安能以应不虞之变。韩文公作《裴相平淮西碑》所谓"凡此蔡功，惟断乃成"者，某于太尉亦云。〇自捷奏到，朝廷宠以鼎州观察使。

《要录》一三六：六月"戊申(初五日)龙神卫四厢都指挥使、济州防御使、东京副留守刘锜为鼎州观察使，枢密院副都承旨，沿淮制置使"。

再被制命，建武泰节钺。

《要录》一三六：同月"庚午(二十七日)……刘锜为武泰军节度使，侍卫亲军马军都虞侯。前一日，上谕大臣曰：用兵之际，赏罚欲明。锜以孤军挫敌锋，乌珠遁去。其功卓然。当便除节钺，即日降制"。

皆恳辞至于再三，不欲先战士而被赏。继而王人踵至，使者沓来，抚问宠贲，优渥有加。

按内侍陈腆劳军刘锜于顺昌，锜以例书送银五百两，例外又以六百五十两遗之。腆不以闻。后发觉送大理寺治罪，事在七月丙辰。详《要录》一三七。

宸翰奖谕，且有"卿之伟绩，朕所不忘"之语。咸谓主上酬报非常之功，夐出前此。仍降告身千百轴，俾就军前书填。随即缴纳，以谓不若自朝廷给之为荣。累得旨，索本军功状。校定两日，方得具奏。盖缘节次出战，更番守御，分别功过，不容或差。至闰六月二十七日，淮安排全军功赏，逐队列单申姓名，一一核实。

按是日以刘锜兼权知顺昌府，陈规知庐州。详《要录》一三六。

统兵官立功者，以前降到金带及金碗赏之；其有过者，则面疏其失，劳绩亦减。将佐立功者，以金带及金碗赏之；其有过者，则杖责之，降而入队。至于战士，悉以前后所赐银二十万两，绢二十万匹，第功赏之。

《要录》一三六："遂以犒军银帛十四万匹均给将士，军无私焉。"

初田守忠、李忠辈陷阵，本军将佐不即救援，亦皆免死，而被责。其能致力策应者仍给赏。且出钱千缗揭榜，许军中论告，有侥冒战功者，按以军法。如阵殁之家，亦各优厚周恤。斯又见太尉信赏必罚，出人意表此者。〇某随轩而来，偶遇虏寇。迨兹平宁，敢以围城前后所见，叙为纪实。笔墨荒涩，甚无文采。且将过江，贻诸亲旧。

按据此，则本录乃撰于杨氏随军渡江南归之前。考《要录》一三七，锜以是年九月还至江南太平州。是本录至迟当选于九月之前也。

至于解严之后，以迄班师，述事赞功，当俟大手笔者。

《圣政》二七：绍兴十一年正月，高宗谓大臣："朕于诸帅，听其言则知其用心，观其所为则知其才。人皆言刘锜善战，朕谓顺昌之胜，所谓置之死地然后生，未为善战也。锜之所长，在于循分守节，危疑之中能自立不变，此为可取。"

附：

顺昌战前之刘锜

刘锜，字信叔，秦州人（秦州在宋属陕西秦凤路）。父仲武，神宗熙宁中试射殿庭异等补官，累为边将。徽宗崇宁三年，河湟羌结西夏入寇，陇右都护知鄯州高永年发兵往御，时仲武知河州，永年用为充制。师出遇敌，仲武欲固垒，永年易敌，迎战，遂大败，被执。仲武引咎自劾，坐流岭南。命未下，仲武与夏人战伤足，朝庭闵而贷之，以为西宁都护。童贯招诱羌王子臧征仆哥，收磺石军，邀仲武计事。仲武曰：王师入，羌必降；但河桥非仓卒可成，若禀命待报，虑失事机。贯乃守便宜。仆哥果约降，而索一人为质。仲武即遣其子锡往。河桥即成，仲武帅师渡河絜与归。童贯掩其功，亦不自言。久之，徽宗召劳之，称其策高永年之事，与降仆哥之功，悉官其子九人。仲武累官泸州军节度使，以老奉祠再起，知熙州。卒年七十三，谥威肃。(《宋史·刘锜传》《刘仲武传》及《西夏传》)(考异一：《宋史·刘仲武传》以为秦州人，《刘锜传》以为德顺军人，父子异籍，当有一误。今从秦州说。德顺军亦属陕西秦凤路。)

锜，仲武第九子也。美仪状，善射，声如洪钟。尝从仲武征讨，牙门水斛满，以箭射之，拔箭水漏，随以一箭窒之。人服其精。徽宗推恩授仲武诸子官，史不详锜得何职。宣和间，用高球荐，特授阁门祇侯。高宗即位，录仲武后，锜得召见。高宗奇之，特授阁门宣替舍人。差知岷州，为陇右都护。与夏人战累胜，夏人儿啼，辄怖之曰："刘都护来！"(《宋史》本传)

张浚宣抚陕蜀，一见奇其才。建炎三年九月，擢为泾原经略使，兼知渭州；同时任其兄锡为熙河经略使，兼知熙州。四年九月，张浚集诸军与金人战于富平，败绩。是役也，刘锡实为统帅，而锜以师会。战之日，敌三千骑径赴乡民小寨，乡民奔窜不止，践

寨而入，诸军惊乱。遂薄泾原军，锜身先士卒御之。自辰至未，胜
负未分。敌更薄环庆军，他路军无与援者。而环庆军帅赵哲擅离所
部，将士望见尘起，惊遁，军遂大溃。张浚归罪赵哲而诛之。十
月，哲部将慕容洧（考异二：《本传》作慕洧，误）叛，攻环州。浚
命统制官李彦琪以泾原兵救环州。洧附于西夏，浚又遣锜追之。锜
留统制官张中彦，干办公事承务郎赵彬守渭州。二人素轻锜，又闻
浚已还秦州，恐金人至，乃相与谋逐锜而据泾原。锜至环州，方与
洧相拒。金以轻兵破泾州，次潘原县。锜留彦琪捍洧，而亲率精锐
还渭州，至瓦亭而敌已迫渭城。锜进不能追洧，退不能入渭，遂走
德顺军。彦琪以孤军无援，亦惧，遁归古原州。张中彦、赵彬闻之
遂通款于金。［考异三：《熊克中兴小历》"锜留统制官张中孚、李
彦琪捍洧，亲率精锐还，而渭城已陷，退屯瓦亭。中孚与弟中彦送
款，降敌。彦琪以余兵遁归古原州。中孚等又引金人劫之。锜至花
石峡，赵彬又劫其军与金帛降敌。"又《要略》引杨氏《圣政编年》：
"浚遣李彦琪救环州。金自凤翔犯泾原。刘锜遁去，统制官张中孚、
张中彦降。……刘锜至花石峡，赵彬劫其军与金帛降敌。"《要录》
云，"以赵甡之（中兴）遗史考之，当洧及中彦继叛时，金人犹未大
入也。"甡之以为张中彦、赵彬同谋逐锜，此为得之，今依《要
录》。］其后李彦琪亦降。彦琪及中孚本在羁管中，锜起以为将而叛。
十一月金人入德顺军，锜走归。锜坐环渭事，贬秩知绵州，兼绵威
茂州石泉军沿边安抚使。（按此事不详年月，亦不知是出朝命，抑
张浚承制为之。）绍兴三年，复官为宣抚使统制官。是年十一月金人
攻拔和尚原，乃以锜分守陕蜀之地。（以上据《传》及《要录》）

绍兴四年八月，高宗以新笔召刘锜赴行在，命川陕宣抚使津

发，因使者自蜀归以锜名上闻也。宣抚使王似等数言锜守边不可遣，乃稍缓其行。五年二月，川陕宣抚副使卢法原选精锐五千，令锜统押出蜀赴行在。诏将兵不须起发，令锜疾速赴行在。七月锜至岳州，时张浚宣抚荆湖，以锜暂摄岳州事，且上言朝廷若于锜未有差委，欲正差知岳州。诏趣赴行在。十二月锜至行在（临安），诏为江南东路马步军副总管，带御器械，以其亲兵遥隶侍卫步军司。（考异四：《本传》云，"召还，除带御器械，寻为江东副总管"，有误。）六年二月，绍锜以带御器械兼权提举宿卫亲兵。十月擢浙西、淮东沿海制置副使。（《要录》）

绍兴七年正月，高宗驻跸平江，诏锜权主管侍卫马军司并殿前步军司公事。（按：宋代禁军分侍卫殿前两司，又各分马步司。）初，行营前护军都统制王彦镇金州，其使臣某亡去，至是在权主管马军公事解潜军中，彦遣将执之。两军之士，交斗于通衢。中外汹汹。会平江民居火，潜所部兵乘机劫掠，侍御史某论潜罪。先是，张浚屡荐锜文武两器，真大将才。（考异五：《要录》以为浚荐锜在解潜得罪后，今从《北盟会编》。）乃以锜代解潜职。解潜既罢，王彦亦不自安，因乞持余服，高宗许之。二月，诏以彦所部前护副军（即有名之"八字军"）并隶刘锜。彦闻之，喜甚，曰：所付得人矣。三月，高宗次建康，锜以所部扈从。四月，锜奏以前护副军及解潜所部马司兵，并已原有部队，通为前后左右及游奕凡六军，每军少壮正甲军千人，共为十二将。诏从之。前护副军原有万人，解潜所部原有二千六百人，锜自蜀带到军马亦有五千人，今六军十二将止共管少壮正甲军六千人者，则老弱数多故也。是年六月，锜奉命以所部戍庐州，兼淮南督府咨议军事。八月以锜兼淮南西路制置副使，置司庐州。九月，以锜知庐州，主管淮南西路安抚司公事，仍兼制置副使。盖是时淮西之守全寄于刘锜一军矣。八年六月，锜移屯镇江府。九年二月，被召还朝，为龙神卫四都指挥使，主管侍卫马军司公事。时朝廷以与金和议成，弛江防也。（《要录》及《本传》）

原载《清华大学学报》第 13 卷第 1 期，1941 年 4 月

王阳明以前之知行学说

世之言我国思想史者，莫不以知行合一说为创于王阳明。夫标揭此说以为讲学之宗旨，以为一贯之达道，而充类至尽，穷其义蕴，诚莫或先于阳明。然阳明此说固非前无所承者也。往者章炳麟氏尝溯知行合一说之源于郑康成。其证在康成之释格物致知。顾康成之言曰："格来也。物犹事也。其知于善深则来善物，其知于恶深则来恶物。言事缘人之所好来也。"则康成所谓知仅指欲好耳。阳明之言知行不可分，固亦尝以恶恶臭与好好色为喻，而谓见好色属知，好好色属行；闻恶臭属知，恶恶臭属行。然阳明不谓好恶即知也。阳明所谓知固不如康成之简单也，谓阳明曾受康成之暗示可，谓阳明之说源于康成则不可。

康成以后，宋儒言知行，与阳明若合符契，而可断为阳明之说所自出者，盖有五家。其一为程伊川。伊川之言曰："真知与常知异。尝见一田夫曾被虎伤。有人说虎伤人，众莫不惊，独田夫色异于众。若虎能伤人，虽三尺童子莫不知之，然未尝真知。真知须如田夫乃是。故人知不善而犹为不善，是亦未尝真知，若真知，决不为矣。"（《程氏遗书》二上）此言真知不善之为不善者，必不行不善。

推之亦当言：真知善之为善者必行善。是即阳明所谓"未有知而不行者，知而不行只是不知"也。伊川以知而不行为非真知，不若阳明以知而不行为不知之斩截，然其义则一也。其二为杨龟山。龟山之言曰："世之学者皆言穷达有命，特信之未笃。某窃谓其知之未至也。知之斯信之矣。今告人曰，水火不可蹈，人必信之，以其知之也。告人曰，富贵在天不可求，亦必曰然，而未有信而不求者，以其知之不若蹈水火之著明也。"（《龟山文集·与杨仲书》）龟山别知之至与不至，著明与不著明，犹伊川别知之真与不真。若在阳明，则径以知之不至与不著明者为不知矣。伊川言知有真伪之分，而不言知有程度之别。龟山则承认知有程度之别。就此点言，伊川与阳明较近，而龟山去阳明较远矣。其三为陆象山。象山之言曰："自谓知非不能去非，是不知非也。自谓知过而不能改过，是不知过也。真知非则无不能去，真知过则无不能改过。人之患在不知其非，不知其过而已。"（《象山集》十四《与罗章夫》）又象山释《易》"知至至之，知终终之"，亦明此义，今不具引。象山直以知而不行为不知，与阳明之说无毫发之异矣。其四为朱晦庵。晦庵之言曰："知行常相须，如目无足不行，足无目不见。论先后，知为先，论轻重，行为重。"（《语类》九）又曰："方其知之而未及行之，则知为浅，既亲历其域，则知之益明而非前日之意味。"（同上）此即阳明"知是行之始，行是知之成"之说也。其五《朱子语类》载，"王子充问：某在湖南见一先生只教人践履。曰：'义理不明，如何践履?'曰：'他说，行得便见得'。"所谓行得便见得，即阳明"知行并进"之说也。

从上所阐述观之，则阳明知行之学说实本于宋儒，而大同于程朱。顾阳明及其徒从与程朱水火之深何也？曰：陆王与程朱之异不在其论知行之关系，而在其论知之来源。陆王以为良知（至少道德之知）为人心所固有，所谓"个个人心有仲尼"。所以不知者，蔽于私欲耳，但能屏除私欲，恢复良知，则求知之能事已毕，所待者惟实行耳。故阳明之释致知在格物也，谓致知即致良知，物即私欲，格物即如格杀猛兽一般，格去私欲。既恢复良知，则心如明镜，遇物无遁形，所谓"无事时像个无所知无所能的人，遇事时却又无所不知无所不能"（象山语）也。程朱则谓人心虽有知之机能，而不能遇物即知。朱子所谓"人心之灵莫不有知"之知须作智解。从具有知之机能到具有智识，中间须经一番求索功夫，即读书讲论，察物穷理是也。故朱子之释格物致知为"即物穷理"以明"心之全体大用"。然就陆王观之，若求知本以为实践之准备，而求知为如此艰巨之事业，则有"终身不知亦遂终身不行"之病，因而有"易简工夫终久大，支离事业竟浮沉"之消参。程朱与陆王关于知识之理论孰是孰非，抑各有是非，抑两者俱非，不在本文讨论之范围。兹附及之以见程朱与陆王之差异不在其论知行之关系耳。

（1940 年 12 月 30 日收到）

原载《国立浙江大学师范学院院刊》第 1 集第 2 册，1941 年 6 月；录自张云台编：《张荫麟文集》，教育科学出版社，1993 年

燕肃著作事迹考

上

在我国历史中，以格物、创物名世之士固寥寥，然此寥寥若干人，亦未受过去史家之充分注意，如北宋燕肃其一例也。

燕肃尝重复发明久已亡佚之指南车（按：我国之指南车乃一种机械之结构，而非利用磁针者。三国马钧、六朝祖冲之皆造之。经唐宋五代，其法失传）。其法，岳珂《愧郯录》（卷一三）及《宋史·舆服志》，并有记载，英人摩尔（A. C. Moule）尝于《通报》为文阐释之，用知所载虽缺略，法意尚可明了。此文予尝译载于《清华学报》（第二卷第一期）近者王振铎氏于《北平研究院史学集刊》更为此器之模型图说，益周详矣。关于此事，本文不复叙及。

《宋史》（卷二九八）《燕肃传》（以下省称《本传》）称肃"在明州为《海潮图》，著《海潮论》"。按《海潮图》今已佚，惟《海潮论》尚存。宋姚宽《西溪丛语》（卷上），记："旧于会稽得一石碑，论海潮依附阴阳时刻，极有理，不知其谁氏（作），恐复遗失，故载之。"

其下全录碑文。宽友王明清于《挥尘录》(下省称《王录》)前录卷四载此文。考定为即燕肃之《海潮论》。盖文中有"大中祥符九年冬，奉诏按察岭外……泊出守会稽(越州)，移莅句章(明州)"之语。王明清云："以《真宗实录》考之，大中祥符九年，以燕肃为广东提点刑狱。遂取两朝史《燕公传》观之，果尝自知越州移明州。"卷末又云："尝著《海潮论》《海潮图》并行于世。则知(原文作者)为燕无疑。"明清所考，自无可议。

燕肃《海潮论》，为我国科学史上一重要文献，兹为校录于下。(现存此论有三本，一为《学津讨原》本，《西溪丛语》所载者，下文称甲本；一为《学津讨原》本，《王录》所载者，称乙本；一为《四部丛刊续编》翻汲古阁影宋钞本，《王录》所载者，称丙本。下录文中小注，除校语外，均是原注。)

　　观古今诸家海潮之说(甲本"说"下有"者"字)多矣。或谓天河激涌(葛洪《潮说》)，亦云地机翕张(见《洞真正一经》)(甲本作《洞正二真经》)。卢肇以日激水而潮生，封演云月周天而潮应。挺空入汉，山涌而涛随(施师谓僧隐之言)；析木大梁，月行而水大(见窦叔《蒙涛志》)。源殊派异，无所适从。索隐探微，宜伸确论。大中祥符九年冬，奉诏按察岭外，尝经合浦郡(廉州)，沿南溟而东，过海康(雷州)，历陵水(化州)，涉恩平(恩州)(甲本作思州)，往南海(广州)。迨由龙川(惠州)抵潮阳(潮州)，泊出守会稽(越州)，移莅句章(明州)。是(甲本无"是"字)以上诸郡皆沿海滨，朝夕观望汐之候者有日矣。得以求之刻漏，究之消息(消息进退)。十年用心，颇有准的。大率元气嘘吸（“吸”，甲本作“翕”），天随气而涨敛；溟渤往来，潮顺（“顺”，甲本作“随”）天而进退者也。以日者众（“众”，乙丙本作“重”）阳之母，阴生于阳，故潮附之于日也；月者太阴之精，水乃阴类（乙丙本作“水者阴”），故潮依之于月也。是故随日而应月，依阴而附阳。盈于朔望，消于朒魄。虚（丙本无“虚”字）于上下弦，息于辉朒（朔而日见东方），故潮有大小焉。今起月朔夜半子时，潮平于地之子位四刻一十六分半。月离于日在地之辰次，日移三刻七十二分，对月到之位，以日临之次，潮必应之。过月望，（按：“望”字当在“月”字上）复东行，潮附日而又西应之。至后朔子时四刻一十六分半，日月潮水俱复会于子位。（此下五十九字乙丙本无）其小尽则月离于日在地之辰次，日移三刻七十三分半，对日到之位，以日临之次，潮必应之。至后朔子时四刻一十六分半，日月潮水亦俱复会于子位。是（“是”，乙丙本作“星”）知潮常（“常”，乙丙本作“当”）附日而右旋。以月临子午，潮必平矣；月在卯酉，汐必尽矣。或迟速消息之小异，而进退盈虚终不失其期也。或问曰：四海潮平，来（甲本无“来”字）皆有渐，惟浙江涛至则亘如山岳，奋如雷霆，水岸横飞，雪崖傍射。澎腾奔激，吁可畏也。其涨怒（乙丙本作“可怒”）之理可得闻乎？曰：或云夹岸有山，南曰龛，北曰赭，二山相对，谓之海门，岸狭势逼，涌而为涛耳。若言狭逼，则东溟自定海吞余姚、奉化二江，侔之浙江，尤其狭逼，潮来不闻涛有声也（“也”，乙丙本作“耳”）。今观浙江之口，起自篆风亭（属会稽），北望嘉兴大山（属秀州），水阔二百余里，故（按：“故”字疑衍）海商船舶

怖于上滩(水中沙为"滩",徒旱切),惟泛余姚小江,易再而
浮运河达于杭越矣。盖以下有沙滩,南北巨连("连",乙本作
"之",丙本作"乏"),隔碍洪波,感遏潮势。夫月离震兑,他
潮已生。惟浙江潮水不同(乙丙本作"未洎"),月经(乙丙本
"经"作"径")乾(乙丙本"乾"作"潮")巽,潮来已半,浊浪堆
(乙丙本"堆"作"推")滞,后水益来,于是益于沙滩,猛怒顿
涌,声势激射,故起而为涛耳。非江山浅逼使之然也(乙丙本
下有"哉宜"二字)。

燕肃所予海潮现象之解释,固不脱孔德所谓形而上学之附会,
而去今日科学理论甚远。然其解释钱塘江涛所用方法,却为实证之
方法。其驳或说谓江涛不由于"海门"之狭逼,亦符事实。近今地学
之解释,谓巨涛乃江口骤狭浅所致,非仅由于江口之狭也。燕肃注
意江口巨滩之存在与巨涛现象有关,乃深刻独到之观察。巨滩为口
骤浅之因也。惟未明骤狭骤浅之影响,其解释视现今地学犹有一间
未达耳。然燕肃此文之最大贡献,在其十年用心,遍历广东及浙江
海岸,于海潮现象与日月地相对位置变易之关系,作系统之观察与
记录,并综合其所观察与记录以为定例,此在科学史上为创举,所
当特笔大书者也。

燕肃又尝改良刻漏之法。《本传》载肃"上《莲花漏法》,诏司天台
考于钟鼓楼下,云不与崇天历合。然肃所至,皆刻石以记其法,州郡
用之以候昏晓,世推其精密"。则其法已盛行于时。(欧阳修《归田
录》卷二亦称"其漏刻法最精,今州郡往往有之"。)其刻石之文,今已
亡佚。(《宋史·艺文志》著录肃《莲花漏法》一卷,当即此文)惟北宋

吴处厚于《青箱杂记》(下省称《吴记》)卷九中尚称其略云:"燕公肃……任梓潼日,尝作莲漏献于阙下。后作藩青社,出守东颍,悉按其法而为之。其制分为四分之壶,参差置水器于上,刻木为四方之箭,箭四觚,面二十五刻,刻六十(按:此下当脱'分'字)。四面百刻,总六千分,以效日。凡四十八箭,一气一易。铸金莲承箭,铜乌引水下注金莲,浮箭而上。有司惟谨视而易之。其行漏之始,又以《周官》水地置泉法,考二交之景,得午时四刻一十六分午(按:'午'似是'半'之讹)为正南北景中,以起漏焉。以梓潼在南,其法昼增一刻,夜损一刻,青(原作'肯')社稍北,昼增三刻,颍处梓青之间,昼增二刻,夜损亦如之。"(据商务翻四库本)盖新漏法注意昏晓时刻随季候与地域变异,而适应并指示之也。

《东都事略》(卷六〇)《燕肃传》,(下省称《略传》)及《本传》并云肃尝"造指南车、记里鼓二车及欹器以献"。按:李焘《长编》记仁宗天圣五年十一月"壬寅,工部郎中直昭文馆燕肃请造指南车。内侍卢道隆又上所创记里鼓车。皆以其法下所司制之"。岳珂《愧郯录》(下省称《岳录》)、《宋史·舆服志》并同。则肃未尝献记里鼓车,《略传》及《本传》误也。又按释文莹《玉壶野史》卷一:"苏翰林易简一日直禁林,得江南徐邈所造欹器。……上……亲试以水。或增损一丝许,器则随欹,合其中则凝然不摇。"则是时欹器之制未亡,禁中亦自有之。云肃献此器,疑亦误之。

欧阳修《归田录》(下省称《欧录》)卷二云:"燕龙图肃有巧思,初为永兴推官,知府寇莱公好舞拓技,有一鼓甚惜之,其环忽脱。公怅然,以问诸匠,皆莫知所为。燕请以环脚为锁簧内之,则不脱矣。"按他书所记燕肃仕历甚详,无为永兴推官之事,欧公所记当有误。《宣和画谱》卷一一《燕肃传》亦记此事，而与《欧录》异，似较得实。《宣传》云："尝有造鼓既毕，而忘易镮者，无因可使钉脚拳于鼓之腹，遂造肃请术。肃乃呼锻者，命作大锁簧入之，众皆服其智。"

以上叙肃格物、创物之智。然在肃造诣中，此特其小焉者耳。

肃亦为名画家，北宋人以比王摩诘。郭若虚《图画见闻志》（下省称《郭志》）卷三称其"善画山水寒林。澄怀味象，应会感神，蹈摩诘之遐踪，逼咸熙之懿范"。《宣和画谱》称其"胸次潇洒……与王维相上下。独不为设色"。《宋史》本传称其"画入妙品，图山水罨布浓淡，意象微远。尤善为古木折竹"。据《郭志》《宣谱》及邓椿（南宋人）《画继》（卷八）肃画流传之可考者如下：太常寺有肃所画屏风。玉堂、刑部、所居景宁坊第，及许、洛、睢、颍佛寺，皆有其壁画。以上诸作，至宣和时除睢、颍、洛寺壁画外，皆已无存。肃画并所藏古画，身后泰半取入禁中，故世间传肃画甚稀。其收入内府，见于《宣谱》者三十七轴，计：《春岫渔歌图》一、《春山图》四、《夏溪图》二、《秋山远浦图》一、《冬晴钓艇图》二、《雪满群山图》三、《寒林图》一、《大寒林图》二、《小寒林图》二、《履冰图》一、《江山萧寺图》二、《古岸遥山图》三、《送寒衣女图》一、《状牛头山望图》一、《渡水牛图》一、《双松图》二、《松石图》一、《写李成履薄图》二、《雪浦人归图》四、《寒雀图》一。其为肃曾孙兴祖所藏，载于《画继》中者凡六轴：《忍事敌灾星图》一、《山水横幅图》一、《寒林横幅图》一、《鹭鸶图》一、《散马横披图》一、《墨竹图》一。不知此四十三轴，今尚有吉光片羽之存否，望鉴藏家有以见告。

肃亦为一诗人。《本传》称其"喜作诗，多至数千篇"。惟《宋史·艺文志》著录燕肃诗仅二卷。其传于今者，以作者所知，惟《宋文鉴》（卷二二）所录《僻居》一首耳，为录如下：

> 蓬茅城市远，草径接渔村。
>
> 白日偶无客，青山常对门。
>
> 药炉留火暖，花坞带烟昏。
>
> 静坐搜新句，冥心傍酒樽。

诗境冲恬，盖与其画境称。

肃仕履以干练著。《本传》载称其"知临邛县，县民尝苦吏追扰。肃削木为牒，民讼有连逮者，书其姓名，使自召之，皆如期至"。又宋郑克《折狱龟鉴》载肃"知明州时，俗轻悍喜斗。肃推先殴者，虽无伤必加以罪，后殴者非折跌支体皆贷之。于是斗者为息"。其官刑部时，于刑法上有一重要之建议（详《长编》卷一〇四及《宋史·刑法志》），其言曰：

> 唐大理卿胡演进月囚帐。太宗曰："其间有可矜者，岂宜一以律断？"因诏凡大辟罪，今尚书九卿谳之。又诏凡决死刑，京师五复奏，诸州三复奏。自是全活甚众。贞观四年断死罪二十九，开元二十五年才五十八。今天下生齿未加于唐，而天圣三年断大辟二千四百三十六，视唐几百倍。（今）京师大辟虽一复奏，而州郡之狱有疑及情可悯者，至上请，而法寺多举驳。官吏率得不应得之罪，故皆增饰事状，移情就法，大失朝廷钦恤之意。望准唐故事，天下死罪皆得一复奏，议者必曰待报淹延。臣则以为汉律皆以季秋论囚，又唐自立春至秋分不决死

罪。未闻淹延，以害汉唐之治也。

仁宗酌取其议，因诏令"天下死罪情理可矜及刑名疑虑者，具案以闻，有司毋得举驳"。因此令而全活者，《宣和画谱》称"至今何啻亿万计"云。又《宋会要》（《刑法》二之二十）记肃以仁宗景祐初"乞今后内外官司合用宣敕条贯，写录厅壁，朝夕看读"，仁宗从之。是以整饬吏治之善制也。

其他肃之仕历详于下篇。

王荆公有《题燕肃山水》诗（《临川集》一），作于肃死后，于肃德行推崇甚至。兹录之以殿上篇：

往时濯足潇湘浦，独上九疑寻二女。苍梧之野烟漠漠，断垅连冈散平楚。暮年伤心波浪阻，不意画中能更睹。燕公侍从书燕王府，王求一笔终不与。奏论谳死误当赦，全活至今何可数。仁人义士埋黄土，只有粉墨归囊褚。

下

前篇述肃之学术与事功。此篇考其家世、行年与仕历。下文先节录《宋史》本传而以其他记载参校订补之。

燕肃，字穆之，青州益都人。

按：《略传》作青州人，《郭志》作"其先燕蓟人"，《宣谱》同。

父峻，慷慨任侠。杨光远反时，率其属迎符彦卿，遂家曹州。

按：《宣谱》，后徙居曹南，祖葬于阳翟，今为阳翟人。

肃少孤贫，游学。

按：本传不详肃生年。据《郭志》，肃卒于仁宗康定元年，据《略传》，肃卒年八十。以此推之，肃生于宋太祖建隆二年，即公元九六一。

举进士，补凤翔府观察推官。寇准知府事，荐改秘书省著作佐郎。

按：寇准知凤翔府，在真宗咸平三年至五年(据李焘《长编》)，即燕肃四十至四十二岁。

知临邛县……考城县。通判河南府，召为监察御史。准方知河南，奏留之。

按：准知河南府，在大中祥符八、九年间(据《长编》)，即肃五十五、五十六岁间。

迁中侍御史，提点广南西路刑狱，迁侍御史，徙广南东路。

按：据《海潮论》及王明清所引《两朝国史》，肃自广西徙广东，在大中祥符九年冬。

还为丁谓所恶，出知越州，徙明州。……直昭文馆，为定王府记室参军，判尚书刑部。

按：肃判刑部，不知始何年，据《长编》，当在仁宗天圣二年(六十四岁)十月以前。是月，肃以判部之资格奏言，旧制，敕书集书吏分录，字多舛误，四方覆奏，或致稽违，因请镂版宣布，遂著于法。

建言……州郡之狱有疑情及可悯者……许覆奏。……

按：长编及《宋史·刑法志》，此事在天圣四年，时肃年六十六岁。

擢龙图阁待制。

按：此事史不详何年。考《愧郯录》纪天圣五年十一月，肃上指南车事，录其全衔为定王府记室参军工部郎中，直昭文馆，则是时肃尚未为龙图阁待制也。惟李焘《长编》载天圣六年四月"癸未，命龙图阁待制燕肃、直史馆康孝基同议蠲减三司岁所科上供物"。则肃之擢龙图阁待制，其在于圣五年十一月与六年四月之间乎？

权知审刑院，知梓州，还，同纠察在京刑狱。再判刑部，累迁左谏议大夫。知亳州，徙清州。属岁歉，命兼京东安抚使。入判太常寺，复知审刑。肃言旧太常钟磬皆设色，每三岁亲祠，则重饰之。岁既久，所涂积厚，声益不协。乃诏与李照、宋祁同按王朴律，即划涤考击，合以律准。试于后苑，声皆协。

按：肃请划涤太常钟磬及按试律准事，据《长编》及《宋史·乐志》，并在景祐元年，时肃七十四岁。

又诏与章得象、冯元详（定）刻漏。

按：据《长编》，事在景祐二年四月。

进龙图阁直学士。

肃进龙图阁直学士，史不详何年。吴处厚《青箱杂记》云："本朝之制诰（诰字衍），待制止系皂鞋犀带，迁龙图直学士，始赐金带。燕为待制，十年不迁，乃作陈情诗上时宰。诗曰：'鬓边今日白，腰下几时黄。'时宰怜其老，未几，迁直学士。"按肃为龙图阁待制，乃始于天圣六年，阅十年则景祐四年，肃七十七岁。其迁直学士，当在此年。惟《吴记》又云："燕公登科最晚。年四十六始用寇莱公荐转京官……作直学士时已六十余矣。"所记二事年岁皆误。后事之误，从上文可见。据《本传》，寇准荐肃，乃在知凤翔府时，按

《长编》，准在凤翔府任，尽于咸平五年五月，时肃尚四十二岁也。

知颍州，徙邓州。官至礼部侍郎，致仕卒。……

《长编》，仁宗宝元二年十月癸亥，礼部侍郎致仕燕肃言，每遇朝廷大庆会，欲于在所通表章，从之。则肃之致仕前此时甚近，当不出本年也。其上请致仕盖在邓州任时。礼部侍郎其致仕时赠官也。肃卒年八十，已见前。

子度。

按：度二任户部判官，一任户部副史，为能吏，以右谏议大夫知潭州卒。《宋史》有传附肃传后。

孙瑛。

按：瑛官至户部尚书，死于靖康之难。《宋史》亦有传附于肃传后。

原载《国立浙江大学文学院集刊》第 1 集，1941 年 6 月；后收入张荫麟《宋史论丛》，三联书店 1956 年版清样本（后因故未出版）今据此版本录入。中国社会科学院近代史所图书馆藏

宋太祖誓碑及政事堂刻石考

南宋人所传北宋文献，有二事焉，本俱伪造，而伪出有因；其作伪所因伪之历史事实，甚关重要，此即所谓太祖誓碑及太祖政事堂刻石是也。兹分别考之如下：

一、太祖誓碑

旧题陆游撰之《避暑漫钞》（无卷数）载：

> 太祖受命之三年，密镌一碑，立于太祖寝殿之夹室，谓之誓碑。用销金黄幔蔽之，封闭甚严。因敕有司，自后时享及新天子即位谒庙礼毕，奏请恭读誓词。是年秋享，礼官奏请如敕。上诣室前，再拜升阶，独小黄门不识字者一人从。（中略）群臣及近侍皆不知所誓何事。自后列圣相承，皆踵故事，（中略）不敢泄漏。虽心腹大臣，亦不知也。靖康之变，犬戎入庙。（中略）门皆洞开，人得纵观。碑止高七八尺，阔四尺余，誓词三行。一云："柴氏子孙，有罪不得加刑，纵犯谋逆，止于狱

中赐尽，不得市曹刑戮，亦不得坐连支属。"一云："不得杀士大夫及上书言人事。"一曰："子孙有渝此誓者，天必殛之。"后建炎中曹勋自虏中回，太上寄语云："祖宗誓碑在太庙，恐天子不及知"云云。

此故事经后人传引，又生讹变。王夫之《宋论》（一）云：

> 太祖勒石镇置殿中，使嗣君即位入而跪读。其戒有三：一、保氏子孙。二、不杀士大夫。三、不加农田之赋。

不知其何据也。

《漫钞》谓曹勋传徽宗寄语，提及誓碑。按曹勋《北狩见闻录》今具存，内载徽宗寄语，涉及太祖藏于太庙之约，初不云有誓碑，而其所称太祖之约之内容，亦与所谓誓碑不尽合。誓碑之说，盖由《北狩见闻录》所载徽宗之寄语而繁衍耳。予所见《北狩见闻录》有二本，一为《学津讨原》本，一为《许刻三朝会编》所引本。二本异文甚多，关于太庙藏约之记载，二本之出入尤甚。兹先并录二本之文。然后加以考定。

（甲）《学津》本，"徽庙（中略）又宣谕曰：太祖有约，藏于太庙。不诛大臣用宦官，违者不祥。故七圣相袭未尝辄易"。

（乙）《许刻会编》本，"太上（中略）又曰：太祖有约，藏于太庙。誓不诛大臣言有（字不可通，当是'官'字之讹），违者不祥。相袭未尝辄易"。

今考王明清《挥尘录》（后录一）及李心传《建炎以来系年要录》

(四)皆引据《北狩见闻录》此段记载，而于太祖藏庙之约，前者作"誓不杀大臣言官"，后者作"誓不杀大臣及言事官"。则知许本近是而讹"官"为"有"也。

太庙藏约，而有待于徽宗传语高宗，则其为秘密可知。北宋人臣虽不知有此约，然因历世君主遵守唯谨，遂认为有不杀大臣之不成文的祖宗家法，观于以下二事而可见。其一，据《退斋笔录》：

> 神宗以陕西用兵失利，内地出令斩一漕臣。明日，宰相蔡确(中略)曰："祖宗以来未尝杀士人臣，事不意自陛下始。"上沉吟久之曰："可与刺面配远恶处。"门下侍郎章惇曰："如此，即不若杀之。"上曰："何故？"曰："士可杀不可辱。"上声色俱厉曰："快意事做不得一件！"

其二，据《道山清话》：

> 元祐八年，吕大防因讲筵言及前代，(中略)多深于用刑，大者诛戮，小者远窜。惟本朝用法最轻，臣下有罪，止于罢黜；至于虚己纳谏，不好畋猎(中略)皆祖宗家法。

太祖不杀大臣及言官之密约所造成之家法，于有宋一代历史影响甚巨。由此事可以了解北宋言官之强横，朝议之嚣杂，主势之降杀，国是之摇荡，而荆公所以致慨于"今人未可非商鞅，商鞅能令法必行"也。神宗变法之不能有大成，此其远因矣。此就恶影响言也。若就善影响言，则宋朝之优礼大臣言官，实养成士大夫之自尊心，实启发其对于个人人格尊严之认识。此则北宋理学或道学之精神基础所由奠也。

二、政事堂刻石

《道山清话》载：

> 太祖尝有言，不用南人为相。《实录》《国史》皆载。陶穀《开基万年录》《开宝史谱》言之甚详。皆言太祖亲写"南人不得坐吾此堂"，刻石政事堂（按：政事堂乃宰相办公之处），或云，自王文穆（按：即王钦若）大拜后，吏辈故坏壁，囚移石于他处，后寖不知所在；继而王安石、章醇〔惇〕相继用事，为人窃去。如前两书，今馆中有其名而亡其书也。顷时尚见其他小说往往互见，今皆为人节略去，人少有知者，知亦不敢言矣。

右记太祖政事堂刻石事，虽言之凿凿，实不可信。此事既云见《实录》及《国史》，李焘《续资治通鉴长编》乃据《实录》及《国史》而修，于如此重大事，何以不著一字。藉曰，李焘南人，为南人讳，然据《宋史》（卷二八三）《王旦传》：

> 帝（真宗）欲相王钦若。旦曰："钦若遭逢陛下，恩礼已隆。且乞留之枢密，两府亦均。臣见祖宗朝未尝有南人当国者。虽古称'立贤无方'，然须贤士乃可。臣为宰相，不敢抑人，此亦公议也。"真宗遂止。旦没后，钦若始大用，语人曰：

"为王公迟我十年作宰相。"

王旦既力阻真宗相钦若，使是时政事堂有太祖禁相南人之亲笔刻石，正宜引以为据，何致但云"祖宗朝未尝有南人当国者"而已。王旦即瞢瞢，及王旦死后，真宗卒相钦若，如有所谓政事堂刻石在，则此事乃明反祖宗家法之罪，非常大变，以北宋言官大臣论事之勇，何致悉皆默尔。即此一端，可见所谓政事堂刻石之伪无疑也。

朱弁《曲洧旧闻》（卷一）记王旦论相钦若事，与《宋史》本传稍异，其文云：

> 真宗问王文正曰："祖宗时有秘谶云'南人不可作宰相'，此岂'立贤无方'之义乎？"对曰："立贤无方，要之贤而后可。"

朱弁所记得之传闻，自不如本传之根据《实录》及《国史》者为可信。即如朱弁所记亦可反证所谓政事堂刻石之为乌有也。

考太祖、太宗两朝之未尝用南人为相，盖非由于原则上歧视南人。太祖初代周，国境未逾江以南，其所需笼络之先朝重臣及所可信托之股肱心膂，有任宰相之资格者，自无南人在内。其后南土渐次平定，南士之入朝者悉是远方降臣，自无取冠朝列之理。至真宗时，南土之以科第起而积资至可当宰相之任者，渐有其人。北人久已获得之政治上特殊地位，因南人政治势力之增长，而发生动摇，对于南人，难免侧目。王旦所代表之公议，所以使王钦若之作相蹉跎十年也。真宗朝北人歧视南人之例，史尚多有之。李焘《长编》载：

> 景德二年五月。抚州进士晏殊，年十四，大名府进士姜盖，年十二，皆召试。晏（中略）属辞敏赡，上深叹赏。宰相寇准以殊江左人，欲抑之而进盖，上曰："朝廷取士惟才是求。四海一家，岂限遐迩？（中略）"乃赐殊进士出身，盖用学究出身。

景德三年五月。上封者言："诸路巡检当择武勇心力强明者，乞不用福建、荆湖、江浙、川峡（中略）人颁其事。"上谓王钦若曰："人之勇怯，岂限南北？若此区别，非任人之道也。"

大中祥符八年三月。故事当赐第，必召高第数人并见，又参择其材质可者，然后赐第一。时新喻人萧贯与胶水人蔡齐并见。齐仪状秀伟，举止端重，上已属之。寇准又言南方下国，不宜冠多士，齐遂居第一。（中略）准（中略）出，谓同列曰："又与中原夺得一状元。"

真宗朝南人在政治上始抬头，此后南人政治势力日长，北人政治势力日消，至神宗以降，北人在政治上之地位，遂远落南人之后，而北人之侧目南人更可知矣。此"祖宗时秘谶"及"太祖政事堂刻石"一类故事所由起也。

原载《文史杂志》第 1 卷第 7 期，1941 年 1 月

宋太宗继统考实

一

宋太祖在位十七年，崩时长子德昭已二十六岁，乃始终未尝立太子，未尝封诸子为王，而特封弟匡义为晋王，使久尹开封，握畿辅大权。其生平传位匡义之意原甚明显。然李焘《长编》记太祖之崩，自注云："顾命大事也，而《实录》（按：此指《太祖实录》。《太祖实录》有二本，一修于太宗太平兴国五年，一重修于真宗咸平二年，皆李焘所引据）及《国史》（按：此指《三朝国史》）皆不能记，可不惜哉！"吾人于此，不惟感觉可惜，抑且感觉可疑。《太祖实录》原本之修，距太祖之崩不过四年，正史亦因《实录》而修，二书于太祖顾命事俱非有年远迹湮，不得不从阙略者。顾何为皆不能记顾命之事？于此有三种可能之假说：

（1）太祖暴崩，未及顾命，因而于传弟之事无正式表示。此于太宗不利，故《实录》《国史》皆不记其临终之情形。

（2）太祖顾命中所定传位之程序（譬如以次传匡义、廷美、德昭），非太宗所愿遵依者，故掩没其顾命之事。

（3）太祖末年有悔传弟之意，而又见匡义羽翼已就，传子无望，故于身后事宁缄默不言。

以上三说，孰为事实，今固无从判断，然有一事可确知者：太宗之即位，并无太祖正式传授之法令根据（无论为事实上本无或事实上虽有而太宗名义上不用之）。否则，《实录》《国史》，以至李焘《长编》，断无不加记载之理。惟然，故太宗即位之际，符瑞纷起，凡以见其继统，乃出天意。

> 马韶，平棘人，习天文三式之学。开宝中，太宗以晋王尹京邑，时朝廷申严私习天文之禁，韶素与太宗亲吏程德元善，德元每戒韶不令及门。九年十月十九日既夕，韶忽造德元……曰："明日乃晋王利见之辰也。"德元惶骇，因止韶于一室中，遽入白太宗，太宗命德元以人防守之，将闻于太祖。及诘旦太宗入谒，果受遗践阼。（《长编》卷十七引《三朝国史·方技传》）
>
> 开宝末，上在晋邸，遣亲信诣西边市马，还宿要册湫祠旁，中夕梦神人语之曰："晋王已即位矣，汝可倍道还都。"使者至京兆，果闻太祖升遐。（《长编》卷十八）
>
> 是岁五月，静南节度使宋偓又言："白龙见要册祠（？）池中，长数丈，东向吐青白云。"癸亥，诏封湫神普济王为显神王，增饰祠宇，春秋奉祠，仍立碑纪其事。（同上）

此类事通常只见两朝嬗递之际。使太宗之继统而有名正言顺之法令根据，则此类事岂非画蛇添足，而烦伪造也？

最可异者：太宗之制造历数在躬之符瑞，不始于太祖既然死之后，而始于太祖将死之时。

> 初，有神降于盩厔县民张守真家，自言："我天之尊神，号黑杀将军，玉帝之辅也。"守真每斋戒祈请，神必降室中，风肃然，声若婴儿，独守真能晓之。……上不豫，召守真至阙下。壬子，命内侍王继恩就建隆观设黄箓醮，令守真降神。神言："天上官阙已成，玉锁开，晋王有仁心。"言讫不复降。（李焘《长编》卷十七。原注：此据国史《符瑞志》稍增以杨亿《谈苑》。《谈苑》又云："太祖闻守真言以为妖，将加诛，会晏驾。"）

使是时太祖与太宗之间毫无隔阂，太宗有以逆料乃兄死前必将作传位于己之正式表示，则太宗之鹰犬何致冒犯刑诛，为此大伤太祖感情之伪构？将谓太宗深恐太祖暴崩，阙为顾命，因预为之防，而竟亿中乎？此则不近情理之甚也。将谓太宗逆料太祖顾命中所定传位之程序，非己所能接受，而昭示天下者，故别为他日即真之地乎？则亦太早计矣。以余测之，上所举三种可能之假说中，殆当以第(3)种之"盖然性"为最高。

又有一事似可为第(3)说张目者如下：

> 开宝末，右补阙窦偁为开封府判官，与推官贾琰同事上（太宗）……上与诸王宴射，琰侍上侧，颇称赞德美。（按：太

祖诸子皆德名，惟无名德美者，此必德昭之误。）……偶叱之曰："贾氏子巧言令色，岂不愧于心哉！"坐皆失色。上（太宗）亦（"亦"字李焘下得极妙）为不乐。因罢宴，白太祖，出偶为彰义节度判官。至是（太平兴国五年十一月，时去德昭自杀不久）上（太宗）思见偶，促召赴行在。（李焘《长编》卷二十一）

此事不知确年，要前太祖之崩不久。时太宗为开封府尹，而窦偶为府判官，地极亲近。偶之所以凌迫德昭者如此，可谓目无太祖。此岂能无所希合与倚藉？由窦偶所希合与倚藉者观之，则此时太宗与其兄侄间之真情可睹矣。

二

然太宗为继统事终造出一名正言顺之法令根据，即所谓"金匮之约"是也。此事据李焘《长编》所记，大略如下：（《宋史》及《东都事略》并大致相同）

（1）太祖建隆二年六月，皇太后疾革，问上曰："汝自知所以得天下乎？"上曰："此皆祖考及太后余庆也。"后曰："不然！政由柴氏使幼儿主天下，群心不附故耳。若周有长君，汝安得至此？汝与光义皆我所生，汝后当传位汝弟。四海至广，能立长君，社稷之福也。"上顿首曰："敢不如太后教？"因谓赵普曰："汝同记吾言，不可遗也。"普即就榻前为誓书，于纸尾署曰："臣普记。"上藏其书于金匮，命谨密宫人藏之。（李焘自注云："司马光《纪闻》，称太后欲传位于弟，谓太宗及秦王廷美也，今从正史及新录。")

（2）太祖开宝六年八月，普既出镇河阳，上书自愬云："外人谓臣轻议皇弟开封府尹。皇弟忠孝全德，岂有间然？矧昭宪太后大渐之际，臣实预闻顾命。知臣者君，愿赐昭鉴。"上手封其书，藏之金匮。

（3）太宗太平兴国六年九月，如京使柴禹锡等告秦王廷美骄恣，将有阴谋窃发。上召问普，普对曰："臣愿备枢轴，以察奸变。"退后密奏："臣开国旧臣，为权幸所沮，因言昭宪顾命及先朝自愬之事。"上于宫中访得普前所上章，并发金匮，遂大感悟。

考太祖崩时，年仅五十，《东都事略·本纪》及《宋史·本纪》所载并同。溯建隆二年（即太祖即位之第二年），杜太后死时，太祖年仅三十五，而皇子德昭年已十一。（按：德昭以太平兴国四年为太宗所迫自杀，《宋史》本传不详其卒年，据《东都事略》卒年二十九，则杜太后死时年十一，《长编》作十岁，误。）假太祖以下寿，则尔时德昭已三十六岁，较太宗之年三十七岁即位不过少一岁，较太祖之三十四岁成帝业犹长二岁。即太祖卒时，德昭已二十六岁，亦不为幼弱。彼杜太后者，何能抑亦何忍，预断其甫创帝业，荣及己身之壮子，命必远促于下寿，而他日可能继位之孙，必不过如柴氏鬌龀之幼儿乎？此所谓"金匮之约"之大破绽一也。且太祖既遵母命，立约传位于其弟矣，此盛德事，亦国家大事，何故将此约深藏固秘，惟恐天下有闻？直至太祖死时，太宗不之知，赵普不敢泄，而待太祖身后三年余之久，当太宗既已迫死其侄，又将迫死其弟之际，始显露天日乎？此其破绽二也。将谓太祖初有传弟之意，而未完全决定，故在其生时不欲公开作正式表示乎？则金匮之藏，如其有之，乃太宗继统合法之惟一证据。赵普既为署名此约之人，纵有所畏而不敢泄之于太祖在生之时，果何所畏而不敢宣之于太宗即位之际？（据《宋史·本纪》太宗于太平兴国元年十月即位，赵普于十二月来朝。）使当此际而宣之，太宗发而昭示天下，既明己身得位之正，又见赵普调护之勤，其德赵普而所以宠任之者当何如？以赵普之热中趋势，见利忘义，时又失相居外，郁郁不自聊，果何所因竟坐弃此结主之良机，而蹉跎至于五六年之久？此其破绽三也。金匮之约最初载于咸平二年之重修《太祖实录》，而《实录》言太宗亦预闻之。果尔，则太宗即位时，正宜举其得位以正之惟一证据，昭示天下，而载之初修之《太祖实录》。今太宗即位，即位时既无宣示此约之事，初修本《太祖实录》亦无此约之记载，则知太宗预闻之说为妄也。李焘亦辨之曰："按太宗初疑赵普有异论，及普上章自诉，且发金匮，得普所书，乃释然。若（太宗）同于床下受顾命，则亲见普书矣，又何俟普上章自诉，且发金匮乎？"是则金匮之约之传说，就其最初出现而未经李焘删改之形式，又多一虚妄之迹，此其破绽四也。传说中金匮之约与关涉此约之事，无一而非秘密者。金匮之约，秘约也。赵普开宝六年之自诉，太祖藏之金匮，亦一秘密文件也。赵普太平兴国六年之自诉，亦密奏也。何取乎秘密如此之多？盖凡伪托之事，如作伪之时与所伪托之时相去不远，必利于秘密不利于公开。因所伪托者若为公开之事，则必有能反证之人，如所伪托者为秘密之事，而得知此秘密者又为作伪者本人或作伪者所利之人，则无人能反证矣。今秘密所关者，除死无对证之杜太后与太祖外，不出赵普与太宗二人。而二人者决不致反证金匮之约及与其有关之事明矣。此其破绽五也。以此五征，吾人今可断言，所谓"金匮之约"，乃乌有之事。

附　记

宋有太宗以下凡十四君，除高宗在非常事变中继统外，无论为受禅与否，皆于即位之次年改元。盖即位之时，以先君年号为纪之年犹未尽，待其既尽，乃更始也。惟太宗独于即位之年改元，即改太祖之开宝九年为太平兴国元年。而太宗即位已在十月矣。予旧以此明太宗与其兄不协，后知昔人已有注意及之者。明郑瑗《井观琐言》一，称有《宋史笔断》一书，"论太宗之事……援其不逾年改元为戕其兄之证"。而明陈霆《两山墨谈》卷十四云："太宗……不逾年而改元，宋后崩殡于佛寺，皆五代故习，当时以为固然，踵而行之。而后之儒吹毛索瘢，遂指以证其无兄之心……此皆先入之疑胜，而不考之过也。"予谓五代衰世之习，宋以大一统之兴朝，无取踵之，且何以有宋一朝，独太宗沿五代之习，而他主不尔？他主便觉五代旧习之非，而太宗独不觉？此则仍不能为太宗解也。

金匮之约，清古文家恽敬亦尝疑及之，惟仅疑约之内容为饰说，而不疑约之本身为伪托，此则为太宗、赵普所欺矣。恽敬之言曰："夫太祖之传位太宗，以太宗与闻乎禅代也。与闻禅代不可以示后世，则饰为递传之说，递传之说不可以示后世，则饰为长君之说。不然，授受大事，太后何事真冷时始及之耶？盖此议之定也亦非一日矣。"(《大云山房文薹初集》一《续辨微论》)此乃据司马光《涑水纪闻》所记预定之传位程序为说，不知《实录》《国史》所载无此预定之程序也。金匮之约，其伪造之本来面目具于《实录》及《国史》，考证此约，自宜依《实录》及《国史》为说。此约之伪托，乃在德昭既自杀而太宗将要迫死廷美之时，断无于此时伪托为太宗解之文件中，反为廷美、德昭张目之理。《纪闻》所记，盖又伪中出伪也。至恽氏"不可以示后世"之云云，真迂儒之见，取国于他人孤儿寡妇之手，而还防丧国于己之孤儿寡妇之手，此独可以示天下乎？

原载《文史杂志》第 1 卷第 8 期，1941 年 8 月

宋朝的开国和开国规模

一

后周世宗以三十四岁的英年，抱着统一中国的雄心，而即帝位。他即位不到一个月，北汉主刘崇联合契丹入寇，他便要去亲征。做了四朝元老的长乐老冯道极力谏阻。世宗说："从前唐太宗创业，不是常常亲征的吗？我怕什么？"冯道却说："唐太宗是不可轻易学的。"世宗又说："刘崇乌合之众，王师一加，便好比泰山压卵。"冯道却怀疑道："不知道陛下作得泰山么？"世宗看他的老面，不便发作，只不理睬，径自决定亲征。周军在高平（即今山西高平）遇到敌人。两军才开始交锋，周军的右翼不战而遁，左翼亦受牵动，眼见全军就要瓦解。世宗亲自骑马赶上前线督战，并且领队冲锋，周军因而复振，反把敌军击溃，杀到僵尸弃甲满填山谷。在凯旋道中，世宗齐集将校，大排筵席来庆祝，那些临阵先逃的将校也行无所事的在座。世宗突然声数他们的罪状，喝令他们跪下受刑。说着，壮士们便动手，把七十多个将校霎时斩讫，然后论功行赏。

接着他率军乘胜直取太原，却无功而还。

经这一役，世宗深深感觉到他的军队的不健全。回到汴京后不久，便着手整军。这里我们应当略述后周的军制。象唐末以来一般，这时州郡兵为藩镇所私有，皇室不能轻易调遣。皇室所有的军队即所谓禁军。禁军分为两部：一殿前军；二侍卫亲军。两部之上，不置总帅。侍卫亲军虽名为亲，其实比较和皇帝亲近的却是殿前军。侍卫亲卫分马、步两军，而殿前军则无这样的分别。大约前者是量多于后者，而后者则质优于前者。世宗一方面改编全部禁军，汰弱留强；一方面向国内各地召募豪杰，不拘良民或草寇，以充实禁军。他把应募的召集到阙下，亲自试阅，挑选武艺特别出众、身材特别魁伟的，都拨入殿前军。

世宗不独具有军事的天才，也具有政治的头脑。他奖励垦荒，均定田赋。他曾为经济的理由，废除国内大部分的寺院，并迫令大部分的僧道还俗。他以雷霆的威力推行他的新政。虽贤能有功的人也每因小过而被戮，但他并不师心自用。他在即位次年的《求言诏》中甚至有这样的反省："自临宸极，已过周星。至于刑政取舍之间，国家措置之事，岂能尽是？须有未周。朕犹自知，人岂不察？而在位者未有一人指朕躬之过失，食禄者曾无一言论时政之是非！"他又曾令近臣二十余人，各作《为君难为臣不易论》一篇和《平边策》一篇，供他省览。"平边"是他一生的大愿。可惜他的平边事业只做到南取南唐的淮南江北之地，西取后蜀的秦、凤、阶、成四州，北从契丹收复瀛、莫二州，便赍志而殁，在位还不到六年，遗下二个七岁以下的幼儿和臣下对他威过于恩的感想。

世宗死于显德六年（公元九五九）六月，在临死的一星期内，他把朝内外重要的文武职官，大加更动。更动的经过，这里不必详述，单讲他对禁军的措置。殿前军的最高长官是正副都点检，其次是都指挥使。侍卫亲军的最高长官是正副都指挥使，其次是都虞侯。世宗对禁军要职的最后"人事异动"，可用表显示如下：

	职位	原任	更定	附注
殿前军	都点检	张永德	赵匡胤	此据《旧五代史·周恭帝纪》，《宋史》本传误
	副都点检	慕容延钊	慕容延钊	
	都指挥使	赵匡胤	石守信	
侍卫军	都指挥使	李重进	李重进	
	副都指挥使	未详（或缺员）	韩通	
	都虞侯	韩通		

其中最可注意的是张永德的解除兵柄和赵匡胤的超擢。张永德是周太祖的驸马（世宗是周太祖的内侄兼养子），智勇善战，声望久隆，显然世宗不放心他。赵匡胤是洛阳人，与其父弘殷俱出身投军校。在周太祖时，已同隶禁军。高平之役，匡胤始露头角，旋拜殿前都虞侯。其后二年，以从征淮南功，始升殿前都指挥使。他虽然年纪略长于张永德（世宗死时匡胤三十四岁），勋望却远在永德之下。但他至少有以下的几件事，给世宗很深的印象。他从征淮南时，有一次驻兵某城。半夜，他的父亲率兵来到城下，传令开城。他说："父子固然是至亲，但城门的启闭乃是王事。"一直让他的父亲等到天亮。从征淮南后，有人告他偷运了几车财宝回来，世宗派人去检查，打开箱笼，尽是书籍，一共有几千卷，此外更无他物。

原来他为人沉默寡言，嗜好淡薄，只是爱书，在军中是时常手不释卷的。南唐对后周称臣讲好后，想离间世宗对他的信任，尝派人送他白银三千两，他全数缴呈内府。从殿前都点检的破格超升，可见在这"易君如骰棋"的时代，世宗替他身后的七岁幼儿打算，认为在军界中再没有比赵匡胤更忠实可靠的人。

二

世宗死后半年，在显德七年的元旦，朝廷忽然接到北边的奏报，说北汉又联合契丹入寇。怎样应付呢？禁军的四巨头中，李重进(侍卫都指挥使，周太祖的外甥)是时已领兵出镇扬州；绰号"韩瞠眼"的韩通(侍卫副都指挥使)，虽然对皇室特别忠勤，却是一个毫无智谋的老粗，难以独当一面。宰相范质等不假思索，便决定派赵匡胤和慕容延钊(副都点检)出去御敌。

初二日，慕容延钊领前锋先行。是日，都城中突然喧传明天大军出发的时候，就要册立赵点检做天子。但有智识的人多认为这是无根的谣言。先前也有人上书给范质说赵匡胤不稳，要加提防。韩通的儿子，绰号韩橐驼的，也劝乃父及早设法把赵匡胤除掉。但是他做都点检才半年，毫无不臣的痕迹，谁能以小人之心度君子之腹呢？但这一天不知从何而来的关于他的谣言，却布遍了都城，有钱的人家纷纷搬运细软，出城躲避。他们怕什么？稍为年长的人都记得：恰恰十年前，也是北边奏报契丹入寇，也是派兵出征。约莫一个月后，出征的军队掉头回来，统兵的人就做了皇帝(即周太祖)。他给部下放了三天假，整个都城几乎被抢掠一空。现在旧戏又要重演了罢。

初三日，赵匡胤领大军出发。城中安然无事，谣言平息。

初四日上午，出发的军人竟回城了！谣言竟成事实了！据说队伍到了陈桥，当天晚上军士忽然哗变，非要赵点检做天子不可，他只得将就。但出乎大家意料之外的，这回军士却严守秩序，秋毫无犯。在整个变局中，都城里只发生过一次小小的暴行。是日早朝还未散，韩通在内庭闻变，仓皇奔跑回家，打算调兵抵抗，半路给一个军校追逐着，才到家，来不及关门便被杀死，那军校把他全家也屠杀了。都城中已没有赵匡胤的敌人了，一切仪文从略。是日傍晚，赵匡胤即皇帝位。因为他曾领过宋州节度使的职衔，定国号为宋，他便是宋太祖。

在外的后周将帅中，不附宋太祖的，唯有镇守扬州一带的李重进和镇守潞州一带的李筠。四月，李筠结合北汉（占今山西全省除东南隅及雁门关以北）首先发难。李重进闻讯，派人去和他联络，准备响应。那位使人却偷到汴京，把扬州方面的虚实告诉了宋太祖，并受了密旨，回去力劝重进不可轻举。重进听信了他，按兵不动。北汉和后周原是死对头，而李筠口口声声忠于后周，双方貌合神离。他又不肯用谋士的计策：急行乘虚西出怀孟，占领洛阳为根据，以争天下；却困守一隅，坐待挨打。结果，不到三个月，兵败城破，赴火而死。九月，李重进在进退两难的情势下勉强起兵。他求援于南唐，南唐反把他的请求报告宋朝。他还未发动，亲信已有跳城归宋的。他在狐疑中，不问皂白，把三十多个将校一时杀掉。三个月内，扬州也陷落，他举家自焚而死。

三

宋太祖既统一了后周的领土，进一步便着手统一中国。是时在中国境内割据自主的区域，除宋以外，大小有八。兹按其后来归入宋朝的次序，列表如下：

区域	今地	统治者名义	入宋年
荆南	湖北江陵以西及四川峡道	宋荆南节度使	九六三
湖南	略当湖南省	宋武平节度使	九六三
蜀	四川省除峡道	称帝	九六五
南汉	两广全部及湖南一部分	称帝	九六六
南唐	苏皖的长江以南区湖北东南部（包武昌）江西全部及福建西部	称唐国主奉宋正朔	九七五
闽南	福建漳泉一带	唐清源节度使	九七八
吴越	浙江全部福建东北部及江苏苏松区	称吴越王奉宋正朔	九七八
北汉	山西全省除东南隅及雁门关以北	称帝	九七九

太祖的统一工作，大致上遵守着"图难于其易"的原则。荆南、湖南皆地狭兵寡，不足以抗拒北朝，过去只因中原多故，或因北朝把它们置作后图，所以暂得苟全。太祖却首先向它们下手。他乘湖南内乱，遣军假道荆南去讨伐。宋军既到了荆南，却先把它灭掉，然后下湖南。既定两湖，便西溯长江，南下阁道，两路取蜀。蜀主孟昶是一纨绔少年，他的溺器也用七宝装成。他的命运，可用他的

一个爱妃（花蕊夫人）的一首诗来交代：

> 君王城上竖降旗，妾在深宫那得知！
> 十四万人齐解甲，宁无一个是男儿？

这些解甲的军士中，至少有二万七千被屠，而宋兵入蜀的只有三万。次取南汉。南汉主刘铱比孟昶更糟，是一变态的胡涂虫，成日家只在后宫同波斯女之类胡缠。国事委托给宦官，仅有的一二忠臣良将，因随便的几句谗言，便重则族诛，轻则赐死。他最后的办法是把珍宝和妃嫔载入巨舶，准备浮海。这些巨舶却给宦官盗走，他只得素衣白马，叩首乞降。次合吴越夹攻南唐。南唐主李煜是一绝世的艺术天才，在中国文学史中，五代是词的时代，而李煜（即李后主）的词，凄清婉丽、纯粹自然，为五代冠。读者在任何词的选本中都可以碰到他的作品。他不独爱文学，也爱音乐、书画以及其他一切雅玩，也爱佛理，更爱女人。在一切这些爱好的沉溺中，军事、政治、俗务的照顾，只是他的余力之余了。他遇着宋太祖，正是秀才遇着兵，其命运无待龟蓍。以下是他在被俘入汴途中所作的词：

> 帘外雨潺潺，春意阑珊。罗衾不耐五更寒。
> 梦里不知身是客，一晌贪欢。
> 独自莫凭栏！无限江山，别时容易见时难。
> 流水落花春去也，天上人间！

和李煜的文雅相称，宋军在南唐也最文明，至少在它的都城（今南京）是如此。"曹彬下江南，不妄杀一人"，历史上传为美谈。但江州城（今九江）为李煜坚守不降，后来陷落，全城被屠，横尸三万七千。

南唐亡后次年，太祖便死，寿仅五十，遗下吴越、闽南和北汉的收拾工作给他的继承者，他的胞弟赵匡义，即宋太宗。吴越王钱俶一向以对宋的恭顺和贿赂作他的地位的保障。南唐亡后，他亲自入朝。临归，太祖交给他一个黄包袱，嘱咐他在路上拆看。及拆阅，尽是群臣请扣留他的奏章，他为之感激涕零。太宗即位后，他又来朝，适值闽南的割据者自动把土地献纳。他恐惧，上表请除去王号和其他种种优礼，同时求归。这回却归不得了！他只照闽南的办法，也把土地献纳。最后，宋朝可以用全副精神和全部力量图谋北汉了。北汉地域虽小，却是一个顽敌，因他背后有契丹的支持。自从太祖即位以来，它曾屡次东侵，太祖也曾屡加讨伐——有两次兵临太原（北汉都城）城下。其中一次，太祖并且亲征。但太祖终于把它放过了。太祖是有意暂时放过它的。他有这样的考虑：北汉北接契丹，西接西夏。北汉本身并不怎样可怕，它存在，还可以替宋朝作西北的缓冲；它若亡，宋朝和这两大敌的接触面便大大增加，那是国防上一个难题。但这难题可暂避而不能终免。吴越归地后不到一年，太宗更大举亲征北汉。契丹照例派兵去救，前军到达白马岭（今山东孟县东北），与宋军只隔一涧。主帅主张等后军到齐，然后决战。监军却要尽先急击，主帅拗不过他，结果契丹军渡涧未半，为宋军所乘，大溃。监军及五将战死，士卒死伤无算。宋军进围太原城。在统一事业中，这是九仞为山的最后一篑之功了。军士冒犯矢石，奋勇争先地登城，甚至使太宗怕死伤过多，传令缓进。半月，城陷，北汉主出降。太宗下令毁太原城，尽迁其居民于榆次。军士放火烧城，老幼奔赴城门不及，烧死了许多。（唐五代之太原，在今太原西南三十里。太宗毁太原城后，移其州治，即今太原省会。）

<h1 style="text-align:center">四</h1>

太祖、太宗两朝，对五代制度的因革损益，兹分三项述之如下：（1）军制与国防，（2）官制与科举，（3）国计与民生。

五代是军阀的世界。在稍大的割据区域内，又分为许多小割据区，即"节度使"的管区。节度使在其管区内尽揽兵、财、刑、政的大权，读者从不久以前四川"防区"的情形，便可以推想五代的情形。太祖一方面把地方兵即所谓厢兵的精锐，尽量选送到京师，以充禁军，又令厢兵此后停止教练。这一来厢兵便有兵之名无兵之实了。厢兵的编制是每一指挥使管四、五百人。每大州有指挥使十余员，次六七员，又次三四员。每州有一马步军都指挥使，总领本州的厢兵；而直隶于中央的侍卫司，即侍卫亲军的统率处。在另一方面，太祖把节度使的行政和财权，逐渐移归以文臣充任的州县官。这一来"节度使"在宋朝便成为一种荣誉的空衔了。

禁军的组织，大体上仍后周之旧，惟殿前正副都点检二职，经太祖废除。殿前和侍卫的正副都指挥使在太宗时亦缺而不置，后沿为例，因此侍卫军的马、步两军无所统属，而与殿前军鼎立，宋人合称之为"三衙"。禁军的数目，太祖时约有二十万，太宗时增至二十六万。禁军约有一半驻屯京城及其附近，其余一半则分成边境和内地的若干重镇。(禁军外成分布的详情，是一尚待探究的问题)其一半在内而集中，另一半在外而分散。这样，内力永远可以制外，而尾大不掉的局面便无法造成了。太祖又创"更成法"：外成各地的禁军，每一或二年更调一次。这一来，禁军可以常常练习行军的劳苦而免怠惰，同时镇守各地的统帅不随成兵而更动，因此"兵无常帅，帅无常师"，军队便无法成为将官的私有了。

厢军和禁军都是雇佣的军队。为防止兵士逃走，他们脸上都刺着字。此制创自后梁，通行于五代，而宋朝因之。兵士大多数是有家室的。厢兵的饷给较薄，不够他们养家，故多营他业。禁兵的饷给较优，大抵勉强可够养家。据后来仁宗庆历间一位财政大臣(张方平)的报告，禁军的饷给"通人员长行(长行大约是伕役之类)用中等例(禁军分等级，各等级的饷类不同)：每人约料钱(每月)五百，月粮两石五斗，春、冬衣细绢六匹，绵十二两，随衣钱三千。……准例(实发)六折"；另外每三年南郊，大赏一次，禁兵均每人可得十五千左右。除厢、禁军外，在河北、河东(今山西东)及陕西等边地，又有由农家壮丁组成的民兵。平时农隙受军事训练，有事时以助守御，而不支官饷。

这里我们应当涉及一个和军制有关的问题，即首都位置的问题。宋都汴梁在一大平原中间，四边全无险阻可资屏蔽，这是战略上很不利的地形。太祖曾打算西迁洛阳，后来的谋臣也每以这首都的地位为虑。为什么迁都之议始终没有实行，一直到了金人第一次兵临汴梁城下之后，宋帝仍死守这地方，等金人第二次到来，而束手就缚呢？我们若从宋朝军制的根本原则、从主要外敌的所在、从经济地理的形势各方面着想，便知道宋都有不能离开汴梁的理由。第一，在重内轻外的原则下，禁军的一半以上和禁军家属的大部分集中在京畿，因此军粮的供应和储蓄为一大问题。随着禁军数量的增加，后来中央政府所需于外给的漕粮，每年增至六、七百万石，而京畿的民食犹不在内。在这样情形下，并在当时运输能力的限制下，政治的重心非和现成的经济的重心合一不可。自从唐末以来，一方面因为政治势力由西而东移，一方面因为关中叠经大乱的摧毁和水利交通的失理，汉唐盛时关中盆地的经济繁荣和人口密度，也移于"华北平原"。汴梁正是这大平原的交通枢纽，经唐、五代以来的经营，通渠四达，又有大运河以通长江。宋朝统一后，交通上的人为限制扫除，它便随着成为全国的经济中心了。第二，宋朝的主要外敌是在东北，它的边防重地是中山（今河北定县）、河间、太原三镇，而在重内轻外的原则下，平时兵力只能集中在京畿，而不能集在其他任何地点。因此，都城非建筑在接近边防重镇且便于策应边防重镇的地点不可。汴梁正适合这条件。

五

中央政府的组织，大体上沿袭后周。唐代三省和御史台的躯壳仍然保存，但三省的大部分重要职权，或实际上废除，如门下省的封驳（"封"谓封还诏书，暂不行下，"驳"谓驳正台议），或移到以下几个另外添设的机关：（1）枢密院（创始于后唐）掌军政，与宰相（即"同中书门下平章事"）所主的政事堂对立，并在禁中，合称二府。院的长官（或称"枢密使"，或"知枢密院事"，或"签事枢密院事")的地位也与宰相抗衡。(2)三司使司(创始于后唐)掌财政,三司使下辖盐铁、度支和户部三使,宋初以参加政事(即副宰相,太祖时创置)或宰相兼领,后置专使。(3)审官院(不知创于何时,后分为审官东院与流内铨)掌中下级文官的铨选,其上级文官的诠选则归中书省。(4)三班院(不知创于何时,后分为审官西院与三班院)掌中下级武官的铨选,其上级武官的铨选则归枢密院。(5)审刑院(创始于太宗时)主复核刑部奏上的重案。枢密院分宰相及兵部之权,三司使分户部之权,审官院分吏部之权,三班院再分兵部之权,审刑院分刑部之权。

地方行政的区域有三级,自下而上是:(1)县;(2)府、州、军、监,通称为郡;(3)路。在郡的四类中,府是经济上或军事上最重要的区域,其数目最少,其面积却最大。通常州所管辖的县数较府为少;军次之,至多只三县,少则一县;监则尽皆只占一县;设监的地方必定是矿冶工业或国家铸钱工厂等所在的地方。监的长官兼管这些工业的课税和工厂的事务。宋初在郡县制度上有两项重要的变革。一是郡设通判(大郡二员,小郡一员,不满万户的郡不设),以为郡长官的副贰,郡长官的命令须要他副署方能生效;同时他可以向皇帝上奏,报告本郡官吏的良劣和职事的修废。因为通判的权柄这样大,郡的长官就很不好做。宋人有一传为话柄的故事如下:有一杭州人,极好食蟹。他做京朝官做腻了,请求外放州官(宋朝京官得请求外放并且指明所要的郡县),有人问他要那一州。他说我要有蟹食而没有通判的任何一州。二是县尉(县尉制始于汉朝)的恢复。在五代,每县盗贼的缉捕和有关的案件,由驻镇的军校管理,县政府无从过问。宋初把这职归还县政府,复设县尉以司之。路的划分在宋代几经更改，这里不必详述。太宗完成统一后将全国分为十路，其后陆续于各路设一转运使，除总领本路财赋外，并得考核官吏，纠察刑狱，兴利除弊，几于一路之事无所不管。后来到真宗(太宗子)时，觉得转运使的权太大，不放心，又于每路设一提点刑狱司，将转运使纠察刑狱之权移付之。宋人称转运使司为漕司，提点刑狱司为监司。

宋在变法以前的科举制度，大体上沿袭唐朝，进士科独尊。以后的规模，但有以下的更革：(1)唐朝每年一举进士，每举以一二十人为常，至多不过三四十人。宋朝每四年一举进士，在太宗时每举常一二百人，后来有多至五六百人的。(2)唐朝进士考试不弥封，不糊名，考官亦不专凭试卷去取，而可以参考举子平日的声誉。因此举子在考试之前，照例把自己的诗赋或其他著作，向权要投献，望他们赏识、延誉，以至推荐。宋朝自真宗(一说太宗)时，定糊名制以后，试官于举子只能凭试卷去取了。(3)唐朝进士经礼部录取后，即算及第。宋朝则礼部录取后，还要到殿庭复试，由皇帝亲自出题，这叫做"殿试"。及第与否和及第的等次，是在殿试决定的。(仁宗某年以后，殿试只定等，不关去取。)(4)唐朝进士及第后，如想出仕，还要经吏部再定期考选。"吏部之选，十不及一"，因此许多及第的进士等到头白也得不到一官。宋朝的进士，一级及第，即行授职，名次高的可以得到通判、知县或其他同等级官职。(5)宋朝特定宗室不得参与科试。

从上面所述科举制度的更革，已可以看出宋朝对士大夫的特别优待。但宋朝士大夫所受的优待还不止此。像"官户"免役、免税及中上级官吏"任子"(子孙不经"选举"，特准宦仕)的特权，固然沿自前代（汉代），但宋朝官吏"任子"的权利特别大。台省官六品以上，它官五品以上，每三年南郊大礼时，都有一次"任子"的机会，每次品级最底的荫子或孙一人，品级最高的可荫六人，不拘宗人、外戚、门客以至"医人"（家庭医生）。此外大臣致仕时有"致仕恩泽"，可荫若干人；死后有"遗表恩泽"，可荫若干人。因为科举名额之多，仕途限制之宽和恩荫之广，宋朝的闲职、冗官特别多，且日增无已，到后来官俸的供给竟成为财政上的大问题了。更有一由小可以见大的优待士大夫的制度：太祖于每州创立一"公使库"，专以款待旅行中的士大夫。据一个曾受其惠的人的记录："公使库……遇过客（自然不是寻常的过客）必馆置供馈……使人无旅寓之叹。此盖古人传食诸侯之义。下至吏卒（随从）批支口食之类，以济其乏食。承平时士大夫造朝，不赍粮，节用者犹有余以还家。归途礼数如前，但少损。"太祖还有一个远更重大的优待士大夫的立法。他在太庙藏一传诸子孙的密约："誓不杀大臣及言事官"。规定以后每一皇帝于即位之前，在严重的仪式下，独自开阅这誓约。这誓约对宋代政治的影响，读者以后将会看到。

六

宋初财政收入的详细节目，大过繁琐，这里不能尽述，举其重要的如下：（1）"两税"（分夏、秋两季征纳的田赋和资产税）。沿唐旧制，而大致仍五代加重的额数，约为唐代的六倍。其中田赋一项，通常每亩产谷十五石而抽一斗（依当时度量），但因为逃税的结果（上官册的田只占实垦田实额约十分之三），大多数豪强或显达田主实纳的田赋远较上设的比率为轻。(2)政府专卖的物品,除沿自唐季的盐、茶、酒,沿自五代的矾外,又有自外海输入的香料。此外,苛税之沿自五代的有(3)通过税(即近代的厘金)。每关抽货价的百分之二(现款亦照抽)。又有(4)身丁钱,即人头税。此税只行于江淮以南,迄于闽广(四川除外),因为五代以来本是如此。这种税的负担,加上别的原因,使得这区域的贫民无法维持他们所不能不继续孳生的人口,因而盛行杀婴的习俗。宋朝大文豪苏东坡于这习俗,有一段很深刻的描写。他写给一位鄂州知州的一封信道:

> 昨王殿直天麟见过,言鄂、岳间田野小人例只养二男一女。过此,辄死之。尤讳养女。辄以冷水浸杀之。其父母亦不忍,率常闭目背面,以手按之水盆中,咿嘤良久乃死。天麟每闻其侧近有此,辄驰救之,量与衣服、饮食,全活者非一。鄂人有陈光亨者,今已及第,为安州司法。方其在母也,其舅陈遵梦一小儿援其衣,若有所诉。比两夕辄见,其状甚急。遵独念其姊有娠将产,而意不乐多子。岂其应是乎? 驰往省之,则已在水盆中矣。救之得免。

这是宋朝的黄金时代的一斑。

人民除赋税的负担外,还有差役的负担。差役有四种:一是押运官物,二是督征赋税,三是逐捕盗贼,四是在州县衙门供使唤或管杂务。民户分九等,上四等服役,下五等免役。押运(即所谓衙前)和督赋(即所谓里正),最是苦差,当者要负赔偿损失的责任,每至倾家荡产,并且坐牢。宋朝名将韩琦当知并州时,在一封论及役法的奏疏里有这样的描写：

> 州县生民之苦，无重于里正、衙前。兵兴以来，残剥尤甚。至有孀母改嫁、亲族分居或弃田与人，以免上等。或非分求死，以就单丁。规图百端，苟脱沟壑之患。

这是宋朝的黄金时代的又一斑。

在五代，一方面军阀横行，一方面豪强的兼并也变本加厉。军阀是给太祖兄弟以和平的手段解决了，但豪强的兼并并不妨碍他们的政权，所以他们也熟视无睹。宋初豪强兼并的程度有下列几事为证：

（1）在太宗淳化四年至至道元年（公元九九三—九九五）间四川成都附近发生一次贫民（也许大部分是农民）的大暴动。他们的领袖李顺的口号，据宋朝《国史》的记载，是"吾恨贫富不均，吾为汝均之"。他们把官吏杀掉，拿来示众。他们把富人的财产，除了足供养家的一部分外，尽数充公，拿来赈济贫困。他们竟"号令严明，所到一无所犯"，但他们终于一败涂地。

（2）同时在四川盛行着沿自五代的"旁户"制度。旁户是隶属于豪家的贫户，豪家所领的旁户，每有数千之多。他们向领主纳租外，并供领主役使，如奴隶一般。当李顺乱起时，有些豪家反率领旁户去响应他。后来事定，太宗想把旁户制度废除，终因怕引起更大的扰乱而止。

（3）同时在江淮以南迄于闽广（即身丁钱制施行的区域），又有一沿自五代的特殊法律：佃户非得田主的许可并给予凭证，不许迁移。这一来，佃户便成了附着于田土的农奴，如欧洲中古时代的情形。这特殊的法律到太宗的孙仁宗时始行废除。仁宗之所以为"仁"，于此可见。

原载《思想与时代》第 4 期，1941 年 11 月

北宋的外患与变法

一

自从石晋末年(公元九四七)，契丹退出汴梁后，它的极盛时代已成过去。白马岭之战使太宗觉得契丹易与。太原攻下之后，他便要一劳永逸地乘胜直取燕云。这十六州的国防要区一天不收回，他的帝国一天不能算是"金瓯无缺"。但是他的部下，上至大将下至兵卒都指望太原攻下之后，可以暂息汗马之劳，同时得到一笔重赏，回家去享享太平福。太宗却不这样想。将士有了赀财，那里还肯卖力去打仗？不如等燕云收复后，才给他们一起颁赏也不迟。而将士贪赏求逸的隐衷又怎能向皇帝表示？在迅速的"宸断"之下，太宗便领着充满了失望心情的军队向东北进发。一路所经易州和涿州的契丹官将先后以城降。不到一月便抵达幽州城(今北平)下。附近的契丹官将又络绎来降。宋军围幽州城三匝。城内空虚，自分无倖。契丹主也准备放弃这重镇。独有一大将(舍利郎君)，自告奋勇，请兵赴援，他领兵寅夜兼程，从间道兜到宋军的后方，席卷而北。宋军仓卒应战于今北平西直门外的高梁桥（下为高梁河）一带，立时大败，四散逃窜。幸而契丹主帅受了重伤，不能穷追。败军复集后找寻太宗不得，只当他已死。正议拥戴太祖的儿子继位间，却发现了他，只身乘驴车遁归，大腿上中了两箭。十八年后他就因这伤口的发作而死。

高梁桥之战（太平兴国四年，公元九七九）以后，宋辽边境上的冲突，断断续续的拖了二十几年，彼此都无大进展。（京戏中有名的"杨家将"就是在这时代出现的。）太宗于死前三年（公元九九四），正当李顺乱事未平之际，曾两次遣使往契丹议和，都为所拒绝。真宗咸平六年（公元一〇〇三），宋殿前都虞侯王继忠孤军力战，为契丹所俘。他本是真宗藩邸的亲信，骁勇著名。契丹摄政太后萧氏，很器重他，授以高官，配以贵女。他既荷新宠，又感旧恩，一心要促成宋辽的和好。萧后和她朝中的领袖们对于边境的拉锯战也未尝不感厌倦，但怎肯平白休兵？次年，他们率领倾国的军队南下，同时由王继忠出面与宋朝通书约和，真宗用宰相寇准的定策，一面严密布置守御，并亲至澶渊（今河南濮阳县西南）督师，一面遣使赴契丹议和。契丹攻瀛州城不下，而其进迫澶渊的前锋的统帅（即去年擒王继忠者）又中伏弩死。南方且战且议的结果，便是所谓"澶渊之盟"。构和的条件载于两方交换的誓书内。兹将宋方的誓书录下。

维景德元年，岁次甲辰，十二月庚辰朔，七日丙戌，大宋皇帝谨致誓书于大契丹皇帝阙下：共遵成信，虔奉欢盟，以风土之宜，助军旅之费。每岁以绢二十万匹，银一十万两，更不差使臣专往北朝，只令三司差人搬送至雄州交割。沿边州军各守疆界；两地人户，不得交侵。或有盗贼逋逃，彼此无令停匿；至于垄亩稼穑，南北勿纵惊骚。所有两朝城池，并可依旧存守，淘濠完葺，一切如常。即不得创筑城隍，开拔河道。誓书之外，各无所求。必务协同，庶存悠久。自此保安黎献，慎守封疆。质于天地神，告于宗庙社稷。子孙共守，传之无穷。有渝此盟，不克享国。昭昭天鉴，当共殛之！……

据说，宋方的使人临行时，真宗吩咐他道：若不得已，许与契丹的岁币，不妨添到一百万。寇准却把使人召来，对他说：虽有御旨，若许过三十万，我便砍你的头。其后使人定约回来，真宗正在幕内用膳，不及召见，先差太监去探问。使人在幕外，不便扬声，只把三个指头向额上一点。那太监当为三百万禀报。真宗听了道：太多，也罢，姑且了事。

二

澶渊之盟后，宋朝边境保持了三十年完全的和平，而有西夏赵元昊之患。西夏原初的地域，大略包括今陕北的无定河以西、延水之北和绥远的鄂尔多斯。这区域在唐以来为羌族所散布。唐末，这区域的守将拓跋氏（北魏之后）割据自主，传世至宋。太宗时，西夏叛而复附，附而复叛。澶渊之盟前一年，西夏攻占灵州（今宁夏灵武县西南），盟后二年，又复就抚。是时西夏之于宋边，远不过是癣疥之患。至仁宗明道元年（公元一〇三二），赵元昊（赵是太宗时赐姓）继位，而形势大变。元昊从少就是一个异凡的人物，不独精娴武事，并且通蕃（盖指藏族）汉文字，从法律书、兵书，以至佛典，无所不读；又能绘画，能出新意创制器物。他劝其父不要臣属中国。其父说："我们三十年来，周身锦绮，都是宋朝所赐，怎好负恩？"他说："穿兽皮，勤力牧畜，是蕃人的天性。大丈夫要为王为霸，锦绮算什么？"在继位之前，他曾领兵西征回鹘，连取了甘州和西凉府（并在今甘肃省河西地）。既继位，模仿宋朝制度，改革政府组织。自创西夏字根，命人演成西夏文字，又命人拿来译《孝经》《尔雅》《论语》等书。（西夏文译的佛经和其他西夏文书现在还有留存。）他有蕃汉兵十五六万，仍都兴州（今宁夏省会）；西取回鹘的沙、瓜、肃三州（并在今甘肃河西），东南寇宋。他继位之初已私自改元，第七年（公元一〇三八），便正式称帝，定国号为大夏。此后，宋在今陕西黄河近岸、延水流域，以迄甘肃的环县、庆阳、泾川、固原一带的边境上，和西夏展开四年的苦战。宋方的主要将帅是安阳人韩琦和苏州人范仲淹。范之参预这次军事，原是由韩的举荐，但初时二人的战略根本不同。韩主张集中兵力，深入进攻，一举击破敌主力。他也知道这是冒险的事，但他以为"大凡用兵，当置胜败于度外"。范却以为"承平岁久，无宿将精兵，一旦兴深入之谋，国之安危，未可知也"。"为今之计，宜严戒边城，使持久可守；实关内（即关中），使无虚可乘；若寇至边城，清野不与大战。关中稍实，（敌）岂敢深入？二三年间，彼自困弱。"他又主张军事与外交并用，亲自作书，劝元昊罢兵称臣，时人多以他为怯。庆历元年（公元一〇四一），韩琦巡边至镇戎军（今甘肃固原），派兵数万，深入敌后，窥取羊牧隆城（今甘肃隆德附近）。所遣的统领官贪利轻进，陷入敌人的大包围中，全军尽覆。兵士阵亡的，据当时边庭低折的报告，也有一万零三百人。这是宋与西夏战役中最惨的败仗，中外为之震撼。契丹乘这机会，蠢蠢欲动，次年便向宋朝提出割地的要求。宋朝只得增加岁币银十万两、绢十万匹（加原额三分之二），以为宽免割地的代价。经这一役的教训，韩琦只得接受范仲淹的清野固守政策。从此二人同心协力，作持久计。二人皆名重一时，人心归向，又皆号令严明，爱抚士卒，对近边的羌人部落，也推诚相与，恩威并用。士卒用命，羌人感畏，边境渐安。边民为之歌唱道：

> 军中有一韩，西贼闻之心胆寒！
> 军中有一范，西贼闻之惊破胆！

这两位使西贼"心胆寒""惊破胆"的大将可都不是雄赳赳的武夫，而是温雅雍容的儒者。那羌人尊称为"龙图老子"（因为他带"龙图阁直学士"衔）的范公，并且是一代的作手，他这时在军中的歌咏，为宋人所传诵的，兹录一首如下：

> 塞上秋来风景异，衡阳雁去无留意。四面边声连角起，千嶂里，长烟落日孤城闭。
> 浊酒一杯家万里，燕然未勒归无计。羌管悠悠霜满地，人不寐，将军白发征夫泪。

宋朝虽守住了西北边境，却谈不到犁庭扫穴。因为宋取防堵的战略，需要兵力特别多。自对西夏用兵以来，禁军从四十余万增至八十余万，军队的维持费自然照这比率增加，而战时的非常支出还不算。政府虽把税收入增到无可再增（例如以较真宗景德时，商税酒税皆增四倍余，盐税增一倍余），仍不敷甚巨，只得把太祖、太宗以来的储蓄，拿来支用。到西夏事定时，"百年之积，惟存空簿"了。朝廷对元昊自始就没有关闭和平的路，只要罢兵称臣，在相当限度内，银绢是不吝惜的。元昊见宋边无隙可乘，又适值国内发生严重的天灾，便于庆历三年遣使来讲和。两方所争的只是元昊称呼，来使所持元昊的文书自称"男邦尼定国兀卒上书父大宋皇帝"。兀卒是他自取的名，意思是"我的祖宗"。继后他的文书，竟直用汉译作"吾祖"。但这不过是一种讨价的刁难，次年元昊便答应取消这个怪名，而对国内自称夏国王，对宋称臣。宋朝则答应每年"赐"他绢十万匹，银七万两，茶四万斤。和议成后四年，元昊因为占夺新娶的媳妇，为其子所杀，年四十六。

三

范仲淹自从读书应举时，便"以天下为己任"。他常说，"士当先天下之忧而忧，后天下之乐而乐"。远在仁宗天圣三年，即元昊僭号之前十三年，当他任大理寺丞（年三十七，登进士第后十年）时，他已看见国家隐伏的危机，上书朝廷，倡言改革。书中最精警的一段道：

> 圣人之有天下也，文经之，武纬之，此二道者，天下之大柄也……相济而行，不可斯须而去焉。……《道经》曰："祸兮

福所倚，福兮祸所伏"；又曰："防之于未萌，治之于未乱。"
圣人当福而知祸，在治而防乱。……我国家自真宗皇帝之初，
犹有旧将旧兵，多经战敌，四夷之患，足以御防。今天下休兵
余二十载。昔之战者，今已老矣。今之少者，未知战事。人不
知战，国不虑危，岂圣人之意哉？而况守在四夷，不可不虑。
古来和好，鲜克始终。……今自京至边，并无关崄。其或恩信
不守，衅端忽作，戎马一纵，信宿千里。若边少名将，则惧而
不守，或守而不战，或战而无功，再扣澶渊，岂必寻好？未知
果有几将，可代长城？伏望圣慈……与大臣论武于朝，以保天
下。先命大臣密举忠义有谋之人，授以方略，委以边任；次命
武臣密举壮勇出群之士，任以武事，迁其等差……列于边塞，
足备非常。……至于尘埃之间，岂无壮士？岂复唐之武举，则
英雄之辈，愿在彀中。此圣人居安虑危之备，备而无用，国家
之福也。

　　除了国防整顿外，仲淹于官吏的选任、人才的储养、直谏之奖
励、文风浮薄之救正、君德之修省，皆有所规陈。但他这封富于预
言性的奏书竟未曾发生一点实际的影响。

　　庆历三年，当元昊使来，西事大定之后，仲淹被召入朝为枢密
副使，旋任参知政事。一时朝野倾心属目。他于就职的次月，上了
一封"万言书"，条陈兴革事宜十项。这十项中除关于民生的两项
（厚农桑，减徭役）外，其余大旨不出天圣三年的建议的范围，不过
比从前更为周详，更为具体罢了。现在把其中比较最重要的六项归
入四纲领，节述如下。

（一）关于国防建设的，恢复唐朝的府兵制："先于畿内并近辅州府召募强壮之士，充京畿卫士，约五万人，以助正兵，足为强盛，三时务农……一时教战。……俟京畿近辅召募卫兵已成次第，然后诸道仿此渐可施行。"

（二）关于民生的。（甲）厚农桑："请每年秋，降敕下诸路转运司，令辖下州军吏民各言农桑可兴之利，可去之害，或合开河渠，或筑堤堰坡塘之类，并委本州运选官计定工料，每岁于二月间兴役，半月而罢，仍具功绩闻奏。"（乙）减徭役：省并户口虚少的县份，使这些县民繁重的徭役可以减轻。（因人民须服役于县衙，县多户少，则役重。）

（三）关于科举制度的："请诸路州郡有学校处奏举通经有道之士，专于教授，务在兴行。……重定外郡发解条约：须是履行无恶艺业及等者方得解荐，更不弥封试卷。……其考较进士：以策论高、词赋次者为优等，策论平、词赋优者为次等。诸科：经旨通者为优等，墨义通者为次等。……进士，诸科，并以优等及第者放选任官，次等及第者守本科选限。"

（四）关于用人行政的。（甲）明黜陟：是时成例，"文资三年一迁，武职五年一迁，谓之磨勘。……虽愚暗鄙猥，人莫齿之，而……坐至卿监丞郎者比比皆是"。仲淹请严定考绩之法，使无功不擢，有善必赏。（乙）抑侥幸：自真宗以后，恩荫愈滥，"两省至知杂御史以上，每遇（三年）南郊并（每年）圣节（皇帝生日）各奏子充京官，少卿监奏一子充试衔……其大两省等官……复更（例外）每岁奏荐，假有任学士以上官，经二十年者则一家兄弟子孙出京官二十人。仍接次升朝"。仲淹请废圣节恩荫之例，其余恩荫的优待，亦大加减损。

仲淹任参知政事不满一年，便在怨谤丛集之下，不安于位而去。他所提出的改革方案中：复府兵一项因其他大臣一致反对，谈不到实施；变科举一项，已完全实行，但他去职后不久，旧制又被恢复；其他各项，若不是未及着手，便是才开了一点端绪，便因他的去职而停息。他去职后，出巡西北边，其后历知州郡，八年而殁（公元一〇五三），谥文正。

仲淹字希文，二岁丧父，其母携他改嫁长山（在今山东）朱氏。初从朱姓，名说。至二十九岁，始复本姓，定今名。年二十一，中"学究"科。继后读书于长山的山寺中。这时他的生活很清苦，每日煮一锅粥，划为四块，早晚取两块，加上几茎齑菜和一些盐便算一餐。年二十三，得知自己的身世，立即带着琴剑，离开朱家。其母派人追及他，他说："十年后，等我中了第，再来迎接母亲。"他投入南京（宋以商丘为南京）的府立学舍，在学舍中更加贫乏，有时连馇粥也不饱，夜间被盖不够，就和衣而睡。真宗巡幸南京学舍，生徒皆往观看，他独不出。南京留守的儿子和他同学，见他的情形和留守谈及。留守命人送了他好些肴馔，他收下，却一直等到腐败也不一动。留守的儿子问故，他说："并非不感谢厚意，可是食粥已久，安之若素，一旦享受了这嘉肴，以后吃粥还吃得下么？"年二十七，登进士第。初仕为广德军司理参军（法官），常为断狱事和郡长官争是非。长官每盛怒临他，他一点也不摇动，归去便把和长官往来辩论的话记在屏风上，等到满任，整副屏风都写满了。后来知开封府时，有一宦官，倚势作威，中外畏惧，他独抗疏弹劾；自知此事危险，疏上之后，嘱咐诸儿子，他若不幸，以后他们不可做官，但在他墓旁设馆，教书度日。他虽显贵，常以俭约表率家人。非宴客，食不重肉。每夜就寝前，自计一日间自奉的费用和所做的事，若觉得两者可以相当，便熟睡，否则终夜不安，次日必设法做一有益于人的事以为抵补。他为次子娶妇，听说妇家以纱罗给她做帷幔，便怒道："罗绮岂是做帷幔之物？我家一向清俭，怎得乱我家法？若敢拿来我家，必定把它当众烧掉。"他的起人景慕的遗闻轶事，可以写一本书，这里所选择的只代表他的不移于贫贱，不淫于富贵，不屈于威武的性格，即孟子所谓"大丈夫"的性格。

仲淹死后八年，当仁宗嘉祐五年，王安石（时年四十）自江东提点刑狱，任满应召，赴阙也上了一封"万言书"。他也觉得国家的现状非变革不可，但他认为变法的先决问题是人才的问题。照他的人才的标准，这时无论在中央或在地方，在位或在野，都缺乏人才。"今以一路数千里之间，能推行朝廷之法令，知其所缓急，而一切能使民以修其职事者甚少，而不才苟简贪鄙下人至不可胜数。……朝廷每一令下，其意虽善，在位者犹不能推行，使膏泽加于民，而吏辄缘之为奸，以扰百姓。"为什么人才这样缺乏呢？他以为由于"教之、养之、取之、任之"不得其道。什么是"教之"之道呢？他以为国家应自都城以至乡镇，遍设学校，凡优秀的青年都取入学校，由国家供养；严选教师，教以"朝廷礼乐刑政之事"。所谓"刑政"之事，包括军事。"先王之时，士之所学者，文武之道也。士之才有……大小。……至于武事则随其才之大小无有不学者也。故其大者居则为六官之卿，出则为六军之将也。其次则比、闾、族、党之师，亦皆率两师旅之帅也。"什么是"养之"之道呢？他以为国家于取入学校和仕于政府的士人，应当"饶之以财，约之以礼（自婚、丧、祭、养、燕享，以至服食器用皆有定制），裁之以法"。什么是"取之"之道呢？他说"取人必于乡党，于庠序，使众人推其所谓贤能，书之以告于上而察之（试之以事），诚贤能也，然后随其德之大小，才之高下而官使之"。至于"任之"之道，则任期要久，职责要专，并待以严格的考绩之法。简单的说：要变法，积极方面当从政治和军事教育的普及化做起；消极方面当首先废除以文辞和记诵取士的科举制度。他认为这是逼切的需要，他警告仁宗以下面一类故事。

> 昔晋武帝，过目前而不为子孙长远之谋。当世在位亦皆偷合苟容，而风俗荡然，弃礼养，捐法制。上下同失，莫以为非。有识者固知其将必乱矣。而其后果海内大扰，中国列于夷狄者二百余年。

但他这封书的效果和三十五年前（天圣三年）范仲淹所上的那封书一样。

四

仁宗在位四十二年，无子，以从侄继，是为英宗。英宗在位四年，其子继，是为神宗。

神宗即位时才二十岁（以足岁计还未满十九岁）。他做皇子时，谦恭好学，优礼宾师，很得士林的称誉。他是感觉异常敏锐的人。他即位之初，和朝臣谈到太宗的死状，至于堕泪。他立志要兴振中国，收复燕云的失地，湔雪祖宗的耻辱。以稚年临御，承积弱之后，而发奋图强，在这一点上，他和汉武帝正相符同（他即位时比武帝长三四岁）。他一生的事业也似乎隐隐以武帝为榜样。但他的福命不如武帝：武帝寿六十九，他寿仅三十八。他所处的时代也和武帝所处的大不相同。武帝初年，当长期休息之后，公家的财力绰裕盈溢；而神宗即位时，不独府库虚竭，国计也濒于入不敷出了。武帝承景帝深文酷法、繁刑严诛的余风，其时主威赫铄，法为国是，令出必行；而宋太祖"誓不杀大臣及言事官"的家法，和真、仁两朝过度的宽柔，浸假造成政治上一种变态的离心力；以敌视当权为勇敢，以反对法令为高超，以言事得罪为无上的光荣。政府每有什么出乎故常的施为，必遭受四方八面寻瑕抵隙的攻击，直至它被打消为止。范仲淹的改革就在这样的空气里失败的。英宗朝因为追尊皇帝本生父的名号的小小问题（即所谓"濮议"，英宗本生父原为濮王），笔舌的战争就闹得天翻地覆。到神宗即位时这种政治上变态的离心力久已积重难反了。再者汉初去春秋战国"军事中心"的时代不久，尚武之风未泯，右文之政未兴，故将材易求，斗士易得，图强易效。宋初惩五季军人恣横之弊，一意崇文抑武，三衙实际的长官爵不过四品至六品，唐朝的武举制度也废而不行，军为世贱，士耻言兵，结果良将勇士，两皆寥落。神宗朝重大的战役多委之宦者季宪，其时军事人材的缺乏可想见了。

神宗做皇子时对王安石久已心仪神往。他即位时，安石方以前知制诰的资格，闲住在金陵。他正月即位，闰三月便命安石知江宁府，九月便命安石为翰林学士。其后三年间，安石遂历参知政事而至宰相。这王安石是江南西路临川县人。其父历知韶州及江宁府通判。他少年时代的优裕顺适和范仲淹恰成对照。据说他的"眼睛如龙"，读书过目不忘。他二十四岁便登进士第，本取第一，因赋卷中语犯忌讳，改置第四。可是他一生从没有和人谈及这件得意的失意事。他的诗文在文学史上都属第一流，并且为当代文宗欧阳修深所心折。欧初识他时，赠他的诗有"翰林风月三千首，吏部文章二百年"之句，直以李白、韩愈相拟。他不独以文名，德行、政事也无不为侪辈所推服。他官知制诰时，他的夫人给他买了一个姜，那是当时达官应有的事，安石见了她，就问："那里来的女子？"答道："夫人叫我来侍候舍人的。"问她的来历，原来她的丈夫是一个军校，因运米损失，家产入官，还不够赔，便把她卖掉，得价九十万钱。安石立即命人把她的丈夫找来，让他们复为夫妇。他官知制诰后，居母丧，年已四十余，却尽极哀毁，在厅堂里以槁枯席地，坐卧其上。有一天，某知府给他送一封信，那差人看了他的样子，只当他是一个老仆，叫他递入内宅。他在槁席上拿了信就拆。那差人嚷骂道："舍人的信，院子也拆得的么？"左右告诉差人那就是舍人！他于书卷外，一切嗜欲都异常淡薄，对衣食住都漠不关心。后来毁他的人便说他"囚首垢面而谈诗书"。他于荣禄也未曾表现过一点兴趣。宋朝的"养馆职"（"三馆"是国家的图书馆和史馆）是朝廷储才待用的机关，地位极清高，也是仕宦上进必由之路。照例进士名列前茅的，初仕任满后可以请求考试馆职，他却不去请求。再经两任（三年一任）外官之后，大臣荐他去考试馆职，他也不赴。再历一任外官之后，朝廷直接授他馆职，他也不就。再经一任外官之后，朝廷又授他以更高的馆职，他于屡辞之后，才勉强俯就。但他不是没有办事的才能。他在政治上的好处，后来的史家极力埋没，但我们于他早年的政绩还可以找得一例：他知鄞县任满后，县人就给建立生祠。这样一个德行、文章、政事的全人，他在仕途也愈懒于进取，朝野的有心人愈盼望他进取。当他给仁宗上《万言书》的时候，他久已声满天下。可是到了他由江宁知府，而翰林学士，而参知政事，而宰相，一直猛跳的时候，到了天爵和人爵极备于他一身的时候，先进和后进的同僚，包括那正人君子的领袖司马光，都不免对他侧目而视了。

五

我们读史有时可于异中见同。汉武帝初年，财政和军备都没有问题，所以他的事业的第一步是开边；到了后来因兵事的耗费，财政不足，才施行新经济政策。神宗即位时的情形正正相反。所以他的事业的第一步是经济、军事，以至教育上种种建设和改革；后来这些兴革有了相当成效，才着手开边。两人事业的程序是"易地则皆然"的。

神宗在王安石的辅导下所行的新法，现在择其重要的，分经济、军事、教育三类，每类依颁行的次序述之如下。

（一）**经济**

（甲）青苗法（熙宁二年九月颁布）。其法：各地方政府，每年二次举行放款，听人民自由请贷（第一等户每次所贷不得过钱十五贯，以下递减），半年为期，取息二分。这种贷款叫做"青苗钱"，因每年第一次散放是在苗青的时候。此法初行时，官吏邀功，每强迫富人称贷，这叫做抑配，后立法严禁。二分的利息，现在看来，似乎不轻，但在当时，因为通货稀少，民间的利息很高，以五分为常，甚至有一年倍本的。此法固然是政府的生财之道，也是感觉青黄不接之苦的农民的一大福音。以重利盘剥为业的豪强对此法的痛恨是很容易了解的，但司马光所代表的一班士大夫对此法之原则上的反对是比较不容易了解的。

（乙）农田利害条约（熙宁二年十一月颁布）。这法令原文的节略如下：

> 凡有能知土地所宜种植之法，及修复陂湖、河港；或元无陂塘、圩埠、堤堰、沟洫，而可以创修；或水利可及众，而为人所擅有；或田去河港不远，为地界所隔，可以均济流通者；县有废田旷土，可纠合兴修。大川沟渎，浅塞荒秽，合行浚导。及陂塘堰埭，可以取水灌溉，若废坏可兴治者，各述所见，编为图籍，上之有司。其土田迫大川，数经水害；或地势汙下，雨潦所钟；要在修筑圩埠、堤防之类，以障水势，或疏导沟洫、亩浍，以泄积水。县不能办，州为遣官。事关数州，具奏取旨。民修水利，许贷常平钱谷给用。

这法令的实效是：截至熙宁九年止，全国兴修的水利田共三十六万余项。但反对党在这事实下注上一句道："民给役劳扰。"

（丙）募役法（熙宁三年十二月颁布）。其法要点：是令本来有徭役义务的人民，输钱代替，这叫做"免役钱"；官户（即仕宦之家）、寺观、女户等等，本来没有徭役义务的也令出"助役钱"，其数比免役钱减半。免役和助役钱的征收率，按各地方政府雇役的需要和资产的等级(分五等)而定；于免役和助役钱的本项外，加征二分，叫做免役或助役宽剩钱，此款原定以备凶荒之用，后来解归国库。募役法对平民是有史以来一大解放，惟官户不免因之蒙受一点小小的损失，其遭受士大夫的反对是势有必至的。

募役法为安石经济政策中最先急的项目。安石曾对神宗说(熙宁四年二月)："今所以未举事者，凡以财不足，故臣以理财为方今先急，未暇理财而先举事，则事难济。臣固尝论天下事如弈棋，以下子先后当否为胜负，又论理财以农事为急，农以去其疾苦、抑兼并、便趣农为急，此臣所以汲汲于差役之法也。"

(丁)市易法(熙宁五年三月颁布)。此即汉武帝时的平准法的扩大。平准法只行于京师，市易法则推行于京师以外。隶属于京师市易务的分支市易务，设置于下列各处：杭州、黔川(今四川彭水县)、成都、广州、郓州(今山东东平县西北)。反对党反对此法的理由是："与商贾争利。"

(二)军事

(甲)保甲法。此法实即旧有乡兵制的改良和扩大，其施行有四个重要的步骤。第一步(熙宁三年十二月)：编民户十家为一保，五保为一大保，十大保为一都保；保有保长，大保有大保长，都保有都保正和副都保正，各选本组织内材勇为众所服的主户(地主或自耕农)人丁充当；家有两丁以上的，选一人为保丁，两丁以外的余丁亦选其壮勇的充保丁；每大保每夜轮派五人警盗，同保有犯强盗、杀人、放火等等重罪而知情不举的坐罪，保内有容留强盗三人以上过三日以上者，其邻舍虽不知情亦坐罪。此法先行于畿内，以次推及全国。第二步(熙宁四年)：奖励畿内保丁习武，每年于农隙分地举行会试，试骑步射法，上等的授官职，以次至四等予赏有差。第三步（熙宁五年）：许畿内主户保丁"上番"（即赴各县巡检司服巡警之役），十日一换；月给口粮和薪菜钱。第四步（元丰二年至四年）：予保甲长及保丁以严格的武艺教练，先以禁军的教头教大保长，三年艺成，乃以大保长为教头，教保丁。此法先行于畿内，次及河北、河东、陕西三路。到了熙宁四年，这三路共有受训完毕的保丁约七十万人。第四步的开始施行已在王安石去位后三年。

与保甲法约略同时实行的是募兵的裁减，但所裁减的，厢兵居多（其数不详），禁兵较少。计禁军总数在英宗末年为六十六万余，在熙宁间为五十六万余，在元丰间为六十一万余。

在安石的军事计划中，保甲法原是恢复府兵制以代替募兵制的准备。在施行保甲法第一步之前，安石已与神宗讲论府兵之制，打算以渐复行之。关于此事，安石在所撰《熙宁奏对日录》中曾有记载，此书已佚（此书百二十卷为我国历史文件中稀有之宝，佚去太可惜，幸大部分已为李焘采入《续通鉴长编》中，但经删修，本来面目已失，惟宋人陈瓘《四明尊尧集》引五十余则，可于此见其内容一斑），兹据朱熹所引，摘录如下：

余……为上言募兵之害，终不可经久。金以为如此。

余曰：今养兵虽多，及用则患少，以民与兵为两故也。又五代祸乱之虞，终不能去；以此等皆本无赖奸猾之人故也。

上因问府兵之制曰：何处言府兵最备？

余曰：李邺侯传言之详备。

上曰：府兵与租庸调法相须否？

余曰：今上番供役，则以衣粮给之，则无贫富皆可以入卫出戍。虽未有租庸调法，亦可为也。但义勇不须刺手背。刺手背何补于制御之实？今既以良民为之，当以礼义奖养。刺手背但使其不乐，而实无补也。又择其乡间豪杰为之将校，量加奖拔，则人自悦服。今募兵为宿卫，乃有积官至刺史防团者。移此与彼，固无不可。况不至如此费官禄，已足使人乐为之。陛下审择近臣，使皆有政事之材，则他时可令分将此等军。今募兵出于无赖之人，尚可为军厢主，则近臣以上岂不可及此辈？此乃先王成法，社稷之大计也。

上良以为然。

随后安石即奏上记载唐府兵法最详的邺侯家传。此奏原稿曾为朱熹所藏。朱熹说："（予）独爱其纸尾三行，语气凌厉，笔势低昂，尚有以见其跨越古今、斡旋宇宙之意。疑此非小故也。"又说："抑公此纸，词气激烈，笔势低昂，高视一时，下陋千古，而版本文集所载，乃更为卑顺容悦之意，是必自疑其亢厉已甚，而抑损之，其虑深矣。然论其实似不若此纸之云，发于邂逅感触之初，尤足以见其胸怀本趣之为快也。夫以荆公之得神祖，可谓千载之一时矣，顾乃低徊若此，而犹未免有郁郁之怀。君臣之际，功名之会，呜呼难哉！"

神宗到底认府兵制为不可复行，故安石罢政后，不再谈及，其旨似以保甲为防守的辅助力，而战斗的主力仍任募兵。

（乙）保马法（熙宁五年，元丰七年）。此与汉武帝时之"马复令"（许人民养官马以减免徭役）相近。其法：于畿内及京东、京西、河北、河东、陕西五路，许人民领官马自养，或领官钱买马自养，每户不过两匹；养官马之家，公家给以钱帛，并免除其捐税的一部分（后来畿内不给钱帛），同时养户自然得使用所养官马。属三等以上的养户十家为一保，属四等以下的养户十家为一社；一保之内，马有死者，十家共偿其值；一社之内，马有死者，十家共偿其值之半。后来又令京东、京西两路保甲户一律养马，而免除其教阅及此外若干保甲的职责。

（丙）更戍法的废除（熙宁七年至元丰四年）。更戍法本以防止兵为将有，但结果"兵不知将，将不知兵，临事应变，精神散漫，指挥不灵"；禁军之不振，这是其原因之一。神宗和安石有鉴于此，逐渐于各路的军略要地取消更戍法，而设置固定的驻防禁军，由固定的主将，就地训练。这种驻防军的设置，当时称为"置将"。"将"是当时军队新编制中的一种单位，一将约有三千人上下，仿佛现在的一师。

（三）教育

（甲）变科举。熙宁四年，罢进士以外的"诸科"（诸科是专考记诵的），令除曾应考"诸科"不第的人外，不得参加此种考试；增加进士的名额；进士试废诗赋，专用经义策论；所试群经，但取《易》《诗》《书》《周礼》《礼记》及《论语》《孟子》，而废弃旧有的《春秋》和《仪礼》（同时太学教授及经筵进讲亦废之）。

（乙）变学制与兴学校。（1）宋初的太学只是品官子弟考"取解"（取解即取得应进士试的资格，平民在本州取解）的机关，有学校之名而无肄学之实。至仁宗皇祐末，在湖州大儒胡瑗的管领下，太学才成为一真正讲学的机关，但其时学生不过二百人，胡瑗去后，又渐复原状。神宗即位，增太学生额为三百人，后又增为九百人。熙宁四年分太学为三舍，外舍生无定员，新生充之（太学生仍限品官子弟）；外舍生经考选入内舍，内舍生额三百人，内舍生经考选入上舍，上舍生额百人；上舍生考取优等的荐于中书，授以官职。元丰二年，增太学生额外舍二千，内舍三百，上舍一百；规定除月考外，每年各舍总考一次，决定外、内舍生的升舍，上舍生的等第。上舍生考上等的等于进士及第，即授官职；中等的免进士的礼部试；下等的免取解。（2）仁宗庆历四年，当范仲淹为参知政事时，曾"令州各县皆立学（校），本路使者选部属官为教授，员不足，取于乡里宿学有道业者"。但当时诸州奉行的不多，其后又限旧时节度使所领州方得立学。熙宁四年，复令各路、州、府立学，每郡给田十顷以赡养学生。其后又派定诸路的州府学教授凡五十三员。（3）仁宗庆历间，胡瑗曾建议兴武学（即中央军官学校），朝议格而不行。熙宁五年始行其议。

（丙）《三经新义》的纂修和颁行。所谓三经是《周官》《书经》《诗经》，《新义》始修于熙宁六年，颁行于八年，主纂的人物为王安石、其子王雱和安石最得力的助手吕惠卿。《三经新义》乃安石对付敌党的思想的武器，也是他所谓"一道德、同风俗"的工具。自从新法开始颁行以来，所有元老重臣和清流名士一致反对；在朝的谤议汹起，在外任的百方阻挠，使新党辨护穷于辨护，神宗谪黜穷于谪黜。反对党的最后论据，可用三朝元老文彦博的话代表。熙宁四年三月，他论新法道："祖宗法制具在，不须更张，以失人心。"神宗问："更张法制，士大夫诚多不悦，但于百姓何所不便？"彦博道："为与士大夫治天下，非与百姓治天下也。"神宗和安石的坚毅到底战胜了一般士大夫的口舌，而贯彻了新法的推行。但为巩固国是的心理基础，他们不得不在经典中替新法找寻或制造理论的根据。《三经新义》便是这种工作的结果。群经中最可为新法掩护的莫如《周官》，故安石也特别推重《周官》。《新义》三种中唯独《周官》一种是安石亲自属笔的，也唯独此种流传至今。《新义》自从颁行以后，在五十余年间，除了短期的被掩蚀外，支配了整个的思想界：太学和州县学校用为主要的课本，科举考试用为绝对的准绳；《新义》以外，三经的一切其他注疏，都无人过问了。

后来宋朝贬斥王安石最（有）力的学者，也公认《新义》富于新颖而确当的解释，不容废弃。我们现在读《周官新义》，很容易注意到的却是安石解经的特殊作风，一种奇怪的拆字法。例如他解"遂"字道："豕八而乏则遂。"又例如他解"夫"字道："夫之字与天皆从一从大，夫者妻之天故也；天大而无上，故一在大上；夫虽一而大，然不如天之无上，故一不得在大上。"又例如他解"卿"字道："卿之字从卩，卩奏也；从卩，卩止也；左从卩，右从卩，知进止之意（卩卩古节奏字）；从皀，黍稷之气也，黍稷地产，有养人之道，其皀能上达；卿虽有养人之道而上达，然地类也，故其字如此。"在字形的渊源上都是毫无根据的。但安石确信这种拆字法不独可以得到造字的本意，并且可以得到一切关于人事和天道的重要真理。后来他应用这方法，著了一部二十四卷的字典，名曰《字说》。此书也曾经神宗颁行，其后来的作用和影响与《三经新义》等。此书可惜现在已佚，但从后人所引，还可以看见它的片断。撰此书时安石已罢政，但在书中还念念不忘统一思想；书中解"同"字道："彼亦一是非也，此亦一是非也，物之所以不同；冂一口，则是非同矣。"

以上分类略述神宗的新政见。此外还有一要项为这三类所不能包括的：即元丰三年新官制的颁行。这新官制的内容这里不能细述，大要是恢复唐代台省寺监的实权，而裁减宋朝在这组织外所加的上层机构。新制以尚书左右仆射同中书门下平章事为宰相，以尚书左右丞代替参知政事，枢密院仍保存。

六

神宗在熙宁七年以前对边境的经营，从是年三月间韩琦所上的一封奏疏可见大略。在这奏疏里，他列举神宗所为足以引起契丹疑心的凡七事："高丽臣属北方，久绝朝贡，乃因商舶诱之使来，契丹知之，必谓将以图我，一也；强取吐蕃之地，以建熙河，契丹闻之，必谓行将及我，二也；遍植榆柳于西山，冀其成长，以制蕃骑，三也；创团保，四也；河北诸州筑城凿池，五也；又置都作院，颁弓刀新式，大作战车，六也；置河北三十七将，七也。"

第二项所谓熙河，略当今甘肃洮河流域之地。此地东北邻接西夏，为羌族所分布，久属吐蕃。德安（江西）人王韶建议招降诸蕃部，抚有其地，以为图谋西夏的初步。先是王安石子王雱十三岁时，闻陕西边卒说洮河事，以为此可以规取，若西夏得之，则国家之患无穷。至是安石力赞王韶之说。神宗便派王韶主持开熙河事。王韶于熙宁四年到边，三年之间，剿抚兼施，并击败吐蕃军，遂定其地。有一次捷书到，神宗解所佩玉带赐安石，以赏其功。其后韶入朝，以宦者李宪继之，史（《宋史·王韶传》）称韶"用兵有机略。临出师，召诸将授以指，不复更问。每战必捷。当夜卧帐中，前部遇敌，矢石已及，呼声振山谷，侍者股栗，而韶鼻息自如，人服其量"。韶因熙河功，擢枢密副使，后以与安石不协去职。

熙河抚定的次年，契丹忽然蠢动，侵入边境，并遣使来求割所据之地。上文所引韩琦的奏疏就是为此事而发的。宋与契丹往复谈判，经二年之久，至八年秋，神宗终用王安石"将欲取之必固与之"之说，割河东边地东西七百里以与契丹。

次年有交阯之役。交阯本先南汉节度州，南汉亡，名受宋册封，实自主。太宗时曾乘其内乱，遣军进取，无功而还。至是分三路入寇，陷邕、钦、廉等州，屠邕民五万八千。神宗命老将郭逵往讨，逵派别将收复失地，自领主力，攻其后路，进至富良江，交人以精兵乘船迎战，宋军砍树作炮机，发炮石如雨，尽坏敌船，又设伏邀击，杀敌数千并其王太子。交王恐惧乞降。而宋军八万冒暑行瘴地，也死亡过半。

神宗开边的第一个目标，原是西夏。自从庆历四年宋与西夏和议成后，西北的边境平静了二十余年。到英宗末年，西夏又开始寻衅。自此年至熙宁四年间（公元一〇六六至一〇七一），西夏三次入寇，宋二次反击，互有胜负。但其中熙宁四年西夏最后一次的攻侵是大获胜利的。元丰四年夏，西夏内变，国主为母后所囚。神宗认为这是进攻西夏的最好时机。经三个月多的布置，然后发动。这一役的意义，从他八月底给熙河路军帅李宪和鄜延路军帅种谔的诏书可以看出。前一封诏书里说："今来举动，不同凡敌，图人百年一国，甚非细事。苟非上下毕力，将士协心，曷以共济？须不惜爵赏，鼓励三军之气。……朝廷唯务灭贼，其他固无爱惜。"后一封诏书里说："朝廷昨于诸路大发师徒，本候齐集与逐路遣兵并力，择时鼓行，覆贼巢穴。"总之，神宗要一举荡平西夏，要把他十数年来富国强兵的成绩，作一次壮烈的表现。同知枢密院事孙固却不赞成此举，他以为"举兵易，解祸难"。神宗说："西夏有隙可乘，我不取，便为辽人所有，时机不可失。"其后孙固又对神宗说："现在五路进兵，却无总帅，即使成功，也怕有内乱。"神宗说："总帅确是难得合式的人。"知枢密院事吕公著道："既然没有合式的人，何不罢乎？"九月底，河东路军帅王中正（宦者）领兵六万自麟州出发；鄜延路种谔领兵九万三千自绥德城出发；环庆路高遵裕领兵八万七千自庆州出发；泾原路刘昌祚领兵三万自泾州出发；先是李宪已收复古兰州城，至是领本路及秦凤路军七军（数未详），并吐蕃兵三万自兰州出发：约定五路会师于兴、灵（兴州今宁夏省会，西夏首都；灵州今灵武县）。刘昌祚军首先到达灵州城下，高遵裕军继之，两军沿路皆有大捷。昌祚本受遵裕节制，而遵裕疾恶之，屡加凌侮。两军不协，围灵州城十八日不下，而饷道已断绝。夏人决水灌其营，乘其避水而追击之，宋军溃乱，死已无算，遂退。种谔沿无定河而进，连破银（今陕西米脂一带）、石（今地未详）、夏州（今陕西横山一带）；自夏州继进，粮饷断绝，又遇大雪，士卒死亡十之二三，溃散南奔的亦十之四五，遂退。王中正屠宥州城（今陕西靖边东），继进，粮尽，士卒死二万人，遂退。李宪东进至泾原边境，稍有斩获，时诸路已退，亦于十一月中奉诏撤归熙河。是役，西夏的战略是坚壁清野，纵敌人深入，而聚精兵保兴、灵，以轻骑抄截敌人的饷道。是役，宋军虽不能达到原来的目的，却恢复了沦陷百余年的银、夏、宥等州。这新占领区的设防是一大问题。次年秋，经边将对这问题反复讨论后，神宗决定建筑永乐城（今陕西米脂西北）。这城才建筑成，西夏便派三十万大军来攻夺。这城依山，下临无定河。城中无泉无井，给水全靠城外。既被包围，临渴掘井，得到的水只够将领之用。兵士绞马粪汁充饮，渴死大半。而援兵和馈饷皆为敌人所阻截。城遂陷。将校死数百人，兵士和伕役死二十余万人；辎重的损失，不可计算。神宗得讯，悲愤不食，临朝痛哭。他想到吕公著和孙固的话，有点后悔了。

<h1 style="text-align:center">七</h1>

我们若更把神宗和汉武帝作一对比，则永乐之役相当于征和三年贰师之役。后者是武帝一生事业的收场，前者是神宗一生事业的收场。贰师之役后三年而武帝死，永乐之役后也恰恰三年而神宗死。神宗死后一年余，王安石亦死。

安石自熙宁三年秒进位宰相后，诋诬怨谤，矢集一身，□背亲交，尽成政敌。似乎为减少新法的阻力计，并为劳极少休计，他于七年四月，请求解职，奏六上乃得请，归居金陵。临去，他荐吕惠卿等自代（惠卿旋擢参知政事），并答应他日可以重来。次年二月，神宗召他复位，他即兼程而至。但复位不到两年，便又坚请退休，从此不复问政。他最后告退的原因，是宋史的一个谜。据反对党的记载，那是因为他和吕惠卿起了内哄，惠卿把他的私信中有一封说过"毋使上知"的，缴呈神宗，神宗从此对他失了信任，他不得不去。安石复位后不久，便与惠卿失和，那是事实，但发私书一事，并无确据。安石与惠卿交恶的原因也是宋史的一个谜。这一段历史安石在《熙宁奏对日录》的后四十卷中原有详细的记载，但这四十卷给他的女婿蔡卞抽毁掉，不传于世。据吕惠卿家传（李焘引），二人的冲突是由于安石恶惠卿擅政，改了他所定的《三经新义》，并听信了左右的谗间。这当然只是一面之辞。至于安石引退的原因，我们在加以推测时，不可忘却此事前三个月他所受的一生最大的打击：他的独子王雱的英年（卅三）摧折。这时他已五十六岁了。他退休后隐居金陵十年而死。

> 自古英雄亦苦辛！行藏端欲付何人？
>
> 当时黮黮犹承误，末学纷纭更乱真。
>
> 糟粕所存非粹美，丹青难写是精神。
>
> 区区不尽高贤意，独守千秋纸上尘。

从安石这首诗看来，他身后的遭遇，自己是预料到的。

安石死迟神宗一年余是他的大不幸。神宗死后，长子（即哲宗）继位，年才十岁，太皇太后（英宗后高氏）垂帘听政。她一向是司马光的同志，认祖宗家法为神圣不可侵犯的；她一听政，便开始废除新法，旋起用司马光。一个被宫墙圈禁了五十年的老妇人（她是自幼养在宫中的）和一个被成见圈禁了二十年的老绅士，同心合力，挥着政治的锄头，期年之间，硬把神宗和安石辛苦营构的成绩芟除得根株尽绝。

原载《思想与时代》第 5、6 期，1941 年 12 月、1942 年 1 月

北宋关于家庭制度之法令

《宋史·地理志》于涪陵一地，独记其"民……亲在，多别籍异财"。据此，以涪陵以外无此俗，至少此俗并不普遍，然据《长编》载，仁宗天圣间，"通判桂州王告言：'刘氏（南□□）时应祖父母、父母在，孙子既娶，即令析产。其后，富者数致千金，而贫者或不能自给，及朝庭平岭南乃知法不得以异居，争讼至今不息，请条约之。'"（文见天圣七年五月）据此，则广南亦有亲在其子别籍异财之俗，福建及江南亦有此俗，其证见后。

《宋会要辑稿·刑法二》载，太祖"乾德六年诏……近者西川管内，及山南诸州，相次上言，百姓祖父母、父母在者，子孙别籍异财，仍不同居。诏到日仰所在长吏明加告诫，不得更习旧风。如违者并准律处分"。此事，李焘《长编》及《宋史·本纪》均记之而较略。二书并系此事于开宝元年六月。按开宝元年即乾德六年，是年十一月始改元开宝，《长编》及《本纪》已追改，而《会要》则仍旧文也。

《宋太宗实录》残本载："太平兴国八年十一月……诏曰：'先是开宝二年八月丁亥诏书，应广南、东西东川峡路诸州民，祖父母、父母在，子孙别籍异财者，弃市。自今并除之，论如律。'"此开宝二年之诏，《长编》及《宋史·本纪》并载于本年下，而于所涉地域，但言川峡诸路，无广南及东西川等地，于所涉亲属，无祖父母二字。后一事为《宋史》及《长编》之误无疑；惟关于前一事，《宋史》《长编》之省略，乃有原故。盖宋是时尚未取南汉，其法令似不及于广南也。《长编》及《宋史·本纪》亦载上引太平兴国之诏，仍缺广南、西川等，惟祖父母三字则不缺，则此三字开宝二年之诏亦不当缺也。

据《长编》，真宗"天禧三年七月……诏福建州军伪命以前部民子孙别籍异财，今祖父母已亡，诣官诉均分不平者，不限有无契要，并以见佃为主，官司勿为受理，寻诏江南诸州军亦如之"。

又据《长编》，仁宗天圣七年五月，"诏广南民，自今祖父母、父母在而则别籍异财者论如律。已分居者勿论"。因通判桂州王若之请也。

又据《长编》，仁宗景祐四年正月，"诏应祖父母、父母服阕后，不以同居、异居，非因祖父母财及因官自置财产，不在论分之限。又诏士庶之家应祖父母、父母未葬者，不得析居。若期尚远，即听以所费钱送官，候葬日给之"。

又据《长编》，天圣七年四月"贝州言，民之析居者，例皆加税，惟其家长则免，清河、清阳、历亭三县，户罚丝五分、盐五升、钱五十，武城县增钱五十，漳南县增蜀黍八升。而他州悉无此例。请除之，诏可"。贝州之罪税不知是一种比较普遍制度之残遗，抑始终只限于贝州，尚待稽考。

以上所述皆限制家庭析小之立法。在另一方面，朝庭于例外庞大之大家庭，五世以上同居者，时加褒奖，计太宗、真宗、仁宗三朝此类事见于《太宗实录》残本、李焘《长编》及《宋史》者凡有十二，兹为表列如下：

宋太宗至仁宗朝旌赏五世以上同居表

旌赏年	籍贯	户主	同居世数	同居情形	旌赏
太平兴国五	襄州襄阳县	张巨源	五	内无异爨	旌表门间，赐巨源明法及第
太平兴国五	济州金乡县	李延	自唐武德初至是近四百年	世世结庐守坟墓或父母病截指割股刺血书佛经	旌其门，赐以粟帛
太平兴国八	潭州长沙县	翟景鸿	五	内无异爨	旌表门间，常税外免他役
太平兴国九	襄阳县	刘昉	五（口百）	内无异爨	同前
端拱元	信州玉山县	俞携	八		同前
淳化元	江州德安县	陈兢	十四（口千二百余）		其家常苦食不足官岁贷米二千石
至道二	温州永嘉县	陈侃	五	内无异爨	旌表门间，赐禄米粟帛
至道三	南康军建昌县	洪元抚	六	同前	赐一人江州助教，旌表门间

续表

旌赏年	籍贯	户主	同居世数	同居情形	旌赏
真宗大中祥符元	曲阜县	东野宜	七		旌表门闾，仍赠粟帛
同前	乾封县	窦益			同前
仁宗天圣元	江州	陈蕴	聚居二百年(口两千)		授蕴本州助教
景祐四	定乡县	陆琰	七	内无异爨	赐粟五十斛、帛五十匹、仍复其役

原载《益世报·文史副刊》第 1 期，1942 年 2 月 17 日

跋折公墓志铭

　　宋府州《折可存墓志铭》以一九三九年出土于陕西府谷县，今存府谷县署。折可存名氏不见《宋史》，惟《三朝北盟会编》卷二五引续髯撰《李翼行状》，载宣和七年十二月金人围崞县，可存及其伯兄可与并预城守。城陷，可与被执，敌诱降，骂曰："我八十年世守之家，宁肯负国，败坏家声？无知畜类，不若亟杀我。"敌击之，损一目，骂愈甚，遂遇害。而可存则得免云。据《志》，可存非纳降则就俘矣。《志》所谓"仲兄今节制承宣公"者，即折可求也。方可与等守崞县时，可求则以府州守臣，统麟府兵二万往援太原，未至，与金人战于交城，师大溃，后崞县之陷才数日耳。此时守太原者，即《志》所称"帅太原，辟（可存为）河东第二将"之张孝纯也。孝纯死守太原久，力竭被执，亦骂贼不屈，然金人委曲柔之，竟降志为刘豫丞相。此为南宋初一大怪事，详于《会编》。可求后亦于建炎二年以麟、府、丰三州降金，事见《宋》《金史》本纪。据《志》可存葬于庚戌，即建炎四年，后可求之降二年。《志》即作于此时，宜其不书宋年号也。所谓"今节制承宣公"乃可求入金后之官爵，承宣即承宣使，旧称观察留后。《宋史·职官志》云，"政和七年易观察留后为承宣使",盖其后金人亦仿之。而《四库提要序》录《樬溪居士集》驳《宋志》云:"集中赐董先辞免新除承宣使恩命不允诏,有顷因留务之职,易以使名之语,知承宣使之名,乃始于绍兴,不始于政和。"予未得睹《樬溪集》,然据此《志》可决《宋志》不误,而《提要》误也。《志》载可存于平方腊、擒宋江二役,均曾立功。然二役之其他公私记载,无见可存名者,殆其功非赫赫欤?据方勺《青溪寇轨》,方腊之乱,"朝廷遣领枢密院童贯、常德军节度使谭稹二中贵率禁旅,及京畿、关右、河东蕃汉兵,制置江淮二浙"。其河东蕃汉兵当即可存所率也。方腊之平与宋江之降,二事孰先孰后,又宋江曾否参预平方腊之役,旧有异辞。《宋史》本纪系宋江之降于方腊平后次年;而《北盟会编》(卷五二)引《童贯别传》云:"贯将刘延庆、宋江等讨方腊。"毕氏《续通鉴考异》云:"《别传》误,今不取。"而黄以周等所辑《续资治通鉴长编拾补》,自注(卷四二末)云:"案毕氏此言似亦失考。今据《长编》所载,三年四月戊子,童贯……分兵四围包帮源洞,而王涣……宋江次洞后。《十朝纲要》亦载三年六月辛丑辛兴宗与宋江破贼上苑洞。是宋江之讨方腊固有明证,而毕氏乃疑《童贯别传》为误,其说殆未当也。"今按《志》云:"腊贼就擒,迁武节大夫,班师过国门,奉御笔捕草寇宋江,不逾月继获。"则《宋史》本纪之不误,而毕氏去取之当于以决矣。凡一时众所共见之大事,正史类有同时之实录为本,不易错乱,轻据野史以疑之,过也。且《童贯别传》当亦《长编》所据,而《十朝纲要》又本《长编》,以《纲要》《长编》证《别传》,犹无证矣。然不有此《志》之出,又何以确见其说之谬欤?《志铭》书撰人范圭,自称"蜀忠文公曾孙",蜀忠文公即范镇也。《宋史》有传。

附：

宋故武功大夫河东第二将折公墓志铭

华阳　范圭　书撰

　　公讳可存，字嗣长，府州之折也。惟折氏远有世序，茅土相绍，垂三百年，代不乏贤豪。公为人刚直不挠，倜傥有大节，尝慨然起功名之念，耻骄矜而羞富贵，笃学喜士，敏于为政，名重缙绅间，果公家一代之奇才也。曾祖简州团练使赠崇信军节度使，讳惟忠；曾祖妣刘氏，彭城郡夫人。祖果州团练使赠太尉，讳继闵；祖妣刘氏云安郡夫人，慕容氏齐安郡夫人，郭氏咸安郡夫人。考秦州观察使赠少师，讳克行，谥曰武恭；妣王氏秦国夫人。公以武恭荫补入仕为右班殿直，俄迁左侍禁官制行，改忠训郎充经略司准备差使。公之仲兄，今节度承宣公也，时为统制官，辟公主管机宜文字。夏人女崖来扰我边，西陲不宁者十有五年。女崖酋之桀黠者，闻吾虚实，洞察无遗，边民苦之。朝廷立赏御逐，统制命公率所部捕之，众不满百，公设奇谋，以伏兵生获女崖，遂奠西土。功奏，迁秉义郎阁门祗候，升第四副将。宣和初王师伐夏，公有斩获绩，升阁门宣赞舍人。方腊之叛，用第四将从军，诸人借方玄以推公，公遂兼率三将兵奋然先登，士皆用命，腊贼就擒，迁武节大夫。班师过国门，奉御笔捕草寇宋江，不逾月继获，迁武功大夫。张孝纯帅太原，辟河东第二将。雁门索援，公受命不宿，曰：“固吾事也。”即驻兵崞县，城陷，被执应州。丙午岁，自应间道而南也，季秋四日，终于中山府北寨。享年三十一。庚戌十月四日葬于府州西天平山武恭公域之东。公娶吉州刺史张世景之女，封安人。一子彦深，保义郎，早亡。女一人，许适蜀忠文公曾孙范圭。圭尝闻公之来中山，盖今太安人张氏乃公所生母，尚在并门，公欲趋并拜母，无何，数不少延，寿止于斯，哀哉！忠孝两不得尽，在公为深憾矣。于其葬也，圭受命于承宣公而为之铭。铭曰：

既冠而仕，仕已有声。

女崖巨猾，举不再征；

俘腊取江，势若建瓴。

原名《宋武功大夫河东第二将折公墓志铭跋》，载《益世报·文史副刊》，1942 年 5 月 28 日；据张荫麟《宋史论丛》三联书店 1956 年版清样本（后因故未出版）刊录，中国社会科学院近代史所图书馆藏；并改作今名

北宋四子之生活与思想

荫麟先生于三十年冬撰此文，后以鼻出血而中辍。仅成"北宋四子生活"一节，思想部分尚付缺如。再者，先生于《中国史纲》宋史部分，拟作五章：（一）宋朝的开国和开国规模；（二）北宋的外患与变法；（三）宋代的文学与思想；（四）女真的兴起与宋金的和战；（五）蒙古的兴起与金宋的覆灭。一二两章已载本刊四五两期。本文当为第三章之初稿耳。

——《思想与时代》月刊编者识

予近撰《宋代思想的主潮和代表的思想家》一文，分三大段：（一）北宋四子；（二）王荆公及其"新学"；（三）朱陆与南宋道学。将于本刊陆续布之，此其第一段也。

——作者识

像千邱万壑间忽有崛起的高峰，像蓬蒿萧艾间忽有惊眼的异卉，在思想史里每每经长久的沉闷、因袭和琐碎后，继以一生气蓬勃、光彩焕发的短短时期，在其间陶铸出种种新学说，支配此后几百年以至过千年的思想界。宋代自仁宗庆历（一〇四一）以后的四五十年就是这样的一个时代。这是周濂溪（敦颐）、张横渠（载）、王荆公（安石）、程明道（颢）和程伊川（颐）的时代。（诸人以年辈为次，周、张、王皆长二程十岁以上。）此以前，宋人的思想大体上继续唐末五代的沉闷、因袭和琐碎；此以后，至宋朝之终，以王荆公为偶像的"新学"，和以周张二程为典型的"道学"，相继支配着思想界。故庆历以后的四五十年，一方面是宋代思想的源头，一方面也是宋代思想史的骨干。我们述这个时期的思想应当以周张和二程兄弟——可称北宋四子——为一集团，而以王荆公为一支别出的异军。

北宋四子不独在思想上有许多同调之处，在生活上亦有密切的连系。二程兄弟少时曾从学于濂溪，而横渠乃是二程的表叔，与二程为学友。我们叙述四子和以后的"道学"家的思想，不能离开他们的生活，因为他们的中心问题是一个实践的问题，什么是圣人？怎样做到圣人？我们要从他们的生活中体会他们的理想人格的气象。

濂溪（一〇一八—一〇七三）的事迹见于记录的，像他的著作一般简短得可憾。他是湖南道州（营道县）人，年少丧父，以母舅的荫泽出身，历官州县，官至广东转运判官，兼提点广东路刑狱。当他二十来岁，任分宁县主簿时，有一久悬不决的疑狱，他经一次审讯，便立即分辨。任南安司理参军时，因平反一冤狱，和上官力争，上官不听，他放下手版，缴还官状，脱身便走。他道："这样的官还做得的吗？杀人媚人，我办不到。"上官卒被他感悟。任南昌知县时，曾得大病，一昼夜不省人事，友人为他预备后事，检视他的所有，只一破烂的箱子，里面钱不满一百。同时大诗人黄山谷形容他的性格道："胸怀洒落，如光风霁月；廉于取名，而锐于求志；薄于徼福，而厚于得民；菲于奉身，而燕及茕嫠；陋于希世，百尚友千古。"他爱自然，他对生命的世界好像有一种冥契。他窗前的草从不准剪除。问他为什么？他说："这与自家意思一般。"他教学生，每令"寻孔颜乐处"，体认他们"所乐何事"。有一位老者初时跟伊川问学，总不领悟，便扶杖去访濂溪。濂溪说："我老了，说得不可不详细。"便留他对床夜话。过了三天，他忽觉恍有所得，自言如顿见天的广大。他再去洛阳看伊川，伊川惊讶他迥异寻常，问道："你莫不是从濂溪那里来吗？"

横渠（一〇二〇——一〇七七）也象濂溪一般，少年丧父，孑然自立。他学无所不窥，特别好讲究军事。年十八，当西夏用兵时，上书谒范仲淹。仲淹一见，认为大器，却戒责他道："儒者自有名教的乐地，何用谈兵。"并劝他读《中庸》，他读了觉得不满足，转而向佛典里探讨，用功多年，深通其说，却又觉得不满足，终于回到儒家的经典。年三十八，登进士第，始出仕。尝知云岩县，以教导人民、改善风俗为务。每月分别召宴县中长老，亲自劝酒，让人民知道养老敬长的道理，同时向他们访问民间疾苦，并告诉他们怎样训诫子弟。通常县官的布告，人民大多数不闻不知，只成一纸具文。横渠常把各处的乡长召来，把告示的意思对他们谆谆解说，命他们回去街坊里传达。每逢在公庭上，或道路上遇到人民，便考察他们是否听到他所要传达的布告，若没有听到便责罚受命传达的人。因此他每有所告诫，全县人民无不知悉。尝任渭川军事判官，于本州的民食和军食和军政都有很精明的规划。神宗初年，因大臣的推荐，入仕朝廷，官至崇文院校书兼同知太常礼院。神宗很赏识他，想加重用，但他不附新法，终于告退，归隐于陕西郿县的故乡，教学终老。

明道（一〇三二——〇八五）和伊川（一〇三三——一一〇七）虽是大家所认为志同道合的两兄弟，但他们在思想上却有若干重大的差别，而他们的异致在事业上性格上，比在思想上更为显著。在事业上明道是少年科第（与横渠同榜登进士第）的循吏；而伊川则一次落第，便不再应试，晚岁始以布衣征起（哲宗元祐元年，时年五十四），为崇政殿说书。明道的仕历是三十年受尽讴歌赞叹的，不可胜述的睿断和仁政。这里只举几个例。他知晋城县时，有一个富人，丧父不久，忽有老人到门自认为是他的父亲，两人闹到县府。那老人说，他行医远出后，其妻生子，贫不育养，抱给张家。他现在归来，始知道此事。明道问他有什么凭据，他拿出一部陈旧的方书，后面空白上记着：某年月日，某人抱儿与"张三翁"。明道便问那姓张的：你今年几岁？答道：卅六。又问：你父亲死时几岁？答道：七十六。明道便对老人说：他方才所说的年岁，有邻舍可问的。他出世的时候，他父亲才四十岁，怎么便叫张三翁？那方书上写的是假无疑。老人给吓了一跳，无话可答，只得认罪。他在晋城任内，用保甲法部勒乡村，令同保的人民力役相助，患难相救。凡孤寡残废的人，责成他们的亲戚乡邻不使失所。旅行经过县境的人，遇着疾病，都有给养。每乡设立小学，时常亲去视察。教师有不良的，便给撤换，儿童句读有错，也给改正。令乡民结为会社，并给各会社立定奖善诫恶的规条。在任三年，县内从没有强盗或斗死的事件。临到他任满时，忽然半夜有人叩门，说出了命案。他说：本县那里会有这种事？若有必定是某村某人干的。查问果然。

他任镇宁军判官时，有一位声势煊赫的宦官，方督理治河。本军的兵卒八百人，被派去工作。天气严寒，他们受不了虐待，半夜逃归。同僚和长官都惧怕那宦官，主张不放入城。明道说：他们逃死而归，不纳必乱。亲自去给兵士开城门，却与他们约定，休息三日再去工作。兵士欢呼听命。以上是明道无数精彩的政绩中的片断。

伊川仕历最精彩的一幕，却有短短年余的，很不愉快的口舌生涯。当他从布衣一跃到"帝王师"时，他要求在皇帝面前坐着讲书，满朝哗然，他只得照例站着讲。那孩童皇帝偶然高兴，在槛外折一柳枝玩玩，他便板着面孔说："方春万物发生，不可无故摧折！"惹得皇帝、太后和满朝大臣都皱眉。司马光死了，适值明堂大礼，行完礼后，同僚齐去吊唁。伊川认为不对，坚执力争，引《论语》"子于是日哭则不歌"为理由。苏东坡道：《论语》"子于是日歌则不哭"呀！伊川却传语丧家，不得受他们吊。有名会开玩笑的苏东坡便给他取个绰号，叫做"尘糟坡里的叔孙通"。再后那孩童皇帝生了病，不能坐朝，伊川忙去见宰相说：皇帝不能坐朝，太后就不该单独坐朝。这一来太后忍无可忍，谏官乘机参了一本，他便以管勾西京国子监名义，被送回老家去。从上面二程事业的比较，已不难推想他们性格的一斑。

关于明道的精神生活，他的一个学生有一段很好的描写。他说："先生……粹和之气盎于面背，乐易多恕，终日怡悦……从先生三十年未尝见其忿厉之容。接人温然，无贤不肖皆使之款曲自尽。闻人一善，咨嗟奖劳惟恐不笃；人有不及，开导诱掖惟恐不至。故虽桀傲不恭，见先生莫不感悦而化服。风格高迈，不事标饰，而自有畦畛，望其容色，听其言教，则放心邪气，不复萌于胸中。"另一个学生有一次离别了明道之后，人问他从什么地方来，他说："我在春风和气中坐了三个月而来。"明道在熙宁以前，和王荆公本相友好，后来虽因新法和荆公分道，但只平心静气，相与讨论，劝荆公不要太过拂逆人心，从没有意气之争。荆公亦感其诚意，对人说："他虽不闻道，亦忠信人也。"后来他追论新旧之争，亦很公允，他说："新政之改，亦是吾党争之太过，成就今日之事，涂炭天下，亦须两分其罪可也。"又说："以今日之患观之，犹是自家不善从容，至如青苗，放过又且何妨？"论广厚宽和，伊川远不似乃兄，这从记载所存几件对照的琐事可以看出。二程少时尝随父远行，宿一僧寺。明道入门右转，仆从都跟随着他；伊川入门左转，无一人跟随。伊川也自觉道："这是我不及家兄处。"又一次，二程同入一佛寺，明道见僧一揖，伊川却不。门人怀疑，明道说："论年齿他也比我多几岁，一揖何妨？"明道讲书，偶带谐谑，引得大家哄堂，伊川则永远严肃得可怕。门人讨论，遇有不合，明道只说："更有商量。"伊川直说："不对。"明道也曾对乃弟说过"异日能使人尊严师道，那是吾弟之功。至于接引后学，随人才的高下而成就之，则我不让吾弟"。横渠批评二程道："昔尝谓伯淳（明道）优于正叔（伊川），今见之果然。其（明道）救世之志甚诚切，亦于今日天下之事尽记得熟。"

原载《思想与时代》第 27 期，1943 年 10 月

与李埏论宋史书①

　　一九四〇年七月杪，荫麟先生离昆明赴贵州遵义县浙江大学讲学。我留昆明。先生赐我手教若干通。十年浩劫中，我书斋被抄掠，先生手教多已丧失。此数通为幸存者。李埏谨识。

一

埏兄足下：

　　十一月七日信及照像收到，谢谢。前托友人转致之书函及烟草，恐无缘投递。因由筑赴渝之车不在遵义歇夜，即路过稍停，亦为时甚暂，而浙大校舍距车站颇远也。然送到与否，厚谊则均。望以后勿更为此等事费心。

　　关于足下在所计划事，弟有数言。既入社会，自不能事事如己

①　前五通书信影印件由李埏教授提供，谨此致谢。第六通整理自李埏、李伯重：《良史与良师——学生眼中的八位著名学者》所附影印件，163～164页，北京，清华大学出版社，2012。

意而行，须承认其若干限制，而加以适应，否则徒自苦耳。姚先生意亦有相当理由，如取《宋史》与其他宋代主要史料校读一遍，自于宋事深熟，而打好宋代史研究之基础，惟以此施于全部《宋史》，恐非两三年所能竟功，而两三年间专做此事，未免枯燥耳。何不商之姚先生，用此计划，而缩小范围，暂以北宋为限？

至于毕业论文如何写法，可听凭姚先生意。如札记、考异一类杂缀，姚先生及所中人可以承认为毕业成绩，即以此缴卷。至于其他论著，可随意写作，不必作缴卷用也。学贵自创获，如真有创获，自无不为人承认之理。毕业论文如何写法，非重要之事也。时局自较前更可乐观，而了结之期则愈远矣。弟在此尚适，兄所中向郑、姚诸先生请代致候。此复，并问

近祉

弟　荫麟

（1940 年）十一月十五

弟近未有照像，他日有之，当以报赠。

（此系廿九年同月在龙头村收到，埏注。）

二

埏弟如晤：

一月廿二日书欣悉。从温公史论及胡注中寻宋史料，是见读书精细。两项工作自均有价值，可以余力为之。《中国史纲》上册（共十二章）石印底本已腾就一大半（至第七章），印成一小半（至第三章）。大约四五月间可出版。俟出版，自当分赠昆明同好。

《宋代南北社会》一文，诸多不满。初拟更为一后记，印出后乃合并寄赠友人。今承提及，当即捡寄一份。其实宋代南方社会之特色甚多。不仅农奴存在、杀婴盛行及工商业盛而已。例如吃菜事魔亦为南方之俗。社会骚动，亦以南方为最多，凡有均贫富性质之叛变均起于南方。又北方人对南方之〔人〕之偏见，及南北政治势力之消长，亦可为此大题目下之一小题。又南方工商业之发达，从宋代商税之统计，当可看出。《宋会要》中商税之材料甚多（《长编》亦有之），愚手头无此书，无从利用。又身丁钱亦为南方所特有，《宋史·食货志》《文献通考》及李焘《长编》均语焉不详。不知《会要》中有此项资料否？亦因手头无此书，故对身丁钱问题未得解决。身丁钱与杀婴习俗之关系甚大，弟文中轻轻搁置，乃最不自慊之点。吾弟有《会要》在手，何不先作一"宋代身丁钱考"？

　　愚对此问题之见解大要如下：宋代之身丁钱乃沿自五代。只南方有之者，因在五代时本只南方诸国有之也。各地轻重不等者，亦沿五代各地之旧额也。何以五代时只南方诸国有身丁钱？盖自两税法行后，本已无计口之税。北方五朝，犹沿唐制。此五朝者，皆以北方人而统治北方，因乡土关系，过度之捃敛有所顾忌，且地广财丰，无须添此苛税。淮南诸国则不然。昔国主本以驻防之将而据地自雄。其上层统治者以至原初之下级将校及士兵，大抵来自〈北〉方（此为假说，须待证实）。此等人于所驻之区，本以殖民地视之，自然无乡土之顾忌，而得恣意捃敛。且地狭兵多，财用苦绌。故计口之税又复出现也。因追溯身丁钱之起原，而猜想到五代时南北方统治性质之差异。若能证实此说，亦五代史中一重要发现也。吾弟有意并为之否？除身丁钱问题外，即宋代杀婴俗之史料，文中所采亦未备。此文印成后，又陆续发现许多，此又不自慊之一点。此文只能视为大辂之椎轮。吾弟若对此大题目感觉兴趣，与愚分工合作，将其所包涵之小题目一一解决，先为零篇发表。将来可集合为一书也。

近成《宋太宗继统考实》一篇，颇觉满意，已属人录副，数日后录毕，即寄与足下一商榷之。此问

近好

荫麟

（1941 年）二月五晚

首页有眉注：晤丁则良君，盼告知稿费已收到，谢谢。日内另有书复之。

三

埏弟鉴：

前函想达左右，兹寄上《宋太宗继统考实》一篇，阅毕请并附札转致丁则良君为盼。专此并问

近祺

荫麟

（1941 年）三月三日

四

埏弟如晤：

三月廿五日书悉。宋代身丁钱考盼先为之。为此考时，自可不

必涉及其远源，唯其为承五代之旧，则须提及。文中当注意下列各事：

(1)各地轻重不一。

(2)各地征收之方式不一，或征钱，或征实物。

(3)各地蠲免之先后不一。

(李心传《要录》亦有身丁钱资料，惟不多。)

诸项足下当已知之，姑一提到。拙文何幸，而为足下所偏好，承为校正，谢甚谢甚。卢逮曾君适有书来，为《文史》征稿。愚已草《宋太祖誓碑及政事堂刻石考》一文应之。俟刊出当寄上一观。《考实》文不必寄去，便中请向孙君取还，挂号寄来，因尚有待增改之处也。《史纲》抄印甚慢，现只印成八章(有十万余字)，决即以此八章为第一册先出版，数日内可有若干册装订好，当即寄上一册。此复并问

学祺

荫麟

(1941 年)三月四日

三月，四月之误，埏注。

五

埏弟足下：

书及刊物一册妥收，谢谢。近来研究工作进行如何？愚近方留意吕惠卿，拟为作一年谱，惟苦材料少耳。有所见盼示知。昆明近空袭甚烈，足下在龙泉当不受影响。惟联大友人不知有受惊者否？

匆复并颂

学安

荫麟

(1941年)五月廿三

信开头有"下次来信请将足下别号示知"等字。

六

埏弟：

来书收到已久，稽复为歉。云南留美考试，吾弟参加，希望必甚高，盼好为预备。想近线装书自不能不搁置也。愚假中专阅宋代史书，下学期将开宋史课也。考试结果不知何时揭晓？录取后、动身前，盼见告。关于吾弟留美时期计划书有所参说也。此复并问

近好

荫麟

(1941年)七月廿八

一九四一年夏，一日见报载消息一则，大意谓云南省府将考选一批学生，公费送美国留学。我亟欲一试，即以告荫麟师。师遂复以此函。然不久确悉，报考学生资格以高中生为限。我不可能参与，于是作罢。埏志。

原载《张荫麟全集》上，清华大学出版社，2013年6月1日，内容有所删减

图书在版编目（CIP）数据

宋史论丛/张荫麟著；李欣荣编 . —北京：北京师范大学出版社，2020. 6
（张荫麟作品系列）
ISBN 978-7-303-24473-7

Ⅰ. ①宋⋯　Ⅱ. ①张⋯　②李⋯　Ⅲ. ①中国历史 – 宋代 –
文集　Ⅳ. ①K244. 07-53

中国版本图书馆 CIP 数据核字（2019）第 001433 号

营　销　中　心　电　话　010-57654778
北京师范大学出版社谭徐锋工作室微信公众号　新史学 1902

SONGSHI LUNCONG

出版发行：北京师范大学出版社 www. bnup. com
　　　　　北京市西城区新街口外大街 12 – 3 号
　　　　　邮政编码：100088

印　　刷：北京盛通印刷股份有限公司
经　　销：全国新华书店
开　　本：890 mm × 1240 mm　1/32
印　　张：10. 5
字　　数：220 千字
版　　次：2020 年 6 月第 1 版
印　　次：2020 年 6 月第 1 次印刷
定　　价：59. 00 元

策划编辑：谭徐锋　　　　　责任编辑：梁宏宇　姚安峰
美术编辑：王齐云　　　　　装帧设计：王齐云
责任校对：康　悦　　　　　责任印制：陈　涛